環境物品交渉・貿易の経済分析

経済分析

国際貿易の活用による環境効果の検証

日野 道啓 [著]

文眞堂

略語一覧

APC（Air Pollution Control）……………………………………………大気汚染制御
APEC（Asia-Pacific Economic Cooperation forum）
　……………………………………………………アジア太平洋経済協力会議
A1 リスト………………………………第 1 の APEC リスト（クアンタンリスト）
A2 リスト…………………………………………………………第 2 の APEC リスト
BEC（Broad Economic Category）………………………………広義の経済的範疇
BOD（Biochemical oxygen demand）……………………生物化学的酸素要求量
BRICS（Brazil, Russia, India, China and South Africa）……………ブリックス
CDM（Clean Development Mechanism）……………クリーン開発メカニズム
CIF（Cost, Insurance and Freight）………………………運賃・保険料込み
CSR（Corporate Social Responsibility）………………………企業の社会的責任
CTE（Committee on Trade and Environment）……貿易と環境に関する委員会
CT/P（Cleaner or more resource-efficient technologies and products）
　……………………………………クリーナーまたは資源効率的技術および製品
CTSSS（Council on Trade in Service Special Session）
　………………………………………………………サービス貿易理事会特別会合
DDA（Doha Development Agenda）
　……………………………………ドーハ開発アジェンダ（ドーハラウンド）
DMD（Doha Ministerial Declaration）…………………………ドーハ閣僚会議宣言
DNA（Designated National Authority）…………………………………指定国家機関
EC（European Communities）…………………………………………………欧州共同体
EGA（Environmental Goods Agreement）……………………………環境物品協定
EGS, EG&S（Environmental Goods and Services）……環境物品およびサービス
EPI（Environmental Performance Index）……………環境パフォーマンス指数
EPP（Environmentally Preferable Product）………………環境上望ましい製品

EPP-e（Environmentally preferable products, based on end-use or disposal characteristics）……… 最終用途目的または処分性にもとづく EPP

ERHRs（Environmental and Related Health Requirements）
……………………………………………………… 環境および関連衛生要件

ESCAP（United Nations Economic and Social Commission for Asia and the Pacific）…………………………… 国連アジア太平洋経済社会委員会

ET（Environmentally related tax revenue）……………… 環境に関連する税収

EU（European Union）……………………………………………………… 欧州連合

Eurostat（Statistical Office of the European Communities）
……………………………………………… 欧州委員会統計（事務）局

EVSL（Early Voluntary Sectoral Liberalization）…… 早期自主的分野別自由化

EX ………………………………………………………………… 環境物品の輸出額

ex（ex-heading）………………………………………………………… 統計細分

FDI（Foreign Direct Investment）…………………………… 海外直接投資

FOB（Free on Board）……………………………………………… 本船甲板渡し

FTA（Free Trade Area）………………………………………… 自由貿易地域

GATS（General Agreement on Trade in Service）
………………………………… サービス貿易に関する一般協定

GATT（General Agreement on Tariffs and Trade）
…………………………………… 関税及び貿易に関する一般協定

GEN（Global Ecolabelling Network）……… 世界エコラベリングネットワーク

GHG（Greenhouse Gas）………………………………………… 温室効果ガス

GNI（Gross National Income）………………………………… 国民総所得

GNP（Gross National Product）……………………………… 国民総生産

H/E（Heat/Energy savings and Management）
…………………………………… 熱/エネルギー節減および管理

HIC（high-income countries）………………………………… 高所得国

HS（Harmonized Commodity Coding and Description System）
………………………………………………… 国際統一商品分類

IM………………………………………………………………… 環境物品の輸入額

PWT（Potable Water Treatment）……………………………………………飲料水処理
R/C（Remediation and Cleanup）…………………………………………改善および浄化
RCA（Revealed Comparative Advantage Index）…………………顕示比較優位
REP（Renewable energy plant）………………………再生可能エネルギープラント
RoHs 指令（Restriction of Hazardous Substances）………………………ローズ指令
RTA（Regional Trade Agreement）…………………………………………地域貿易協定
SD（Sustainable Development）……………………………………………持続可能な発展
S/H（Solid/Hazardous Waste）………………………………………… 固形/有害廃棄物
SGP（Singapore）…………………………………………………………シンガポール
STRI（Services Trade Restrictiveness Index）…………サービス貿易制限指標
SUM……………… 4つの品目群（OA・WB・A2・Jリスト）のデータの合計値
SVEs（Small, Vulnerable Economies）………………貿易の取引量が少ない国々
S&D（special and differential treatment for developing countries）
………………………………………………………途上国の特別かつ異なる待遇
TBT 協定（Agreement on Technical Barriers to Trade）
……………………………………………貿易の技術的障壁に関する協定
TRA……………………………………………………………環境物品の貿易総額
TRIMs 協定（Agreement on Trade-Related Investment Measures）
……………………………………………貿易関連投資措置に関する協定
TRIPS 協定（Agreement on Trade-Related Aspects of Intellectual Property
Rights）……………………………知的財産権の貿易関連の側面に関する協定
UMIC（upper middle-income）………………………………………………高中所得国
UNCTAD（United Nations Conference on Trade and Development）
……………………………………………………………国際貿易開発会議
UNEP（United Nations Environment Programme）………………国連環境計画
WB リスト……… 世銀リスト（気候変動に優しい物品およびサービスリスト）
WTO（World Trade Organization）………………………………………世界貿易機関
WWM（Wastewater Management）…………………………………………排水管理
W/120（MTN. GNS/W/120）………………………………………サービスの品目表
3SLS（three-stage least squares）……………………………………三段階最小二乗法

目　　次

序章
課題と構成

Ⅰ. 問題の所在

1. 本書の目的と概要

　本書は，環境物品交渉・貿易を分析対象とし，その実態・意義を明らかにするものである。

　環境物品交渉は，1990年代後半にAPEC（アジア太平洋経済協力会議）での協議を経て，WTO（世界貿易機関）のドーハ開発アジェンダ（Doha Development Agenda：DDA）から交渉テーマとなった。その概要は，環境物品の関税・非関税障壁の削減・撤廃を通じて，自由貿易と環境保全の両立を目指すというものである。

　環境物品交渉は，特異な性格をもつ。第1に，大まかにいえば，環境市場の設計に関するテーマであるが，排出権市場のように市場のルールの厳密な設計は求められない。市場は，自生的に運営され，また一定程度拡大している[1]。第2に，何を理想あるいは目標とするか必ずしも明確ではない。当然ながら，大枠としては自由貿易と環境保全の両立を目指すものである。ただし，各国の環境問題に対する認識が相違するなかで，どのような状態を理想とするのか自明ではない。第3に，貿易がもたらす効果についてである。環境物品交渉は，環境物品の国際的普及を目指すものである。環境物品とは，（詳細な定義は後

1　McMillan［2002］は，従来の経済学の大部分が市場の研究であるにも関わらず，市場がどのように機能しているか記述していなかったという重要な指摘をし，近年の代表的な成果にもとづき市場の機能を説明している。なかでも，市場は，経済主体によるボトムアップによって自然発生するものの，よりよく機能させるためには政府によるトップダウンのルールの設定・修正を必要とすると述べている。調整の過程に焦点をあてることで，より充実した分析視角を得られよう。

述するが）通常の財よりも環境負荷の低いあるいは環境対策に資する財をさす。したがって，環境物品貿易は，通常の財貿易がもつ以上の効果を期待できる。その効果を体現する制度設計を考えるためには，その具体的な効果およびメカニズムの解明・検証が求められる。以上の通り，環境物品交渉の論点や潜在的影響力は，従来の自由化交渉のテーマと比べて広いと考えられる。

　本書はこのような環境物品交渉・貿易の性質を踏まえ，まずは環境物品交渉の実態に関する事実解明的分析（positive analysis）に着手し，その後，効果と政策検討に関する規範的分析（normative analysis）をする。もちろん，前半においても，規範をめぐる問題に全く触れないということではない。社会科学の研究であり，かつ理論分析ではないため，当然のことである。あくまで，分析の主目的が事実解明にあるということである。本書は，特定の価値判断や理念型をあらかじめ用意して分析を開始するのではなく，環境物品交渉という新しい課題への接近を通じて，必要な概念や仮説を作成し検証していく。

　本書の前半は，交渉の実態解明に関する分析に専念する。その分析に関して，留意点が2つある。第1に，周知の通り，環境物品交渉は終了していない。他の交渉テーマと同様に，交渉は紆余曲折を経ながら今日に至っている。本書は，APEC における 2012 年 9 月の「ウラジオストック宣言」を1つの交渉の到着点とみなし，DDA の開始から宣言の履行期間までを分析対象期間とする。第2に，交渉の過程のすべてに焦点をあてるわけではない。ある時期区分にしたがって，それぞれの時点の交渉の到達点に注目する。主要な論点の変遷を明確化することで，主要国の立場の変化および議論の進展をとらえる。

　本書の後半では，前半での検討・分析内容を考察材料にして，環境物品貿易の分析に必要な概念および種々の仮説を提示し検証していく。そして，政策的インプリケーションを得る。

　細い留保条件や修正が後に入ることになるが，本分析内容の概要を示しておく。本書は，環境物品交渉が自由貿易体制に新しい役割の付与とルールのあり方を展望できる内容であること，そして環境物品貿易の自由化が環境技術を普及させる移転チャネルであり，市場を拡大させる以上の意義をもつことを明らかにする。提案内容は，従来の論点を確認するものから，WTO ルールの大幅な変更を迫る内容まで，多岐に亘る。出尽くした論点が収束する過程で各国の

提案内容の変遷が確認されるものの，WTO 体制の機能に関わる重要な審議は
なされていく。一方，後半では，前半での議論を受けて，環境技術を鍵概念に
して検討を進め，価格という普遍的な情報伝達を介した接触の拡大および取引
の活発化を通じた知識の伝播・形成による環境効果に注目していく。

2. 環境問題に関する国際交渉

　環境問題に関する国際交渉は停滞気味であり，長らく注目に値する芳しい成
果はなかった。その原因は，宮本［1989］や寺西［1992］が述べるように，各
国が自国の利害を優先してしまい，国際的な合意形成が容易ではなかったため
である。

　環境問題の国際的な取り組みの重要性が意識された 1 つの契機は，1972 年
の国連人間環境会議（通称，ストックホルム会議）である[2]。しかし，南北対
立により，環境問題に関する専門的な国際機関の創設に失敗してしまう。同時
期，GATT（関税及び貿易に関する一般協定）体制に，「環境保護手段と国際
貿易に関する作業グループ」が設置された。この会議は，ストックホルム会議
の事務局長からの要請を請けて作成されたものである。ただし，当時は，①同
様の委員会が OECD（経済協力開発機構）にもあったこと，②研究テーマが
制限的であったこと，そして③環境問題をめぐる紛争案件がなかったことか
ら，この会合はこれ以降およそ 20 年間，開店休場状態となる（山口［1994］）。
時を経て，1992 年の「国連環境開発会議（通称，地球サミット）」は，取り組
みの転機となる会議となった。環境問題に関する包括的な審議を行い，「持続
可能な発展（Sustainable Development：SD）」や「共通だが差異のある責任」
などを盛り込んだ「環境と開発に関するリオ宣言」（通称，リオ宣言）とその
行動計画である「アジェンダ 21」を採択したのである。以後，国際的に環境
問題に関する認識は徐々に浸透していくことになる。一方，時が少し戻るが，
1990 年に米国とメキシコでいわゆる「ツナ・ドルフィン・ケース」と呼ばれ
る紛争が生じ，ほどなくして「環境保護手段と国際貿易に関するグループ」の

2　1972 年以前にも，環境問題に関する国際的な合意はわずかならが存在していた。その合意を，
　Caldwell［1991］は，①未開地と野生生物の保護，②海洋汚染，③核兵器の拡散に関する問題とし
　て整理している。

活動が再開される。注目された判決は米国の主張が斥けられ，自由貿易の原則が環境保護よりも優先されることが確認された。その後も，南北対立および先進国間の対立を繰り広げた GATT 体制は 1995 年に発展的に解消され，新たな目標を追加した WTO 体制に変貌を遂げる。

　環境問題への取り組みは，長らく，国だけでなく企業においても，費用以上の意味をもつものとして認識されてこなかった。しかし，上記の通り，環境問題への世界的な関心の高まりに呼応して，その認識は少しずつ変わっている。現代では，企業にとっては企業価値を高めるもの[3]として，消費者にとっては選好基準の１つとして，そして国においては新たな国益形成の１つの手段[4]となってきている[5]。ただし，本書が注目する環境物品交渉は，自由貿易と環境目的の双方を志向するものであり，従来の環境への取り組みと異なり，経済的メリットを直接的に追求できるテーマでもある。

　環境問題の一般化あるいは問題意識の共有化を考慮すれば，環境を扱うテーマは，いかなる文脈にあっても，例外的なあるいは特殊な事項として処理できるものではない。もちろん，環境物品交渉もその例外ではなく，環境目的への貢献という最終目標がもつ意味は大きい。WTO ルールに修正を課す可能性さえあると考えられる[6]。ところで，WTO ルールという国際公共財の提供を担ってきた（GATT および）WTO 体制は，加盟国の利害対立と妥協の結果，

　3　環境への関心は，企業活動だけでなく，企業に関する研究にも大きな影響を及ぼしている。企業の境界線がますます曖昧になっている状況下（Jones［2005］），内部化理論で有名なカッソン（Casson［2000］）でさえ，企業の境界線に関する分析それ自体は古いアジェンダであると述べている。しかし，企業の境界線論は決して古いアジェンダではない。企業活動の環境負荷を計測する際に，企業の境界線の確定は決定的な意味をもつからである。一般に生産現場では環境負荷が高くなるが，それらの部門・施設を外部化すれば，企業の環境負荷の削減はいとも簡単に実現してしまう。「企業の異質性」を考慮した環境負荷の理論・実証分析は，境界線を強く意識する研究である。

　4　環境規制と企業の環境戦略に関する議論として，いわゆるポーター仮説（Porter and van der Linde［1995］）が有名である。ただし，Rugman and Verbeke［2001］は，環境規制と環境戦略の関係は一方向的ではなく双方向的であると述べる。環境戦略で優位性をもつ企業が，その優位をより強固なものにするために国などに働きかけて，環境規制が設けられるのである。

　5　なお地域にとっても，EU が顕著なように環境問題への取り組みは共通の利益（コモンインタレスト）の形成手段となっている。

　6　本書の第１章で取り上げるが，貿易の環境効果をめぐってはさまざまな見解がある。もちろん，なかには自由貿易そのものを否定する見解もある。そのような見解から導かれる提案があるとすれば，それは根本的な原理の修正を要請するものになるであろう。

既存のルールの強化および修正さらには例外的な役割を混入し発展してきた[7]。WTO ルールが，環境物品市場の拡大を通じて，環境問題についての国際公共財の供給の一翼を担うことになれば，各国に対して環境目的への新しい貢献を引き出す可能性をもつことは否定できない。そして，その点こそ，多くの注目および期待が集まるところである[8]。

　もう1つの交渉の舞台である APEC は，WTO と代替できるだけの機能を当然ながら持ち合わせていない。WTO ルールが基盤となりその内容を与えている通商ルールの変更のきっかけを提供する，あるいは自由化を脆弱に推し進めるのみである。ただし，DDA が結果を示せないなかでは，部分的であるかもしれないが補完的な役割を担うであろうと期待するしかない。

3. 市場の役割と貿易の効果

　市場および市場の役割への関心は，経済学の伝統的なテーマの1つである。均衡分析は，その最たるものである。ただし，多くの研究では，その存在は所与とされ，あるいは，その普遍性が強調される。もちろん，市場メカニズムが社会の構成原理の主軸になっている国をもっぱらの分析対象とする場合，あるいは抽象化された理想状態を想定する場合，その前提は妥当である。しかし，市場が存在しない後進国などを分析対象とする場合や市場の生成過程を分析する場合，その前提は妥当なものではなくなる。本書は，拡大しようとする環境物品市場に焦点を当て，その生成および発展の過程をとらえようとするものであるため，分析視角や概念の多くを主として後者のタイプの研究から援用することになる。くわえて，環境物品は新しいテーマであり，過去から引き継がれ

7　鳴瀬［1989］は，このような GATT 体制の状況を「背骨なき GATT」と述べ，GATT 体制の存続理由とした。

8　周知の通り，現状では，環境問題に対する国際機関は存在しない。もちろん，UNEP（国連環境計画）にその役目を求めることはできない。UNEP の設立に関して，先進国は新しい国際機関の設立による追加的な資金拠出を警戒し，途上国は経済発展の制約を課す恐れのある制度の受け入れに消極的だった。その結果，完成された機構の役割は，具体的な権限をもった専門「機関」ではなく，仲介者ないし媒介としての「計画」に留まった（Elliott［1998］）。したがって，取り組みの基盤となる制度は，既存の制度の改変ないし新たな役割の付加か，または新たな制度の構築によって整備されなければならない。前者の代表例が WTO における昨今の動向であり，後者の代表例が京都議定書などの多国間環境協定（Multilateral Environmental Agreement：MEA）の締結である。

てきた概念や仮説が多くあるわけではない。他分野からのアイデアや概念の援用が適宜必要になる。

　市場には，階層性がある。たとえば，所得水準の異なる国同士では取引される最終財が異なる傾向にある[9]。そして当然ながらこの階層性は，半永久的に固定されたものではない。所得水準の変化による需要の変化によって可変する。つまり，市場には変遷（履歴）があり多様性がある[10]。もちろん，より正確に描写すれば，市場というよりも利用する主体の行動に変遷や多様性がある。さらに，市場は非市場的要素との結びつきを必要とし，その仕方に歴史性を帯びる。周知の通り，市場の機能（取引）はそれ自体では安定せず，政府による公共財の提供などを必要とする。財産権の設定はその一例である。くわえて，公共財の提供の仕方は一様ではない。たとえば，知的所有権の制度設計の際には，新しいアイデアの創出と既存のアイデアの活用のバランスを取らなければならない。前者に重きを置きすぎると後者の活動に支障が出てしまう（また逆のケースも，同様に支障が出てしまう）。このように社会・経済問題の発生に対応して，多様な選択肢の中から一意のものが選択され，ルールの修正・見直しがなされる。その結果，市場の機能に影響が及ぶ。

　環境は，長らく，市場の外であり経済分析の対象外として扱われて来た（そして，環境問題は，「市場の失敗」として，例外的な問題の1つと認識されてきた）。しかし，上記の通り，環境問題の深刻化および環境に関する啓蒙活動の結果，市場と非市場的要素とのあり方あるいは結びつきに変更・修正（の必要性）が認識されつつある。環境および環境問題は，市場の外の問題として扱うべき問題ではない。そして，この問題に対処する有力な手段の1つとして，現代では市場の役割に期待が集まっている[11]。

　市場の役割を端的に示すものに，分業（国際分業）のもたらす効果がある。多くの経済学者は，自身の貿易論の骨子を説明するために，分業の利益を利用

9　Linder［1961］は，所得水準に依存する需要構造の類似性に注目した国際貿易の理論を示した。
10　貿易が行われる国際市場の性質については，石田［1999］が詳しい。
11　日野［2009］は，現代の環境問題に，普遍的な経済活動に発生原因をもつ「普遍的環境問題」という新しい性質が生じており，世界規模で環境負荷の低い経済活動への移行（代替）が求められていると指摘し，そのための有力な対応策が市場的手段を活用した国際環境政策であると論じている。市場的手段の1つが，環境物品貿易の自由化政策である。

してきた。Smith［1920（1776）］の説明が最も有名であるが，Ohlin［1967（1933）］も同様の議論をしている。本書が注目する貿易効果を端的に示す見解は，List［1841］が提示したそれである[12]。1つの仕事が複数人に分割されることに注目するスミスやオリーンと異なり，複数人が1つの仕事を分担しあっている（結合されている）ことへの注目である[13]。問題の本質は，諸要素が不足していることではなく，諸要素が有機的に結合していないことであると考えるからである。

　さらに拡大する市場の役割が，資源配分機能以上の作用をもつことを，後進国の発展論のなかに見出せる。リストに影響を受けたと考えられるHirschman［1958］は，「成長の経済学」と「発展の経済学」を対比させ，条件が整わない国を分析した[14]。拡大する市場は，点在している諸資源の結合を導き出し，そしてその過程を通じて知識や技術などの不足する資源を増大させていくと説いた。ただし，本書の分析視角は，後進国の発展論と必ずしもすべて一致するわけではない。主要な相違点は，生産に関連する議論だけでなく，消費にも関連する議論であるという点である[15]。なぜなら，第1に，生産への効果・関心は，その目的を生産力に関連する分析のなかで解決できるのに対して，現代の環境問題の性質を考慮した場合，環境への効果・関心は，その消費力に関連する分析のなかで解決されなければならないからである。たとえば，太陽光パネルや風力発電などの生産だけでは，期待される環境効果は実現しない。その消費によって，約束された効果が現実化する（資本財の場合は，生産

12　List［1841］の議論の性格について，念のため確認しておきたい。List［1841］は，保護主義を主張したことで有名である。ただし，リストは，交換の原理にもとづく主流の経済学に対して，生産力に注目した過渡期の分析であると自認していた。彼の議論は自由貿易の一般的な利益を肯定する論理をもち，保護主義の採用をあくまで例外的に肯定しえる（自由貿易から離脱することによる費用よりも利益が勝る時のみ）と説いたにすぎない。

13　現代の貿易論のなかにも，この対比を見出すことができる。たとえば，1つの生産活動が異なる空間に分散化したことに注目する「フラグメンテーション理論」（Deardorff［2001］）と，分散化した生産工程の結合に注目する「貿易の垂直構造」（石田［2011］）である。

14　矢野［2004］は，「ハーシュマンはF.リスト的な見解を継承し，輸入は一国の需要状態を偵察する機能を持ち，輸入代替工業化とは確実な需要に向けてのものであること，つまり輸入の増大は国内生産を誘発し，工業化への媒介作用を持つことを指摘した」（p. 152）と述べている。

15　さらに付け足せば，（投資資金の調達問題をめぐって）金融面に主として注目したGerschenkron［1962］などの分析視角と異なり，本書は実物面に注目する。

的消費になる）。第2に，消費は，生産活動を誘導する主因だからである。需要の重要性と言い換えても良い。

ところで，ハーシュマンは投資実行「力」に関心を示しめしたが，その意味では，本書は消費力に関心を示す。力とは，物理学によれば運動状態を変化させるものとされる。その定義を利用すれば，消費力とは消費のパターンを変化させるものであり，その源泉は知識である。知識は，その伝播・形成の際に，現代では市場メカニズムの影響を受けている。

以上の本節の内容をまとめれば，環境物品交渉・貿易の研究とは，①単なる貿易自由化を超えた，環境目的に貢献しうる重要なテーマであり，②国際公共財を提供するWTOルール（および通商ルール）の変化あるいは新たな役割の付与の有無を検証できるものであり，③環境問題に対処する，現代の（拡大する）市場の役割を分析するものであり，そして④資源の結合（結束）だけでなく，増大に関する発展の分析である。

II．本書の課題と研究状況

1．本書の課題と基本的視角

以上の問題意識を受けて本書は，次の4点の課題に接近することで，環境物品交渉・貿易の実態と意義を明らかにする。交渉の実態に関する分析は，内容とその影響力の検証から接近する。第1の課題は，交渉の論点の変遷およびその到達点を明らかにすることである。これには資料の検討によって接近する。ただし，WTO交渉の非公式文章の入手は比較的困難な場合がある。交渉に大きな影響を及ぼすものに限って取り上げることにする。また，APEC協議内の記録や審議案に関する資料は，WTOほどには公開されていない。その点に，留意いただきたい。ところで，交渉は，当然であるが歴史的経路依存性をもつ。したがって，丹念な事実の積み上げが必要になる。そのような分析の結果，摘出された交渉の性質は帰納的接近が許容する範囲で，今後の推移に対して知見を提供するものとなろう。もちろん分析は，交渉過程で繰り広げられる政治的なやりとりだけを追っていくものではない。提案内容および合意内容が

もつ，経済的な合意・効果を明らかにすることが最終的な目的となる[16]。第2に，交渉・合意内容が，WTOルールという国際公共財を提供する枠組みにどのような影響を及ぼそうとしているのか，または及ぼしたのかの検討である。地域貿易協定（Regional Trade Agreement：RTA）[17]の隆盛という情勢にあっても，それぞれを規律付けるのはWTOルールである。本分析では，そのルールの複雑な機能を包括的に把握できる枠組みを利用して，交渉が及ぼす影響を検証する。具体的な手順とその内容は，あくまでイメージであるが，多変量解析の1つである数量化Ⅲ類を思い浮かべてもらうといいだろう。まず，WTOの原理原則を構成する規範とルールの全体像を示す。これは，カテゴリースコアの散布図を構成する第1軸と第2軸に相当するものである。ただしそれぞれ軸は，1〜4のボックスの特徴を示す役割をもつだけであり，メモリの意味をもたない[18]。その後，サンプルスコアに相当するものである，主要国の提案内容をその性質にもとづいて図に配置し，交渉の実態および論点の変遷を明確化していく。

　第3に，上記の分析で利用した各国の提案内容などを検討材料として，環境物品交渉が目指す貿易の環境効果を把握するための諸概念とメカニズムの抽象

16　以下の内容は，自分自身への注意喚起以上の意味をもたないので，注に留めておきたい。というのも，以下の内容は，合意が成立したケースで最も活きるためである。
　　現実の交渉を分析するにあたり，合理性にはさまざまなものが想定される。短期間で合意（妥協あるいは妥結）するわけではないため，提案内容に変遷が生じうる。抽象度がやや高くなるが，時間軸を意識して整理すれば，提案内容がもつ合理性は，「事前的合理性」と「事後的合理性」に分けられる。そして，それぞれの合理性は「建前としての合理性」と「本音としての合理性」，そして「妥協としての合理性」と「機能としての合理性」に整理できる。最も重要なものは，そのルールが経済活動に影響を及ぼす作用をとらえる「機能としての合理性」である。しかし，その評価には，多くの時間と事態の推移を見守らなければならない。「本音としての合理性」は提案主体にとって最も理想的なものであり，「妥協としての合理性」は最も現実的なものである。その間に，「機能としての合理性」が位置付けられよう。交渉が順調にまとまった場合は，「本音としての合理性」と「妥協としての合理性」に乖離がほとんど生じないと考えられる。「建前としての合理性」は最も目につきやすく，提案の字面を追うことで把握が可能となる場合が多い。しかし，その内容を鵜呑みにすることについては慎重でなければならない。一方，「建前」以外の合理性は，多くのケースで資料の分析・検討とそれにもとづく類推を必要とする。当該国の経済状況などのデータの分析・解釈によって，検討内容に関連する情報を適宜補うことが求められる。
17　FTAは，周知の通り，「自由貿易地域」と「自由貿易協定」という2つの用語の略語である。本書では，双方の用語を使用するので混乱を避けるために，FTAを前者の意味に限定して使用する。後者に関しては，RTAという用語を充てる。
18　2つの軸が交わる点から離れるほど，値が大きくなるという意味はないということである。

的な整理を行う。第 4 に，貿易の環境効果に関する仮説の提示および検証を行い，検証結果を踏まえた政策的インプリケーションを示す。

　最後に，本書の分析視角に関連する，2 点の補足的な説明をしておく。第 1 に，本書における SD の定義の確認である。SD は今日，環境問題および環境政策を分析する研究者の間で共通の鍵概念となっており，各論者の環境問題に対する考え方および理想的な環境政策のあり方と深く関与する。

　SD については，ブルントラント委員会が与えた定義[19]があいまいであるため，多種多様な解釈がなされているのが実情である。同様に SD の整理[20]も多様であるが，本書は次の 3 つの持続性を利用して整理する。①として，「経済の持続性」である。この議論の目的変数は，成長である。②として，「環境の持続性」である。この議論の目的変数は，生態系である。③として，「社会の持続性」である。この議論の目的変数は，福祉である。各論者の見解を分けるものは，この 3 つの変数のどれを強調するのか，またはどのようにバランスをとるのかという点にあり，大きく分けて 4 つに整理できる。(1)経済の持続性を強調し，市場原理を重視する議論である。たとえば市場原理に則り，環境問題にアプローチする「新古典派アプローチ」などがこれに該当する[21]。(2)環境の持続性を強調し，自然原理（＝物理原理）を強調する議論である。たとえば，エントロピー理論に則り環境問題にアプローチする「物質代謝アプローチ」などがこれに該当する[22]。(3)に，前述の(1)および(2)の議論の中間に位置するものであり，環境という制約を認識し，環境の制約内で経済発展を展望する議論である。ただし，この議論は，さらに市場原理を相対的に重視する議論と，自然原理を相対的に重視する議論に分けることができる[23]。(4)に，経済・環境・社

19　ブルントラント委員会は，「将来の世代が自らのニーズを充足する能力を損なうことなく，今日の世代のニーズを満たすような発展」（World Commission on Environment on Development [1987] 邦訳 p. 28）と定義している。

20　その他の代表的な整理として，自然資本と人工資本の代替可能性に注目した，Turner [1993] がある。それ以外にも，たとえば，Harris [2001]，森田・川島 [1993] などの整理がある。

21　具体的には，人工資本と自然資本との代替可能性を仮定し，資源の長期的な利用の公平性を問題視する議論（Hartwick [1977]）などがある。

22　経済学にエントロピー理論をもち込んだ初期の議論として，Boulding [1966] があげられるが，本格的に導入し体系的に論じたものとして，Nicolas [1971] があげられる。

23　たとえば，後者の議論として，Daly [1996] などがある。

会の３つを並列にとらえる議論である[24]。

　本書では，上記の(3)の視点に立脚し，SD の定義を「市場原理を相対的に重視しながら，環境の制約内で持続的な経済発展を展望する」ものと把握する。このような視点を選択する理由は，すべての環境問題を市場原理で解決できるという視点や，市場原理の有効性をすべて否定する議論からは現実的な政策的含意を導くことが困難であるためである。もちろん，市場原理の問題点もあわせて論じなければならないものの，市場原理が社会の構成原理の１つとなっている現代において，市場原理は排除の対象となりえない。有効活用を探求することが，現実的でありかつ実践的である[25]。くわえて，市場原理には知識を生み出し・共有する機能が内蔵しているからである。さらには，そもそも環境問題の性質上，その根本的解決は困難である。根本的解決には，人口と自然資源の量のコントロールが必要である。しかし，短期および中期のスパンで人口の減少や自然資源の増大を実現することは，倫理的にも技術的にも不可能である。ただし，広義の資源である，人間が作り出す知識という資源を増大させることは可能である。その一部は，資源浪費の抑制に役立つであろうし，また環境負荷の低い新たな経済活動の発見に役立つだろう。

　第２に，本書は，世界経済論の影響を受けており，世界経済の構造変化に注目する視角に立つ。世界経済論とは，個性をもつ複数の国民国家で構成される「世界」の総体に注目して分析するものである[26]。さて，構造変化（structural change）とは何か。計量分析には，structural break あるいは structural change という用語がある。時系列分析の際に，予期しないシフトを示すものと把握される。予期しないシフトには，①石油ショックのような一時的な現象が原因の場合，②プラザ合意のように貿易・投資活動に永続的な影響を与える現象が原因の場合がある。本書の構造変化とは，後者のような現象を意味す

24　たとえば，OECD［2004a］などである。

25　寺西［1986］は，マルサスの『人口論』を内在的に分析し，次のような教訓を示している。人口と食料供給とのバランスという画期的な問題視角を高く評価するものの，自然原理のみを重視し自然と社会の双方に通じる原理として単純に一般化するという誤りを犯してしまったことを指摘し，「同じ誤りに陥ることを是非とも避けなければならない」（p. 180）と述べる。市場原理の安易な一般化は，マルサスと逆の誤りを犯してしまい，また自然原理の安易な一般化は，マルサスと同じタイプの誤りを犯してしまうのである。

26　主要な研究成果として，木下［1978］，佐々木［2010］などがある。

る。つまり，「永続的で不可逆な構成上の変化」（Pasinetti［1993］邦訳 p.1）をさす。

　このような視角に立つ意義は様々にあるが，最も重要な点は現実をより良く理解できる，という一点に集約される[27]。この視角は，その時代に生じたあるいは生じようとしている，新しい「様式化された事実（stylized fact）」をとらえようとする試みでもある[28]。当然ながら，新しい様式化された事実は，旧来の理論の説明力・予測力を失わせる。既存の理論の意義よりも限界を示し，そして新しい理論あるいはダイナミックな着想の萌芽を提供する。

　以上の通り，世界経済論の視角は，抽象化され自律した国民国家「間」に注目する視角に立つ国際経済論とは異なるものである。もちろん，本書は，通常の研究と同様に，抽象的な視角も活用するため，両者の優劣を問う意図はない。あくまで，事実に対する解釈の仕方や着眼点に，世界経済論からの視角の特徴が現れるということである。

2. 研究状況

　本書は，一般的な研究成果と同様に，多くの先行研究の成果の上に成り立つ。国際経済政策の新展開の論理と意義をとらえ，またその新展開を一材料として現代の世界経済で生じている構造変化を展望しようとするものである。もちろん，「貿易と環境」というカテゴリーに分類される成果でもある。ただし，環境経済学側からのアプローチではなく，国際経済政策側からのアプローチとなっている点に留意されたい。

　「貿易と環境」の理論・実証分析の主要なテーマは，次の通りである。①として，貿易の成長効果と環境の関係を分析する分野である。貿易自由化の効果（その主要な関心事は，経済成長効果）に注目するものであり，いわゆる「経

27　やや理想論であるが，次のような意義もある。市場は世界的につながっており，また現代ではグローバル化の影響によりその傾向が顕著になっている。市場を介して生じる経済現象を分析する際には，空間的に限定される視角よりも，世界的な傾向を把握できる視角に立つことが望ましい，といえよう。とくに環境問題を分析する際には，リーケージ効果や地球環境問題が発生していることを考慮すればなおのことである。もちろん究極的には，研究者当人の問題意識と（研究遂行に関する）技術的問題に左右されることになるのだが。

28　実証分析には，構造変化をとらえた法則や議論が多くある。たとえば，「ペティ＝クラークの法則」や「クズネッツ曲線」などである。

済成長論」タイプといえる。「貿易と環境」という研究分野をメジャーにした，
Grossman and Krueger［1993］などの「環境クズネッツ曲線」研究が代表的
な成果となる。Antweiler et al.［2001］が理論的な基礎を与えたことで，Cole
and Elliottm［2003］，Managi et al.［2009］などの多くの実証分析の成果が発
表されている。

　②として，汚染削減費用と貿易フローの関係を分析する分野である。貿易フ
ローに影響を与える要因に注目するものであり，いわゆる「汚染削減費用論」
タイプといえる。具体的には，汚染削減費用そしてそれに影響を及ぼす環境規
制に関心をもつ。「汚染逃避仮説」研究が，代表的な成果となる[29]。貿易フ
ローに影響を与える要因の１つに当然のことであるが投資があるため，「投資
と環境」とも親和性のある分野である[30]。

　③として，貿易フローに関連する汚染や環境負荷の計測分析に関する分野で
ある。汚染と貿易フローの計測に焦点をあてるものとして，Low and Yeats
［1992］，Mani and Wheeler［1998］などがある。さらに，貿易を通じた環境負
荷の相互依存関係を定量的に分析する研究成果（たとえば下田他［2009］な
ど）も，このタイプに含まれる。

　以上の３タイプは，Antweiler et al.［2001］の整理にもとづき，その内容を

29　「汚染逃避仮説」を，最初に取り上げた研究として Leonard［1988］，最初に理論的検討した
　　Copeland and Taylor［1994］などがある。
30　「投資と環境」分野においても，「汚染逃避仮説」は主要な成果である。汚染逃避仮説の代表的な
　　論点は，次の４点である（「汚染逃避仮説」の種々のモデルの特性およびその整理については，た
　　とえば Taylor［2006］を参照されたい）。第１に，貿易との選択問題である。「国内の同じ消費者
　　に対して，当該財（＝汚染集約財）を国内生産して届けるのか，それとも環境規制の低い国で生産
　　を行い逆輸入によって届けるのか」という問題を論じる。第２に，投資の決定要因である。「相対
　　的に低い環境基準が，投資先の決定要因になるか否か」という問題を論じる。第３に，底辺への競
　　争（race to the bottom）である。「FDI（海外直接投資）を誘致するための国民国家間の環境基準
　　をめぐる競争およびその帰結」を論じる。第４に，受入国に及ぼす投資効果である。「投資先決定
　　後の汚染集約型企業（または環境先進企業）の立地効果」を論じる。以上の通り，汚染逃避仮説は，
　　投資にともなう経済活動の負の側面を前提とし，その仮説の正否を論じるため，投資の限定的な効
　　果しか論じられない。その一方で，OECD や UNCTAD の成果は，1998 年に頓挫してしまったが
　　「多国間投資協定（MAI）」に策定に向けて，投資がもたらす環境効果について包括的に研究して
　　いる（OECD［1997a, 1999, 2002b］，UNCTAD［1999］など）。その代表的論点は，① FDI の競
　　争と環境基準の関係，②投資ルールと規制，③ FDI フローが及ぼす環境効果，④クロスボーダー
　　環境パフォーマンスである。③の効果の１つに「技術効果」があり，環境先進企業による技術移転
　　が生じることで「環境に正の影響」が生じると論じている。

膨らませたものであるが，これ以外にもさらに 2 つのタイプを追加できる。

④として，「企業の異質性」を考慮した理論および実証分析である。先に取り上げたテーマに対して，産業レベルではなく企業レベル（あるいは施設レベル）から接近するものである。Shapiro and Walker［2015］，Cherniwchan et al.［2017］などの成果がある。

⑤として，本書も分類される環境物品研究がある。このタイプの独自性は，その分析対象にあるだけでなく，独自の問題意識と課題設定にある。上記のタイプの主要な関心（とくに，タイプ①）は，汚染逃避仮説が投資の負の効果の有無の検証にもっぱらの関心をもつように，汚染集約財の生産と貿易フローなどの環境効果の有無の検証にある。しかし，環境物品研究では，その対極の分析視角に立ち正の環境効果に注目して，その有無の検証およびその効果を高めるための方策を考える。また貿易フローを拡大させるという政策課題を常に抱えているため，タイプ②の研究のように汚染逃避仮説の検証や比較優位にもとづく特化のパターンの検証だけでなく，貿易フローを規定する要因分析も必要になる。また期待される環境効果は，環境物品の定義および分類に依存するため，上記の研究にはみられない，より抽象的な次元からの接近や具体的な環境問題との関連性からの接近が必要となる。したがって，定量的な研究だけでなく，定性的な研究も求められるのである[31]。

さて，環境物品それ自体に関する研究成果は，交渉開始当初は限られていたが，近年増加傾向にある。一部に群をまたぐ成果があるものの，主要な研究上の論点とそれに対する貢献に即して，次のように整理する。

主要な成果は，暫定的に次の 3 群にまとめられる。第 1 群は，環境物品の

---

31 たとえば，de Alwis［2015］は，Antweiler et al.［2001］の推計モデルを利用した環境物品貿易の実証分析であるが，環境物品に関する基本的な事実の理解に問題がある。具体的な問題を列挙することは控えて一例だけを示せば，①分析で扱っている品目リストの説明が十分ではない。品目リストとは環境物品を，HS 分類を利用して特定化したものであり，多くの種類がある（本書の第 4 章Ⅱ節を参照）。品目リストの選択には慎重な判断が必要であり，したがってその選択理由と品目リストの特徴の説明が求められる。また，当該リストから EGS（環境物品およびサービス）貿易のデータを集計できると論じているが，環境物品貿易の間違いと思われる。②環境物品の性質の違いに言及はあるものの，分析に際して環境物品の性質の違いがまったく考慮されていない（たとえば，大半の環境物品は CO_2 対策と無関係であるが，すべての財を何ら区別することなく扱ってしまっている）。③輸出と輸入の役割の区別がついていない（本書の第 6 章Ⅰ説を参照）。

「特定化（identification）」に関する成果である。初期から中期までの成果の多くはこの群にある。まだ世間に浸透していなかった環境物品に関する用語の整理や概要の解説をし，政策提言につなげるための前準備をする成果も，この群に位置付けられる[32]。その主な内容は，定義問題を扱う抽象的な視点からの議論と，自由化対象を定める品目リストの具体案を検討・提案する議論に大別される。まず，定義問題に関しては，OECD/Eurostat［1999］や UNCTAD［2004］は，環境サービスと関連づけた内容を提示し，この分野の足がかりとなった。また，環境物品の対象範囲をめぐっては，交渉の論点を踏まえつつ，範囲を限定すると環境便益を下げてしまうとする Araya［2003］の主張と，範囲の広範化は環境便益をもたらさない財を包摂してしまうリスクがあるとする Chaytor［2002, 2003］に代表される対立があった。しかし，両者は，win-win（自由（貿易）・環境（保全））の実現に関心をもつという意味では同じ土壌に立つ議論である。Carpemtier et al.［2005］は，途上国の発展問題という交渉上の論点に注目して，win-win では不十分であるとし，発展を付け加えた win-win-win（自由（貿易）・環境（保全）・発展）の重要性を強調した。その他では，Tao at al.［2010］や Xinqiang［2012］などの一部に成果はあるものの，交渉での審議の停滞もあり，研究の関心は自由化対象を定める品目リストの提示や分析にシフトしていく。実際の交渉でも利用された OECD/Eurostat［1999］，World Bank［2008］は代表的な成果であるが，個人研究者の成果もあり Zugravu-Soilita［2016］は「環境上望ましい製品」（environmentally preferable products：EPP）に関する独自のリストを示している。国内では，羽田［2019］が IPC 分類の Green Inventory[33] を利用して独創的なリストを作成・提示している。一方，品目リストの分析については，Steenblik［2005］が初期のリストの詳細な分析をしており，Sugathan［2013］

32　国内の初期の成果でいえば，朝倉［2004］が環境物品を一早く取り上げ，環境物品に関する用語や概要を示している。岩田［1999］は，主要な関心事が環境サービスであり環境物品への関心は副次的なものに留まっていたものの，環境物品を国内で最も早く取り上げた成果である。調査報告書であるが，三菱 UFJ リサーチ＆コンサルティング［2010］は，交渉の概要および基本的な概念・用語の包括的なサーベイをしている。

33　Green Inventory とは，環境上適切な技術（Environmentally Sound Technologies）に関係する特許情報をまとめたものである。

が諸リストの総括をしている。

　第2群は，環境物品貿易のデータ分析に関する成果である。初期段階の注目すべき成果は，UNCTAD［2003］やWTO Secretariat［2004］である。両研究ともに，同じ品目リストを用いて，2000年当時までの貿易動向について精緻な分析を行っている。その後，交渉の進展にともない品目リストが充実してくるが，それらを活用した成果として，Kuriyama［2012］やVossenaar［2013］などがある[34]。また，次の第3群の研究のすべては，独自にデータ分析を行っている。

　第3群は，仮説の提示と統計処理による検証である。まず，環境物品輸入の要因分析については，アジア太平洋地域の自由化推進によって米国の輸出増が期待されることを示したAvery and Boadu［2002］，途上国を分析対象にして関税削減よりも援助による貿易拡大の効果を確認したJha［2008］がある。グラビティモデルを利用した貿易額の決定に関する分析は近年急増しており，Ratnayaka et al.［2011］，Matsumura［2016］，Jacob and Møller［2017］，Cantore and Cheng［2018］などがある。この群の成果は，推計モデルや変数の扱い方に相違はあるものの，現状の大半は貿易額の決定要因の分析となっている。つまり，関税・非関税障壁の削減・撤廃がもたらす貿易の拡大効果（＝貿易の自由化効果）の検証の成果である。

　以上の研究状況を踏まえて，研究上の課題を摘出すると次のようになる。第1に，初期の成果（第1群の定義分析）の多くは，交渉の推移と論点を踏まえたものになっていた。しかし，その後，定量分析が充実するにしたがい，交渉それ自体への関心は低下している。de Melo and Balineau［2011］のように，交渉の概要に関する言及があれば，まだ良い方である[35]。交渉の実態の把握は，事実の確定のために必要であるだけでなく，交渉の進展・妥結のために求められる実現可能な政策提言の検討の際にも必要となる。論点の推移をふまえ

34　その他の成果として，間口を広げて環境物品を包括する環境産業を対象にしたものも含めれば，OECD［1992, 2001］やOECD/Eurostat［1999］などがある。

35　法学からのアプローチになるがWu［2016］は，マルチラテラルからプルリラテラルに交渉の場がなぜ変化したのかという問題意識の下，主要な提案のみを題材にして交渉の推移を大局的に考察している。交渉の把握の仕方があまりにも大掴みである点と，提案内容の経済的な含意・効果に関する検討がなされていない点は指摘しておかなければならない。

ずに，大上段から構えて学問的には正しいかもしれない知見を指し示しても，
建設的であるとは限らない。そして交渉の実態の把握には，上述の通り，事実
の積み上げが必要となる。たとえば，APEC での審議であったとしても，
WTO での審議内容をある程度継承している（逆もまた然り）。そして積み上
げた事実は，その交渉内容の評価をより正確なものにする。一時点だけを切り
取って判断するものでなく，また差分によって前進あるいは後退の評価が可能
になるからである。第 2 に，環境物品交渉が，WTO ルールに及ぼす影響力の
有無に関心を示す研究は皆無である，という点である。第 3 に，仮説の整理・
検討は，OECD［2001］，UNCTAD［2004］，そして Jha［2008］などの一部
にあった。その一方で，上記の通り，仮説の検証成果は近年増えているもの
の，検証されている仮説そのものはほぼ類似している。発展途上にある環境物
品研究に今求められるものは多くの検証可能な仮説であると，筆者は考える。
これは，当時，発展途上にあった後進国の発展論にして，Hirschman［1958］
が指摘した事項[36] と重なる問題意識である。より多くの仮説は，環境物品貿易
の効果や役割に関して，より多様な視点からの分析を可能にする。第 4 に，上
記の点と関連するが，実証分析の多くの関心は，貿易障壁の削減・撤廃による
貿易の拡大効果の検証にある。そのような検証はもちろん大切であるが，それ
以上に重要な点は，環境物品貿易が貿易当事国のパフォーマンスに及ぼす効果
の検証である[37]。もし仮に，環境物品貿易が，当該国の環境パフォーマンスを
改善させる効果をもっていないのであれば，環境物品貿易をどれだけ活発化さ
せたところで，win-win も win-win-win も期待できない。結局，仮説が足り
ていないのである。

　以上の議論を受けて，環境物品研究に求められる課題をまとめておく。①既
存の研究では，十分に検討がなされていない交渉の実態を分析して，論点の摘
出と課題を浮き彫りにすること，②①の成果を踏まえて，環境物品交渉の影響
力（WTO 体制の役割・あり方への影響およびその有無）の検証をすること，

36　Hirschman［1958］は，「現段階において経済発展の研究を阻害しているものは，資料不足より
　　はむしろ検証可能な仮説の不足であると痛感している」（邦訳 p. 2）と述べていた。
37　環境物品の性質を理解し，かつ，このような問題意識をもつ研究が，もちろん全くないわけでは
　　ない。もっとも早い成果は日野［2015］であり，Zugravu-Soilita［2016］の成果もある。ただし，
　　残された課題も多い。詳しくは，第 6 章で説明する。

③交渉の実態を反映した諸概念および新しい仮説を提示すること，そして④データ分析を通じた仮説の検証と政策提言をすること，である。もちろん，③の検討の中には，特定化に関する仮説と分析も含まれる。

　なお，これらの研究上の課題を踏まえた本書の課題は，前節で示した。改めて本書の位置付けを説明すれば，上記で示した暫定的な3群のすべてに貢献するものであり，かつ不足点を補うものである。以上の通り，本書は，環境物品の包括的な研究成果である。

Ⅲ．本書の構成

　本書は，以上の課題と基本的視角をもち，以下の構成で，環境物品交渉・貿易について分析する（図序-1を参照）。

　第1章では，本書の考察対象である環境物品とその貿易の概要および基礎的な用語について確認し，本書の基本構図と背景について説明する。

　第2章では，交渉の「初期」である，2001年から2006年までの期間を分析対象とする。主要国の提案と技術的な課題を検討・整理するなかで，交渉の起点となる対立の構図とその特徴を明らかにする。

　第3章では，交渉の「推進期」である，2007年から2008年までの期間を分析対象とする。主要国の提案を検討するなかで，米国とEC（EU）[38]の対立が解消したことにより交渉の構図に変化が生じたこと，そして途上国から非関税障壁の問題をめぐってなされた新たな提案がWTOルールの新しい機能を顕在化させる重要な内容であることを明らかにする。

　第4章では，改めて，自由化の舞台となったAPECに焦点をあて，その後の歩みを分析する。APEC合意の内容と意義そして履行状況を分析して，残された課題を浮き彫りにする。そして，本章をもって，前半部分にあたる事実解明的分析を終える。

　第5章では，前章までの分析内容および事実を利用して，後半の分析に必要

38　ECとは，EUがWTO加盟の際に登録した名称である。WTOの公式文書では，EUはECと記される。

図序-1：本書のフローチャート

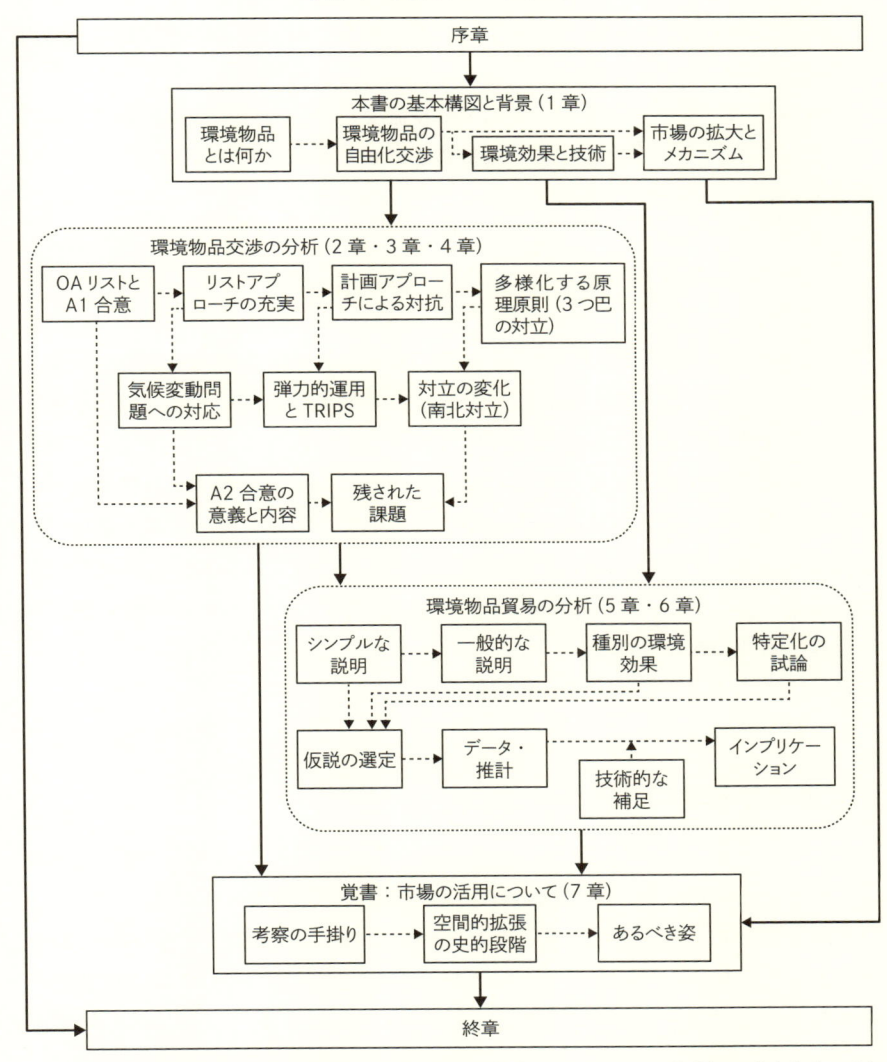

(注) 点線の矢印は節間のつながりを，実線の矢印は章（あるいはブロック）間のつながりを，それ
　　ぞれ示している。章（あるいはブロック）をまたいだ節間のつながりについては，情報過多にな
　　るため掲載を省略している。
(出所) 筆者作成。

となる諸概念と仮説の整理・用意をする。環境技術を鍵概念として，環境物品そして環境物品貿易の効果を整理していき，最後に環境物品の特定化に関する試論を示す。

　第6章では，検証すべき仮説の選定と検証を行い，そして政策的なインプリケーションを得る。検証の結果，環境物品の普及と各国の環境パフォーマンスの改善には，有意な正の関係があることを確認する。ただし，その効果は，先進国と途上国では異なり，また品目リストによっても異なることが確認される。以上の検証結果を踏まえて，自由化と特定化に関するインプリケーションを示す。

　第7章では，環境問題に対処する歴史的な歩みの中に環境物品貿易を位置づけることで，その活用の意義と限界を改めて考察する。市場の空間的拡大を志向することで，費用の上昇を抑えて既存の活動を温存しながら経済発展の制約に対処することが過去に何度も行われてきたこと，そして環境物品貿易もそのような文脈の中に位置付けられるものであることが示される。市場の活用が導く知識の伝播と形成は，真に求められる知識に関する認識を熟成する可能性をもつこと，そしてそのような知識にもとづく行動がWTO体制の機能の顕在化につながることが示される。

　終章では，本書の結論と今後の課題を示し，結びとする。

Ⅳ．用語と定義

　本書は，環境物品という比較的新しい分野を研究対象とするため，目新しい用語が多く出てくる。また，聞きなれた用語であっても用法が一般的なそれと異なる場合がある。したがって，本書を読みやすくするために，基本的な用語をあらかじめ確認・整理しておきたい。

1．財（物品）・品目・製品とタリフライン
　まず，本書の鍵概念にも関連するGoodsという用語に関してである。Goodsは，通常通り，「財」という言葉をあてる。ただし，environmental goods に

関してだけは，定訳にしたがって，環境「物品」と表記する。財は抽象度の高い用語である。一般的に，国際統一基準である HS6 桁分類を用いて，財は「品目」に整理・区分される。この品目は，各国の特有基準（HS7 桁分類〜）を利用して，より細かい分類としての「製品」に整理・区分される。特有基準は，統計細分（ex-heading：ex）と呼ばれる。

　なお，タリフラインは，各国の関税率表で定義された製品（品目）の単位であり，国際的調和のなされていない HS7 桁以降の番号をもつものである。

2.「市場」および「経済」

　両者は，親和性の高い用語であるが，本質的に相違している。概念としては，経済の方が広く市場を包摂する。財・サービスの生産・分配・消費という経済活動は，市場という手段を利用することで円滑に進む。ただし，すべての活動がその限りではない。周知の通り，公共財の存在はその一例であり，市場では取引できない財・サービスがある。本書では，市場では取引できないが，経済活動に必要な要因を「非市場的要素」と呼ぶことにする。市場と非市場的要素を構成要素にするものが，経済である。

　市場は取引可能な財・サービスを対象として，非市場的要素は経済主体に効用を与える一切のものを対象とする。したがって，取引を伴わずに，効用を与えうるものが非市場的要素の範囲となる。非市場的要素がもたらす作用は，経済主体の主観的な認識に依存する。認識を進化・深化させる知識の伝播と形成は，非市場的要素の範囲を拡張し，その結果経済の対象範囲も拡張することになる。環境が提供する安全な水や大気は，経済主体に効用を与えるものであり，非市場的要素を構成する極めて重要な要素である。ただし，そのような事実は，長い間，軽視されてきてしまった。

3.「WTO ルール」と「貿易ルール」

　「WTO ルール」は，第 1 章で取り上げるガバナンスボックスのすべてのボックスの機能を指す用語である。ガバナンスボックスとは，WTO の複雑な原理原則の関係を視覚的に示すものである。なお，WTO ルールのなかでも，とくに重要な機能を担うのが「貿易ルール」である。これは，ガバナンスボッ

クスのボックス 1 の機能だけをさす。

4.「LCA アプローチ」と「消費」

　ライフサイクルアセスメント（Life Cycle Assessment：LCA）アプローチという考え方がある。これは，生産段階のみならず流通，消費，廃棄などの各段階における環境影響を考慮するというものである。このような考え方を受けて，本書の消費の定義は，OECD［2002a］が示した「消費者の一連の行動」の解釈を充てる。この解釈は，「財およびサービスの支出をその金額で表現する」というマクロ経済学の概念の消費とは異なる。財およびサービスの「選択」・「購入」・「使用」・「維持」・「修繕」・「廃棄」の諸要素からなるものとして把握する。「消費」は支出と使用だけ成り立つものではない。支出しようとする財の「選択」があり，また「使用」後で，財の「維持」，「修繕」そして「廃棄」がある。

第 1 章

環境物品の交渉と貿易効果
——基本構図と背景

　本章の目的は，本書の考察対象である環境物品とその概要について確認し，本書の基本構図と背景について説明することである。

I．環境物品とは何か

　本書が注目する環境物品とは，そもそも，いかなるものだろうか。さまざまな見解が提示されているものの，WTO には公式の定義および分類は存在しない。環境対策に必要なものや，環境負荷を従来品よりも低減する財の総称である，とその概要をまず説明しておこう。

　環境物品の歴史をひもとくと，その発端は OECD の分析にある。OECD は，環境政策と産業の競争力の研究の関心から，現状分析を行うために環境（関連）産業の定義を必要とした。OECD［1992］は環境産業の考察を初めて行い，OECD［1996］は欧州委員会統計局（Statistical Office of the European Communities：Eurostat）との共同で環境産業に関する当座の定義と分類を提示した。そして，OECD/Eurostat［1999］が，環境産業の定義と分類を発表した。ここに示されたリストが，「OECD リスト」と後に呼ばれることになるものである。OECD は，環境物品を「資源使用と汚染を最小化し，環境リスクを減少させるサービス，製品そしてクリーンな技術を含み，エコシステム，騒音，廃棄物と関連する問題や，水，大気および土壌への環境被害を修正するか，最小限にするか，制限するか，防止するか，または測定するための財とサービス

を生産する活動として定義される環境産業」(OECD/Eurostat［1999］p. 9)
に含まれる財，として定義している（OECD［2004b］)。この定義の特徴は，
①分析概念としての有用性を担保するために，非常に広範な内容になってい
る，②環境物品と環境サービスの区別がない（両者を合わせて，環境産業とし
て把握している）点にある。環境物品の定義および分類を考えるうえでのメル
クマールの役割を担うものである。

　さて，環境物品と環境サービスの取り扱いは重要な論点であり，政策的な課
題でもある。その点に関連して，UNCTAD［2004］は，環境物品の定義方法
として，①環境サービスを提供するもの，②環境サービスとして提供されるも
のの2つをあげている。具体的には，前者が環境サービスを届けるために不可
欠な財（例，廃水処理・廃棄物管理）であり，そして後者が「環境上望ましい
製品（Environmentally Preferable Products：EPP)」である。EPP とは，「同
様の目的をもつ代替品よりも，製品のライフサイクルの各ステージにおいて環
境に対してあまり深刻な害を及ぼさない製品，または環境保全に著しく貢献す
る販売と生産という特質をもつ製品」(UNCTAD［1995］pp. 5-7) と定義さ
れる。このように EPP には，生産段階のみならず流通，消費，廃棄などの各
段階における環境影響を考慮するライフサイクルアセスメント（Life Cycle
Assessment：LCA）アプローチの考え方が反映されている。具体例として
は，ジュート（jute）を原料に生産された衣服などがあげられる。環境物品に
は，工業製品だけではなく農産品も含まれるのである。ICTSD［2008］は，
UNCTAD［2004］の定義とほぼ同じ内容であるが，WTO 交渉の議論の交渉
状況を踏まえて，環境物品を①伝統環境物品（Traditional Goods）と② EPP
に整理している。伝統環境物品は，初期の交渉で提案された環境物品を総称で
あり，環境対策に必要なものをさす[1]。

　本書における環境物品の詳細な定義や分類は，交渉状況を踏まえて第5章で
示すことになるが，ひとまず次のような整理しておく。第1は，環境対策品で
ある。これは，最終用途目的で判断したものであり，環境問題への対策および
処理に利用するものである。消費活動（「使用」）によって，環境負荷の低減に

1　その他では，Balineau and de Mela［2011］が「計画アプローチ」（詳しくは本書の第2章を参
　照）を考慮した整理を示している。

貢献する。第 2 は，EPP である。これは，上記の通り，LCA にもとづいて判断したものであり，類似の財よりも環境負荷の低いものをさす。消費活動（「使用」）だけでなく，他の段階でその効果が作用したり，効果の源泉がある。UNCTAD［2004］と ICTSD［2008］の分類と実質的に相違はないが，環境効果の相違に注目したものである[2]。

Ⅱ. 環境物品の自由化交渉

1. 交渉の前段と「第 1 の APEC リスト」

　WTO における環境物品の自由化交渉は，ドーハ閣僚宣言（Doha Ministerial Declaration：DMD）のパラグラフ（以下，パラと記す）31 の ⅲ において，「貿易と環境の相互支持性」を高める観点から交渉が宣言されたことに由来する。ただし，交渉の起点は WTO ではなく，APEC（アジア太平洋経済協力）の自由化協議であった。1997 年に，カナダ・日本・台湾・米国の 4 エコノミー[3] の提案により，早期自主的分野別自由化（Early Voluntary Sectoral Liberalization：EVSL）の優先 9 分野[4] のなかの 1 分野として取り扱われていた。しかし，その後，EVSL は事実上失敗し[5]，1998 年 11 月にクアラルンプールで開かれた APEC 閣僚会議において，優先 9 分野の協議は WTO 次期ラウンドへと先送りされることになった。そして翌年の 1999 年 1 月にニュージーランドにて，優先 9 分野に関する自由化提案が WTO へ提出された。この提出された環境物品リストは，1998 年 9 月の高級事務者会合の開催場所の

2　もちろん，両者の分類には収まりきらない環境物品も存在するだろう。EPP でありながら，同時に環境対策品でもあるものである。一例としては，従来よりも生産工程の環境負荷が改善された風力発電などである。今後のイノベーションによって，両者の垣根は今以上に相対化すると予想される。類似の用途をもつ財よりも環境負荷の低い環境対策品の開発が，ますます活発化すると考えられるためである。

3　APEC には独立国家ではないメンバーも参加しているため，メンバーを「国」と呼ばず「エコノミー（economy）」と呼ぶ。

4　環境物品およびサービス以外の残りの優先分野は，エネルギー・水産物・玩具・林産物・貴金属及び宝石・医療機器・化学品・電子通信端末機器認証手続である。

5　EVSL の協議失敗については，岡本［2001］が詳しい分析をしている。

名前を取り，「クアンタンリスト」と呼ばれる。この「クアンタンリスト」こ
そが，WTO において「APEC リスト」として後に，広く利用されることにな
るものである。

　本書は，このリストを「第1の APEC リスト（以下，A1 リストと記す）」
と呼び，2012 年に APEC で作成された，もう1つのリストと区別する。もう
1つのリストは，「第2の APEC リスト（以下，A2 リスト）」と呼ぶことにす
る。

2. 主要な論点と時期区分

　環境物品交渉における，実際の交渉上の中心的な論点は，次の3点である。
第1に，環境物品の自由化対象品目の作成であり，品目の特定化（identifica-
tion）である。上記の通り，WTO では合意を得た定義および分類は存在しな
い。自由化対象品目の作成にあたって，各国の経済状況の相違または関心の相
違が浮き彫りになり，議論は錯綜している。品目の特定化の必要性は，他の一
般的な交渉テーマと異なり，交渉の前提が欠如していることを意味する。特定
化は，交渉の出発点であると同時に，交渉の到達点でもある。第2に，自由化
方法である。自由化の水準および方法に関する論点である。関税および非関税
障壁の削減・撤廃に関して，全加盟国共通ルールを設けるのか，それとも途上
国への配慮を設けるのか。もし設けるとすれば，どのような方法で行うか。や
はり，議論は錯綜している。さらに第3として，第2の点とも関連するが，途
上国への配慮である。特定化および自由化に関する特別待遇だけではなく，技
術援助・協力などを求める主張もある。

　交渉は，論点の提示と集約を繰り返しながら推移する。本書では，主要な論
点の変化に対応して，時期を次の3つに区分をする。第1期は，交渉の「初
期」であり，議論の開始地点から 2006 年までの区間である。議論のスタート
は WTO ではないため，それ以前の取り組みも対象とする。先進国のみなら
ず途上国を含めた主要国の提案が出揃い，交渉の基本構図が明確になっていく
時期である。第2期は，交渉の「推進期」であり，2007 年から 2008 年までで
ある。各国が想定する目的が明確化することで主要国の姿勢が鮮明となり，く
わえて対立の構図が変化する時期である。第3期は，「転換期」であり，2009

年以降から APEC 合意の履行期限である 2015 年までである。DDA が 2008 年に決裂となり，WTO での交渉が停滞するなかで，自由化の舞台が APEC に移った時期である。

3．環境物品交渉の影響力と WTO ルール

　環境物品交渉は，「貿易と環境」に分類されるテーマである[6]。もちろん，このなかには，環境物品の自由化以外のテーマも存在する（図 1-1 を参照）。

　代表的なテーマの第 1 は，環境サービス交渉である。DMD のパラ 31 の ⅲに環境物品とともに明記されている。両者は，EGS（Environmental Goods and Service）[7] と一括されることがある。その意図は，双方の協調的な自由化が貿易の効果を高める，と考えられるからである[8]。しかし，交渉の実態を分析する際には，両者を明確に区別しなければならない。その理由の①として，

図 1-1：DDA の交渉および討議内容

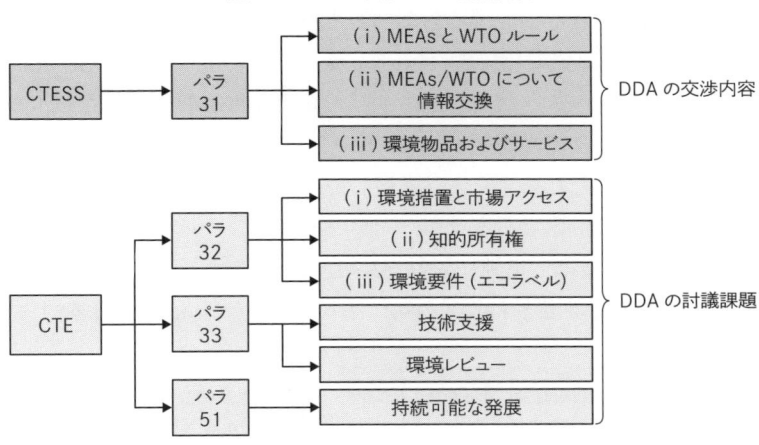

（出所）WTO の HP（https://www.wto.org/english/tratop_e/envir_e/envir_e.htm）
　　　を参考に作成。

6　WTO の「貿易と環境」に関する取り組みについては，山下［2011］が詳しい。

7　EG&S と表記される場合もある。

8　前節で言及した通り，UNTAD［2004］や OECD［2001］は両者を不可分のものと解釈しているため，包括的な取り組みを奨励している。

交渉部門が異なるためである。環境物品は非農産品市場アクセス交渉（Non-Agricultural Market Access Negotiating Group：NAMA）にて，環境サービスはサービス貿易理事会の特別会合（Council on Trade in Service Special Session：CTSSS）にて，それぞれ行われている。②として，交渉の進捗度合いが異なるためである。サービス交渉自体が難航しているため，本書の分析期間中には，環境サービス交渉は芳しい成果をあげていない[9]。

　第2に，「特定の貿易義務」を定める「ワシントン条約」や「モントリオール議定書」などの多国間環境協定（Multilateral Environmental Agreement：MEA）とWTOルールの整合性問題である。これは，DMDのパラ31のiおよびiiに該当するものである。DDAにおいて交渉課題となり，主要国を中心に主張が示されている。ただし，MEA関係の提訴がまだ1件もないこともあり，議論は継続している。

　第3は，WTOルールと「環境および関連衛生要件」（Environmental and Related Health Requirements：ERHRs）との関連性である。ERHRsとは，技術的な規制や基準を設けて，環境および衛生を保護するものである。具体的には，RoHS指令，国際標準化機構（International Organization for Standardization：ISO），エコラベリングなどをさす[10]。貿易歪曲効果をもつため，やはりWTOルールとの整合性に問題がある。DDAでは，環境ラベリングの問題が交渉課題から外されたため，交渉は進展していない。結局，交渉が最も活況なのは，環境物品の自由化である。

　「貿易と環境」交渉は，単純に貿易自由化を目指さず，貿易とは異なる固有の目的を志向する「非貿易的関心事項（Non Trade Concerns）」の1つであ

9　もっともDDA開始直後は，状況が異なっていた。UNCTAD［2004］は，環境物品交渉を「行き詰まり」と称し，環境サービス交渉を「高レベルの交渉活動」と述べていたほどであった。その最大の原因は，環境サービス交渉では環境サービスを含めたサービス品目表（MTN. GNS/W/120：以下W/120と記す）が作成されていた（環境サービスは，ウルグアイ・ラウンドから交渉がなされていた）のに対して，環境物品交渉は当時まだ日が浅く，自由化対象品目を作成する提案が全くない状況にあったからである。ただし，W/120は，発展の著しい環境サービス分野のすべてをカバーできておらず，当時から見直しを求める意見が多くあった（たとえばOECD［2001］）。環境サービス交渉では，ECによる包括的な改革案（"S/CSC/W/25"，"S/CSS/W/38"）などが提示されたが，活発な審議には至らなかった。

10　ERHRsについて，詳しくはUNCTAD［2006a］を参照されたい。

る。「貿易と投資」などの経済的規範にもっぱら依拠する問題と異なり，「貿易と労働」などと同じく非経済的規範が混在する問題である。従来の交渉テーマを超えた論点が内包されている。序章でも述べた通り，環境問題を専門的に扱う機関ではない WTO に，新たな論点と役割を提示しうるものである。

　この論点の核心は，DMD にもある通り，自由貿易の原則と環境目的の両立をいかに図るか，という点にある。さらに付言すれば，この論点は，GATT体制時からの基本原理である「自由・無差別・多角主義」のうちの「自由（貿易）」の現代的な内容を問うものである。前章で述べた通り，自由化交渉の歴史を振り返ると，各国は利害対立と政治的妥協を繰り返しながら，多くの協定の設定に成功し，また多くの例外を内部に抱えてきた[11]。環境物品交渉が，貿易ルールの解釈の修正・変更を迫る，あるいは従来の管轄を踏み越えた役割をWTO 体制に付与する可能性をもつことを否定できない。

　さて，一協定に根拠をもつに過ぎなかった GATT 体制は，ケネディ・ラウンド以降，その機能を拡充していった。その結果，各国への市場メカニズムの浸透は促進させ，形骸化や機能不全の危機に何度か直面しながらも，自由貿易体制は維持されていった。このような GATT 体制およびその発展型であるWTO 体制の機能の拡充とは，結局のところ，各国の裁量的な貿易政策の範囲の減少を導くものである。輸入数量制限や輸出補助金といった代表的な貿易政策が禁止され，関税水準の設定の範囲はますます制限されていった。さらにWTO 体制となり，投資と関連した貿易政策を禁止する TRIMs 協定（貿易に関連する投資措置に関する協定）が設定され，くわえて国内法よりも優先されるWTO ルールと一括受諾方式の採用により，さらに徹底されることになる。国家の有した機能の一部は，GATT/WTO 体制の発展とともに，制限されそして喪失させられたのである。

　ただし，話はこれで終わらない。各国は，古今東西を問わず，国内産業の保護・育成あるいは政治的パフォーマンスのための貿易政策を実行しようとす

11　一例をあげておく。無差別原則に原理的に反する FTA（Free Trade Area：自由貿易地域）は，米国とカナダの協議の結果，妥協的産物として作り出された。米国への輸出を増やしたいが関税自主権を失いたくないカナダが米国に関税同盟を提案し，米国は関税同盟の特殊形態として FTA を考え提案した。詳しくは，Chase［2006］および柴田［2017］を参照されたい。

る。古典的なハミルトンやリストの指摘だけではなく，スムートホーレー法や戦略的貿易政策を根拠した政府介入そして近年のトランプ現象など，具体例は枚挙にいとまがない。1970 年代に，戦後初めての本格的な世界不況に直面した各国は，GATT ルールが規制していない関税以外の保護政策の模索と実行に着手した。そうした状況を受けて，東京ラウンドでは非関税障壁への対応が本格的な論点となったのは周知の事実である。近年でも，WTO ルールの穴をついた「輸出税の設定」や「安全保障を根拠とした例外的運用の実践」など，失われたはずの機能を新たな口実の下に活用しようとする機運がある。国家の機能は確かに喪失されたわけであるが，しかし，その一方では「新たな機能の獲得あるいは機能の拡充」が模索され続けている。

　さらに，そもそもの話をすれば，国家はその機能の一部を喪失した結果，市場の動向を静観するだけの存在になったのかといえば，事実はまったく逆である。上述の通り，WTO ルールの運用の厳格化が徹底され，その結果，より鮮明化していることは市場メカニズムの浸透への積極的な貢献という国家の新たな役割（あるいは機能の付与）である。まず各国は，「小さな政府」を合言葉に，国内の制度改革（規制緩和・資本移動の自由化など）を積極的に推進した。もちろん WTO 体制の強力な紛争処理機能が，その傾向を後押ししたことはいうまでもない。各国の伝統的な法律や制度・慣行であったとしても，紛争処理によって違反と裁定されれば，修正を余儀なくされるからである。さらに，国内の徹底だけでなく，国外にもその原理の徹底が追求されていく。DDA が停滞する中で生じた RTA の隆盛，そしてその帰結としてのメガ FTA への志向がその典型的な現象である。各国は，自国企業の海外進出のための環境整備と海外企業の誘致に，駆り立てられているのである。

　このように，WTO 加盟国は，国内外のルールの一致を図るべく市場メカニズムの浸透に励み，そして自国経済や企業にとって有利なルールを国外に広めることに余念がない。つまり，国民国家の「機能の喪失」は確かに一部に生じたが，それを補って余りある規模で「機能の変容」が生じているのである。ラウンドを通じた市場メカニズムの浸透の機能は止まっても，WTO ルールに影響された各加盟国の立ち振る舞い（あるいは WTO ルールが付与した各加盟国の機能）が，それを補い続けているのである。

　念のため，付言しておこう。このような一般的な傾向があれば，もちろんそれに反発する例外的な傾向がある。国内のスケールでいえば，中国などのようにWTOルールが必ずしも貫徹されていない国もある。そして国際的なスケールでいえば，TPPの離脱と保護主義に傾斜する米国の動向などのいわゆる反グローバル化の流れがある。ただし，米国に限っていえば，輸出への強い執着と二国間主義への積極化が示す通り，単なる反グローバル化とはいえない要素を含んでいる。現代の潮流に対する重要な問題提議を含む要素もないわけではないだろうが，しかし当該国の思惑を他所にその反作用（対抗措置）として，より一般的な形での市場メカニズムの浸透をますます加速化させている[12]。

4. 原理原則の揺らぎと分析視座

　環境物品交渉が，WTO体制の基本原則の1つである「自由」の現代的な意味を問う可能性を秘めていることを前節で述べた。その点について，より立ち入って考察する。環境物品交渉には，「自由」の現代的な意味，つまり解釈と運用方法を修正する可能性を潜在的にもっている。ただし，そのような事態は，環境物品交渉それ自体のみに由来するわけではない。GATT体制からWTO体制へ移行するなかで，原則そのものに揺らぎが生じているためである。

　なお，本書は，「自由・無差別・多角主義」の基本原則のなかで，「自由」がGATT/WTO体制の中核をなす原理であると判断し，他の基本原則と区別して「原理原則」と呼ぶことにする。後述の通り，原理原則は，「自由」に関連する各種の規範の上に位置し，そしてその規範は各種のルールの上に位置している。原理原則はもっとも抽象的であり，ルールはもっとも具体的である。

(1) 原理原則の新しい展開

　WTO体制とは，一般的に自由貿易を促進する機関として把握される。事実，BhagwatiやJacksonといった第一線のWTO研究者数名によって作成されたレポートであるWTO［2004a］では，「自由貿易を促進する機関」として

12　保護主義に対抗するメガFTAの動向については，清水［2019］が詳しい。

位置づけている。本書と同様に，「自由」という基本原理が，WTO体制の中核をなす原理であるという見方に立っている。ただし，「自由」の内容を巡っては，近年，さまざまな意見・解釈がある。

　Ostry［2001］は，ウルグアイ・ラウンドによってGATT/WTO体制に取り込まれたGATS（サービス貿易に関する一般協定）が，非関税障壁への対応という新しい課題を生み，またTRIPS協定（知的財産権の貿易関連の側面に関する協定）は，貿易問題に収まらない課題であるとし，GATT/WTO体制の構造変化を指摘している。同様に，木村［2005］は，GATS・TRIPS協定を内包したWTO体制を，もはや貿易自由化のための組織であると狭く規定することが不可能であると述べる。また，小寺［2003］は，加盟国の権利義務関係を明確化するなかで，非貿易的関心事項であるTRIPS協定が貿易を取り締まる機能をもつため，WTO体制を他国の市場への参入機会の確保である「市場アクセス（market access）」という統一的な視角から貿易関係の規律を行っていないと述べる[13]。さらに，WTO協定の解釈および運用ルールを明確化させる紛争処理にもち込まれた「アスベスト事件」では，生産工程・生産方法（Process and Production Methods：PPM）の差異性が認められ，人の健康を守るための措置としてGATT第20条（b）項が適用された。すなわち，アスベストとその代替物質を「同種の産品」とみなさいという判断が下されたのである。

　このように，WTOを自由貿易の促進機関としてとらえる視点の有効性は，今日では低下しているといえよう。

　さて，新しい展開をみせる原理原則の現状を，上述の木村［2005］は，「規律の揺らぎ」と表現する。規律のゆらぎとは，WTO［2004a］が指摘するWTO体制を自由貿易促進機関ととらえる従来の視点に立脚し，効率性規範と「それ以外」の規範の狭間でうごめく規律の状態を表現するものである。またこの他では，Sampson［2005］は，WTOが「世界貿易・持続可能発展機関」

13　ただし，Maskus［2000］，Smith［2001］は，知的財産権の強化が及ぼす貿易への効果の実証分析をし，輸出先で独占的市場が形成され，市場規模が極端に縮小することがない限り，権利の保護は貿易拡大を導く効果を有すると結論づけている。しかし，本書が問題にしているのは，その実効的効果ではなく原則論である。

としての方向に導かれていると指摘している。新しい上位目的を体現する機関へと質的変化が生じているととらえているのである。

(2) 原理原則の分析視座

原理原則の全体像を鳥瞰的に把握可能とする枠組みを明確にしておく。この枠組みの利点は，WTO 体制の原理原則のなかに相反する規律が混在していることをわれわれに知らせ，さらに相反する原理原則の関係性の変化を通じて，WTO 体制の構造的特質の分析を可能にするものである。

まず，2 つの軸の性質の検討からはじめよう。1 つ目の軸は，貿易関係の規律に関連するものである。一方を，市場による資源配分を実現するための規律である「市場原理原則」とし，もう一方を市場による資源配分の規制に関する規律である「市場管理原則」とする。これは，GATT 体制の当初の理念である，「資源の最適配分に信頼を寄せた市場メカニズムを維持するための取り決め」を主軸[14] にして，それと対置する規律をとらえようとするものである。

もう 1 つの軸は，貿易目的に関連するものである。一方を経済学の伝統的規範基準にもとづいて志向される目的である「経済的目的」[15] とし，もう一方を経済学の伝統的な規範基準とは異なる規範にもとづいて志向される目的である「非経済的目的」とする。これは，WTO 協定前文に示された種々の目的を整理するものである。前者は，GATT 体制時より引き継ぐ目的である。具体的には生活水準の向上，完全雇用・実質所得・有効需要の増加をさす。そして後者は，WTO 体制になり追加された第二義的な目的である。具体的には，環境や持続可能な発展などをさし，人権問題や文化問題などの経済的目的とは異なる目的の志向を可能にするものである。なお，ここでいう伝統的な経済学の規範とは，GATT 発足当初の経済学のそれをさす。GATT 体制と WTO 体制の変質を明確にするために，このような措置をとる[16]。

14　西田［2002］は，GATT（の理念）を「資本主義的価値法則がその運動をより十全に機能させる前提条件である市場メカニズムを維持するルールを取り決めることから出発した」（p. 336）と述べている。

15　これを，市場的目的とは呼べない。市場とは，特定の目的を達成するための手段であり，それ自体は目的化しない。市場を活用することで達成される目的であるため，経済的目的である。

16　今日では，環境目的も経済的目的の中に含まれているが，こうした事情から非経済的目的とする。

　さて，この枠組みは，小寺［2003］が示したものを利用している。本書の枠組みと小寺［2003］の成果との相違点は，以下の2点である。第1に，法学的な成果を経済学的解釈している点である。WTO［2005］の指摘にもある通り，貿易ルールやWTOの種々の協定には，比較優位などの経済学の理論・原理が反映されている。分析には，経済学の知見にもとづいた検討が求められる。くわえて，WTO体制の構造的特質は，上記の通り，加盟国の利害対立とその妥協の結果に規定される。したがって，政治経済学的な接近が求められる。とはいえ，本書は，政治的な妥協の過程をただ追っていくわけではない。提案内容および合意・妥協内容がもつ経済的な合意・効果を明らかにしていく。そして，この点こそが経済学からのアプローチの意義となる。第2に，貿易自由化をめぐる解釈の相違である。小寺［2003］では，貿易自由化を他国の市場への参入機会の確保である市場アクセスとしてとらえている。しかし，本書は，WTO体制によって推進される自由化が世界経済に及ぼす影響を分析する視点に立つため，西田［2002］の指摘にあるように「市場メカニズムの浸透」ととらえる。これは，財およびサービスの国際的移動という結果およびその潜在的な結果のみを重視するのではなく，財およびサービスの国際的移動が可能になる素地である制度変化の過程を重視するものである。このような過程こそが，世界経済に一過性ではない永続的で不可逆な構成上の変化をもたらしうるのである。

　この原理原則の関係を図示したのが，図1-2の「ガバナンスボックス」である。ガバナンスボックスは4つのボックスで構成される。ボックス1は，経済的目的と市場原理原則に規定された効率性を規範基準にもつものである。これは，最も一般的なGATT/WTO体制の役割を示すものであり，経済的目的を実現するための市場メカニズムの浸透を志向するものである。関税の削減・撤廃は，この役割を具現化するものである。

　ボックス2は，経済的目的のために貿易自由化を阻害する市場ルールの発展を志向するものである。GATT体制時には，例外的なものとして機能した。アンチダンピングなどのいわゆる貿易救済措置の大部分がこのボックスに位置する。ただし，上述の通り，TRIPS協定を内包したWTO体制にとっては，主要な機能の1つとなっている。このボックスの規範基準として，「同感

図1-2：ガバナンスボックス

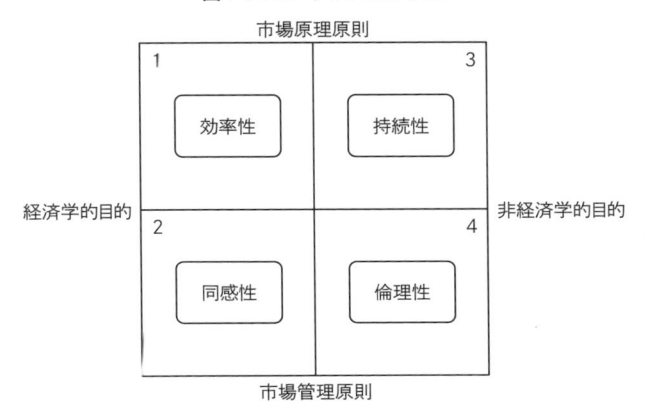

（注）各ボックスの数字は，ボックスの番号を示している。
（出所）筆者作成。

（sympathy）性」を指摘できる。ここでいう「同感」とは，「中立的な観測者」のそれであり，各個人が利己的な行動をとっても社会的に秩序を成り立たせるためのモラルをさす（Smith［1759］）。「中立的な観察者」の「同感」が得られる範囲内で，競争を実現するために必要なルールが位置付けられる。ボックス２の規範基準として「公正性」という規範を指摘する見解もあるかもしれない。しかし，その公正の根拠は何かと問えば，その答えは判然としない。その典型例は，1980年代の米国の通商政策[17]にみられた主張であり，一方の特殊で主観的な見解にもとづくものである。その点，「同感性」は，問題の当事者間にとっての基準ではなく，「中立者」にとってのそれである。つまり，より客観的な基準である。

　ボックス３は，WTO体制になって追加されたものであり，非経済的目的と市場原理原則に規定されたボックスである。このボックスは，「環境」などの非経済的目的の考慮した市場メカニズムの浸透を目指すものである。規範基準

17　米国の通商政策について詳しくは，中本［1999］，立石［2000］を参照されたい。本書は，GATT体制が自由貿易と公正貿易という２つの原理によって構成されているとは考えない。自由貿易の原理と自由貿易の原理を補完する例外規定によって構成されていた。公正貿易の原則とは，後者を拡大解釈する形で，競争力低下に苦しむ米国がGATT協定上に見出したものである。

として「持続性」を指摘できる。持続性と効率性の両立がテーマの柱である，環境物品の自由化交渉を典型例として位置づけられる。他のボックスとの関係性の明確化が，WTO ルールの見直しや修正を課す可能性をもつ。

　ボックス4は，同じく WTO 体制になって追加されたものであり，「環境」はもちろん，それ以外にも「労働」や「文化」などの非経済的目的のために市場ルールの発展を志向するものである。ボックス2の機能と同じく，市場ルールに一定の制約を課す役割を担うが，市場ルールそれ自体を否定するものではない。たとえば，市場ルールに例外を新たに設定することで，市場機能と非経済的目的の達成の両立を志向する内容などである。一例は，DDA で認められた「医療品アクセス」である。このボックスの規範基準は，非経済的で社会的価値を反映させる規範の総体である「倫理性」を指摘できる。近年，環境問題や地域の課題を含めた社会的課題の解決を考慮したり，そのような課題に取り組む主体を応援するための消費活動を，「倫理的消費（ethical consumption）」と呼ぶことがある[18]。倫理的消費とは，「倫理性」を規範とした消費活動である。WTO ルールの中には，倫理的消費を具現化する，あるいは（それが言い過ぎであれば）保証するための機能が潜在的に含まれているのである。

　以上の各ボックスの説明から明らかなように，この枠組みは，WTO の顕在的なそして潜在的なルールの領域を示している。なお，本書では，WTO ルールを，ガバナンスボックスのすべてのボックスの機能を指す用語として使用する。意味を限定した貿易ルールという用語は，ボックス1の機能だけをさす。

　各ボックスの関係は，一意ではない。もちろん，必ずしも，相互排除的というわけでも，相互支持的というわけでもない。多くのルールは，各ボックス内で完結している。あるいは，ルール間の関係に相互支持性が確認されており，棲み分けがなされている。思案が必要になるのは，ボックスをまたいだルール間の解釈・運用であり，とくに新設されたボックス3・4とボックス1に位置するルールの関係である。バッティングの表面化のきっかけは，交渉の結果新設されたルールや新しい解釈であるかもしれないし，パネルへの提訴かもしれない。パネルでの審議は，ルールの解釈に決着を付けるものである。交渉は，

18　倫理的消費については，根本［2018］が詳しい。

図 1-3：DDA の交渉課題の整理

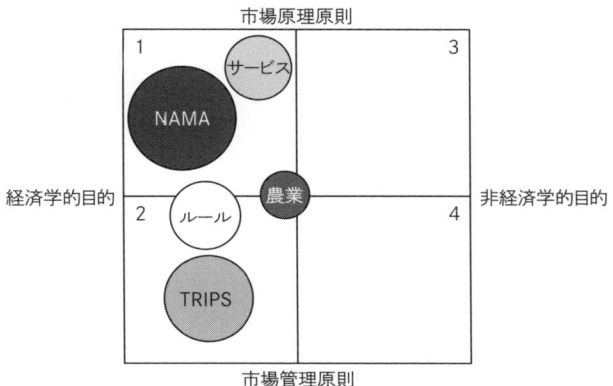

（注）丸の大きさは，交渉の進展具合を示している。
（出所）筆者作成。

新しいルールを設定したり，解釈の方向性を示すものである。それは，WTO に新しい役割を与えるものであるかもしれないし，顕在化させるものであるかもしれない。

さて，この枠組みを用いて DDA における交渉事項を整理してみよう（図 1-3 参照）。環境物品交渉を除いた非農産品市場アクセス（NAMA）とサービス交渉は，それぞれボックス 1 に，そして TRIPS 交渉は，ボックス 2 に収まる。なお，ルールに関しては，アンチダンピング交渉のようにボックス 2 に入るものもあれば，補助金交渉のようにボックス 1 に納まるものもある。また，農業交渉では，「非貿易的関心事項」をめぐって，ボックス 3・4 を考慮した提案も行なわれている。図 1-2 から，個別の事項によって問われている規律が異なり，またボックス 3・4 に関する議論が少なく，両ボックスに関する指針が，未だ明確に示されていないことを確認できる。

　環境物品交渉を配置すれば，その潜在的な論点はすべてのボックスと関連するため，農業交渉と同様にボックスの真ん中に位置付けられる。ただし，農業交渉がボックス 1・2 寄りに配置されるのに対して，環境物品交渉はより中央に配置できる。その理由は，「貿易と環境」交渉が「貿易と環境の相互支持性の強化」という経済的目的と非経済的目的の双方を志向し，市場原理原則に影

を落とす PPM 問題という技術的課題を議論の対象としうるからである。

Ⅲ．環境効果と技術

　続いて，貿易がもたらす環境効果を整理し，本書の基本的な分析視角を確認しておこう。

1．貿易の代表的な効果

　貿易が及ぼす環境効果に関しては，多くの論者によってさまざまな見解が出されている。端的な議論として，全面的に正の効果を主張する議論または負の効果を主張する議論がある。前者の代表的な議論として，自由貿易論の大家である Bhagwati［2000, 2002］を指摘できる。

　Bhagwati［2000, 2002］は，自然資本と人工資本の完全代替性を前提とすることで，たとえ自由貿易の推進によって自然資本が破壊されたとしても自由貿易によって生じた所得によって修復可能であると述べる。また，自由貿易それ自体の効果として，環境問題への取り組みの原資となる所得の上昇をもたらすと指摘する。以上の論拠により，環境へ及ぼす正の効果を主張する。

　一方，後者の代表的な議論として，Daly［1996］を指摘できる。Daly［1996］は，Bhagwati［2000, 2002］と対照的に，自然資本と人工資本の完全代替性を否定し，貿易が自然資本の需要を高めてしまうことを問題視している。くわえて，①自由貿易の進展が，国内の環境基準を引き下げるインセンティブをもつという制度的影響，②自由貿易による経済費用（輸送費および対外依存の増大による経済的自立性の弱体化）を主張し，自由貿易の推進に反対している。

　しかし，現実的には，貿易が及ぼす環境への影響は多岐にわたると考えられ，二者択一的な発想によって把握することは難しい。なぜなら，第1に，自然資本と人工資本の完全代替性の肯定または否定の立場から現実的な政策的含意を導くことは容易ではない。本書では，Daly［1996］のように，貿易そのものを否定せず，一方で，環境被害には宮本［1989, 2007］が述べる貨幣によって補償できない「絶対的損失」が存在すると考えるため，自然資本と人工

資本の部分的代替性という視点に立つ。第2に，貿易が環境へ及ぼすそれぞれの影響は，正・負の効果を併せもつと考えられるからである。したがって，負の環境効果を抑え，正の環境効果を高める自由貿易を支える制度設計が重要であるといえる。

2. 具体的な効果

　続いて，具体的な効果について整理・検討する。さまざまな整理がありそれぞれに効果や名称が異なる場合があるが，代表例は Antweiler et al. [2001] の成果である[19]。Antweiler et al. [2001] の示した分類は，理論的な検討を経たものであり，かつ実証分析で利用できるものになっている。貿易自由化が環境負荷に及ぼす影響を，「規模効果（scale effect）」，「技術効果（techinue effect）」そして「構造効果（composition effect）」の3点で把握している。規模効果とは，経済活動の量的拡大が環境に及ぼす効果をとらえるものである。技術効果とは，（非相似拡大的選好をもつ消費者の）所得の増加がもたらす環境効果をとらえるものである。「構造効果」とは，貿易自由化による産業構造の変化（比較優位部門への特化など）が環境に及ぼす効果をとらえるものである。

　この整理について，2点ほど見解を述べておきたい。第1に，「構造効果」についてである。本書は，環境物品に焦点をあてるものであるため，分析対象となる産業は，環境産業のみである。もちろん OECD の環境産業の定義にあったように，環境産業は，本来的にそれ自体が確立した分類でも独立したものでもなく，各産業を横断するものである。ただし本書では，産業分類に焦点をあてた分析視点を用いることはない。周知の通り，貿易理論では，産業に注目する分析視点が長らく用いられてきた。しかし，生産工程の分散と統合が進展している現代において，産業分類の視点ではとらえきれない現象が生じている。本書は，交渉の推移を踏まえて各国の具体的な提案の比較検討をしていくことになり，結果として，財の一群に焦点をあてることになる。ただし，念のため言及しておくと，「構造効果」への注目がすべて無意味であるといってい

19　その他の研究成果として，Grossman and Krueger [1993]，Neumayer [2001] などがある。

るわけではない。一産業に注目する場合は，たとえば，（一定の時間を経て）特化によって生じた全生産量に対する当該分野の生産比率の変化をとらえるものと解釈すれば良いだろう[20]。

②として，「技術効果」の内容については慎重な理解が必要である。「技術効果」は，上記3つの効果のうち，環境への正の効果を強く想定できる唯一のものである[21]。Antweiler et al.［2001］が想定する技術効果とは，「生産に限定された技術に関連するもの」であり，そして「技術に環境効果の源泉があるわけであるが，しかし直接的な引き金は所得の増大」となっている。したがって，「技術効果」ではなく，「所得効果」と言い換えることも可能な内容である。ただし，所得効果という名称にすると，規模効果との違いがより曖昧になってしまう。Antweiler et al.［2001］は実証分析における内生性の問題を含めて両者を慎重に取り扱っている。規模効果をGDPを利用したデータで，そして技術効果をGNP（GNI）を利用したデータで，それぞれ計測している。GDPは国内の経済活動を反映し，GNIは国民の所得を反映しているためである。工夫した区分であるともいえるし，苦慮した区分であるともいえよう。Antweiler et al.［2001］に影響を受けた実証分析であるCole and Elliottm［2003］やManagi et al.［2008］などでは，技術効果と規模効果を区別せず，「規模・技術効果」と一括して把握している。

結局，このような分類上の問題が生じる理由は，データの収集・区別が困難であるという当然の理由以外にも，貿易自由化の効果をめぐる問題も関連している。依拠する理論によって異なるが，静態的な理論だけでも多様である。伝統的貿易理論でいえば労働節約効果，輸入の増加量あるいは実質所得の増加で

---

20 本書と同じく産業ではなく財に注目するShapiro and Walker［2015］などでは，そのようなとらえ方を採用している。

21 「規模効果」は環境に負の効果をもつことが，そして「構造効果」は正負双方の効果をもつことが，想定される。もちろん，モデルの性質から判断して，「技術効果」に関して次のような可能性を指摘することはできる。自由化をした結果，慢性的な貿易赤字がますます拡大する国がある場合，自由化は当該国のGDPを減少させ，したがって一人当たりGNIも減少し，その結果，環境への選好が変化しくわえて環境対策の原資を失うことになる。以上の結果，負の効果が発生してしまう（Zugravu-Soilita［2016］）。その典型例は，慢性的な貯蓄不足の途上国や移行国だけではない。Cherniwchan et al.［2017］によれば，主として先進国を対象にした実証分析の多くは，強い（正の）技術効果と弱い（負の）構造効果という結果を示している。

あり，新貿易理論でいえば消費財の多様性などであり，新々貿易理論でいえば企業の生産性の増大である。そして，それらは，物量であるいは効用水準などで表現される。動態的な理論では，知識の波及効果や平和の効果など，さらにさまざまなものがある。

　Antweiler et al.［2001］では，貿易自由化の効果を所得の増大を導くものとして扱っている。Antweiler et al.［2001］は「貿易自由化がもたらす効果は，ポジティブであれネガティブであれ高くない」（p. 897）と結論付け，知識のスピルオーバーや技術進歩を考慮した場合，貿易自由化の効果が変化する可能性を指摘する。Antweiler et al.［2001］やそのモデルを踏襲する多くの実証研究は，標準的な貿易理論と同じ静態的な枠組みに立つため，結局，「技術効果」の一部しか把握できていないといえる。菰田［1987］などの定性分析において指摘されている通り，現実的には，知識のスピルオーバーなどの貿易を通じた技術効果がある。本書では，このような効果を，環境技術という鍵概念を利用して把握・分析していく。くわえて，環境技術への注目は，本書の前半で扱う交渉の実態を踏まえた結果でもある。さまざまな提案内容を実現するための鍵となる要素であり，そして WTO 体制の機能を最も良く活用するための手掛かりとなりえるものである。

Ⅳ. 市場の拡大とそのメカニズム

　最後に，市場の拡大とそのメカニズムについて補足しておく。関税および非関税障壁の削減・撤廃は，市場の拡大を導く。その契機になるものは「発言（voice）」である。

　「発言」とは，もともと Hirschman［1970］によって提示された用語である。Hirschman［1970］によれば，発言とは不愉快な事態を変革しようと立ち上がることをさし，「回復メカニズム」のオプションの１つである。市場による調整以外での行動様式であり，市場と非市場的要素に関する総合的な分析を可能にする点に有用さがある。たとえば，市場の拡大には，価格の設定を可能にさせる制度変化あるいは価格の伝達を阻害する規制の撤廃を目指す政策がまず必

要となる。それらは、「発言」によって着手される。関税の削減・撤廃も、各国の代表者の「発言」を契機とする。本書が注目する GATT/WTO 体制は、通商問題に関する国際的に合意された「発言」の場であり、市場の拡大を導く制度設計の場である。ただし、「発言」は市場の拡大を志向するだけのものではない。むしろ、その多くは市場の拡大の阻害を目的とする。新たな取引を抑制し、既存の経済状態を温存・守るためのものである[22]。したがって、市場の拡大を志向する「発言」の経済合理性の検証は不可欠である。それは誤解や偏見を正すためであり、また新たな「発言」の基盤を提供するものであるからである。

　ところで、環境政策の制度設計の分析は一般的に難題である。その原因は、第1に、制度構築のための経済的動機が乏しいためである。たしかに、Pigou[1932] は、国民分配分の極大化の条件を探り、それが成立しない条件として社会的限界純生産価値と私的限界純生産価値の乖離という「市場の失敗」を指摘した。しかし、世界の枠組みにおいては、フリーライダー問題が常に生じる可能性をもつため、その経済的動機は限られる。その一方で、環境政策の制度設計は、理論的には自由貿易の利益を世界規模で促進する GATT/WTO 体制と異なり、環境政策にともなう費用の増大およびそのシェア、さらに成長の足かせとなりえるルールを作るものでもある。このような性質が、1972 年以降の国際的な環境政策の枠組みの進展を停滞させた大きな原因の1つであったと考えられる。第2に、戦後、IMF および世界銀行の設立によるブレトンウッズ体制の構築時の、圧倒的な経済大国であった米国のような覇権国のリーダーシップおよび費用の負担によって、制度の構築を望むことができないためである。なぜなら、①周知の通り、米国は京都議定書から離脱し、そしてパリ協定からも離脱を宣言しており、②現代の世界経済には、このような制度の設立およびその運用にともなう費用を単独で引き受けることが可能な米国以外の国は見当たらないためである。したがって、政治学では、富の配分ならびに覇権国のパワーによらない観点から、制度構築の分析が試みられている。それは、環境問題の取り組みの必要性という規範が各主体に浸透する過程をとらえる、

22　Polany[1957（1944）]は、歴史的考察のなかで、市場の拡大がたえず人為的に生じたのに対して、その抵抗は自然発生的に生じたと述べている。

「規範の浸透」アプローチである[23]。もちろん，本書の分析の対象となる環境政策は，市場を活用するものであり，単純に，費用のシェアあるいは成長の足かせとなるルール作りを目指すものではない。

　本書では，交渉実態を分析する際だけではなく，貿易効果の分析の際にも活用できる広がりのある分析視角を選びたいと考えている。それは，政治学における「規範の浸透」アプローチを再解釈したものである。規範の浸透とは，ある主体の意思決定の結果が当該主体の意思を超えて，他者に影響を及ぼす過程である。他者の意思決定に影響を及ぼすという意味では，経済学の用語を用いて解釈すれば規範とは情報の一部であり，その影響の継続性が確認されるならば知識の一部といえる。本書が知識およびその伝播・形成に注目する理由には，このような背景がある。

V.　小括

　本章は，環境物品に関する基本的な事項を示し，本書の全体的な枠組みと背景を説明した。まず前半では，環境物品の概要を説明し，続いて環境物品交渉の影響力を確認し，そして本書の分析ツールであるガバナンスボックスを示した。続いて，貿易の環境効果に関する理論を確認・整理し，本書が注目する効果を説明した。最後に，本書の分析の背景となる考えを補足的に説明し，市場の拡大とそのメカニズムをとらえる視角について言及した。

23　なお，国際的な環境問題に関する枠組み条約の制度化の過程を説明できる，政治学のさまざまなアプローチの限界と可能性については，渡邉［2006］が詳しい。

第2章
環境物品交渉の分析 [1]
——主論点の提示と三つ巴の対立

　本章は，交渉の「初期」である，2001年から2006年までの期間を分析対象とする。本章の課題は次の2点である。第1に，各国の主要な提案内容を吟味し，提案内容にもとづいて主要国を類型化する。第2に，類型化した分類を，前章で取り上げたガバナンスボックスに配置して，交渉の起点となる対立の構図とその特徴を明らかにする。

Ⅰ．「OECDリスト」と「A1リスト」——交渉材料の提示

　環境物品交渉の初期には，2つ組織の成果物が貴重な交渉材料となる。第1章でも触れた通り，第1の成果物はOECDリストであり，第2の成果物はA1リスト（第1のAPECリスト）である。交渉過程の分析の前準備として，両成果物の内容を確認しておこう。

　OECDリストは，前章でも述べた通り，環境産業を計測するためのものである。リストは，既述した広範な定義をもとに作成されている。リストに記載されたそれぞれの品目には，貿易額を把握できるように，国際統一商品分類（Harmonized Commodity Coding and Description System：HS）であるHS1996の6桁分類が割り当てられている。ただし，一部には，同一のHSコードが複数の品目に割り当てられており，またHSコードが割り当てられていない品目もある。HSコードの割当は，第一次接近として理解すべきであろう。HS1996が使用されている理由は，当然ながら，リストが作成された当時，もっとも新

表 2-1：OECD リストと A1 リストのカテゴリー一覧

OECD リスト	A1 リスト
A. 汚染管理	1. 大気汚染制御
1. 大気汚染制御	2. 熱/エネルギー節減および管理
2. 排水管理	3. モニタリング/分析
3. 固形廃棄物管理	4. 騒音および振動の軽減
4. 改善および浄化	5. その他の再生可能なシステム
5. 騒音および振動の軽減	6. 飲料水処理
6. 環境モニタリング，分析，および査定	7. 改善および浄化
B. クリーナー技術および製品	8. 再生可能なエネルギープラント
1. クリーナー/資源効率的技術および過程	9. 固形/有害廃棄物
2. クリーナー/資源効率的製品	10. 排水管理
C. 資源管理グループ	
1. 室内大気汚染制御	
2. 水の供給	
3. 再生物質	
4. 再生可能エネルギープラント	
5. 熱/エネルギー節減および管理	
6. 持続可能な農業および漁業	
7. 持続可能な林業	
8. 自然リスク管理	
9. エコツアーリング	
10. その他	

しい HS 分類であったからである。

　リストの中身は，環境物品がもつ環境効果の相違にもとづき，まず 3 つのカテゴリーに区分される。3 つのカテゴリーとは，①環境への効果を主目的として，汚染問題への対策となる財およびサービスで構成される「汚染管理（pollution management）」，②従来品よりも環境負荷削減の効果をもつ財およびサービスで構成される「クリーナー技術および製品（cleaner technologies and products）」，③環境保護を主目的としていないが，資源などの環境保護に効果をもつ財とサービスで構成される「資源管理グループ（resource management group）」である。そして，それぞれにサブカテゴリーを充て，合計 18 のサブカテゴリーで成り立つ（表 2-1 参照）。

　一方，A1 リストは，第 1 章で述べた通り，EVSL 協議のなかで作成された。OECD リストの定義・分類を参考に作られており，OECD リストと同様に網

図2-1：各エコノミーのノミネート数の内訳（左軸：数, 右軸：％）

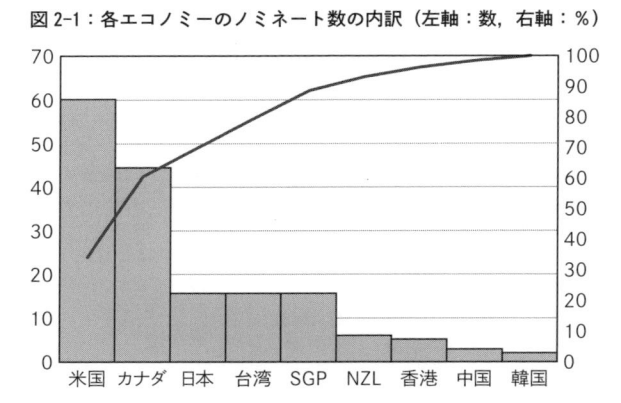

（注）SGP はシンガポールを，NLZ はニュージーランドをそれぞ
れ意味する。右軸は，累積比率を示している。
（出所）"WT/GC/W/138/Add. 1"より作成。

羅的な内容となっている。A1 リストでも環境効果の違いにもとづいてカテゴ
リーが設けられており，さらにそれぞれのカテゴリーに品目がノミネートされ
ている。

　品目の特定化には，一般的な方法であるリクエスト・オファー方式（request and offer）ではなく，個別指定方式（individual nomination）が採用されている。各エコノミーが環境物品として相応しい品目を提案していったのである。図2-1 は，各エコノミーの提案状況を示している。環境物品交渉の発案国に含まれる，米国およびカナダの提案が過半数を占め，日本・台湾・シンガポールが後に続いている。中国も，少数ではあるが提案をしている。そして，OECD リストと同じく，税関で区別可能な基準である HS6 桁分類が利用されている。ただし，HS6 桁すべての製品のノミネートに同意が得られなかった場合は，個々のエコノミーが独自に設ける HS7〜9 桁の統計細分（ex-heading：ex）が利用されている。このような統計細分を利用する方法を，「ex-out アプローチ」と呼ぶことがある。本書でも，この名称を使うことにする。ex-out アプローチは，OECD リストでは採用されていないものの，他の多くの品目リストで採用されている。

さて，具体的なカテゴリーは，次の通りである。①大気汚染制御（Air Pollution Control：APC），②熱/エネルギー節減および管理（Heat/Energy savings and Management：H/E），③モニタリング/分析（Monitoring/Analysis：M/A），④騒音および振動の軽減（Noise and Vibration abatement：N/V），⑤その他の再生可能なシステム（Other Recycling System：ORS），⑥飲料水処理（Potable Water Treatment：PWT），⑦改善および浄化（Remediation and Cleanup：R/C），⑧再生可能エネルギープラント（Renewable Energy Plant：REP），⑨固形/有害廃棄物（Solid/Hazardous Waste：S/H），⑩排水管理（Wastewater Management：WWM）からなる。OECD リストのカテゴリーのうち，「汚染管理」と「資源管理グループ」の一部をカバーした内容であることは一目瞭然である。

表 2-2 は，両リストの HS コードを比較したものである。HS6 桁分類で特定化した総数は OECD リストが 161，A1 リストが 109 である。ただし，上述の通り，OECD リストでは多くの HS コードが重複しており，A1 リストにも一部に確認される。重複を排除すると品目数は，それぞれ 121 と 105 になり[1]，共通するコードは 54 である。両リストの類似性は，比較的高いといえる[2]。

ところで，話が少しそれてしまうが非常に重要な点なので，APEC の自由

表 2-2：OECD・A1 リストの HS コード比較

	総 HS コード	処理後
OECD リスト	161	121
A1 リスト	109	104（49）
共通コード		54

（注）A1 リストの括弧内の数は，ex で特定化されている品目数を表している。

（出所）OECD/Eurostat［1999］，"WT/GC/W/138/Add. 1" より作成。

1　多くの研究で引用されている Steenblik［2005］は，OECD リストの品目数を 164，重複品目排除後の品目数を 132 と記しているが，これは誤りである。筆者本人に確認したところ，誤りを認めた。
2　UNCTAD［2003］や WTO Secretariat［2004］は，両リストを利用して，環境物品貿易のデータ分析をそれぞれにしているが，両リストから計測した貿易のトレンドにも著しい変化はみられない。WTO Secretariat［2004］の数値を利用して両リストの貿易額の相関を求めると，輸出は 0.9995，輸入は 0.9996 となっている。

図2-2：各エコノミーのコミットメント

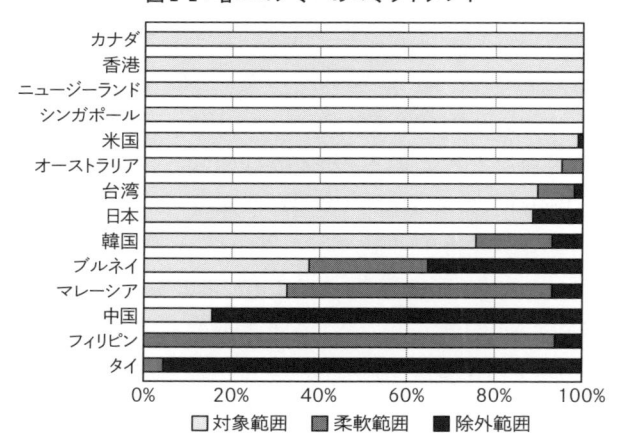

（注）「対象範囲」とは，自由化目標に従う対象範囲を意味する。
「柔軟範囲」とは，「自由化の期限延長」および「目標最終関税
率が0％でない」範囲を意味し，両方の数値を足して求めた。
「除外範囲」とは，自由化対象外となる範囲を意味する。
（出所）"WT/GC/W/138"のtable1・2より作成。

化の目標についても確認しておこう。自由化の目標は，「2003年までに最終関
税率をゼロにする」というものである。合意から5年間で上記の対象品目の関
税ゼロを目指すものであり，非常に野心的な内容である。ただし，各エコノ
ミーのコミットメントの水準には，著しい相違がある。図2-2は，その内容を
示している。なお，チリとメキシコはEVSLに参加していていないため，図
には載せていない。

　以下では，筆者が作成した分類である「対象範囲」，「除外範囲」そして「柔
軟範囲」の数値を利用して，各エコノミーの状況を検討しよう。「対象範囲」
とは，自由化目標に従う対象範囲を意味する。すべての品目を自由化するエコ
ノミーは，100％の水準となる。「柔軟範囲」とは，「自由化の期限延長」およ
び「目標最終関税率が0％でない」範囲を意味し，両方の数値を足して求め
た。「除外範囲」とは，自由化対象外となる範囲を意味する。

　すべての品目に対して，自由化目標の達成をコミットメントしているのは，

カナダ・ニュージーランド・香港・シンガポールのわずか4エコノミーだけある。その他の主要エコノミーの「対象範囲」の数値は，米国が99％，カナダが95％，台湾が90％，日本が89％，そして韓国が76％となっている。ブルネイ以下のエコノミーは，「対象範囲」よりも「除外範囲」と「柔軟範囲」の合計の数値の方が大きい。なかでも，中国とタイは，84％と95％をそれぞれ除外範囲としている。両国は，事実上，自由化をしないという姿勢である。

　以上の通り，先進エコノミーは自由化に積極的な姿勢を示していたが，途上エコノミーは，概して消極的な姿勢（あるいは自由化に反対の姿勢）を示していたことを確認できる。そして，APEC の特定化の方式には，抜け穴が用意されていたことも確認できる。それは，コミットメントの水準である。WTO交渉と異なり，非拘束的である APEC ならではの現象である。野心的な合意内容はこのような抜け穴によって，その実質的な効果を大きく損なってしまっているわけだが，反面，このような抜け穴があったからこそ成立したともいえる。

　では，本題に戻って本節の内容をまとめよう。OECD リストと A1 リストの内容を確認し，次のような結論を得た。両リストには，作成意図に相違があるものの，次のような類似性がある。第1に，HS6桁分類が用いられている点である。第2に，A1 リストには「クリーナー技術および製品」がないものの[3]，カテゴリーおよび品目構成の共通性をもつ点である。次節以降で取り上げる，両リストを参考にして作られる各国の品目リストにも，これらの特徴は継承されていくことになる。

　各加盟国の両リストに対する評価はさまざまである。たとえば，APEC 加盟エコノミーの多くは，A1 リストに賛成の姿勢を示す[4]。そのようななかでも後述する日本の立ち位置はやや特異である。WTO［2004b］は，OECD リストと A1 リストが一部の加盟国の利益に傾斜していると指摘している。この指摘は当然といえる。というのも，アジア太平洋地域以外の途上国は，作成に関

3　その他では，「化学分野」も含まれていない。その理由は，他の優先分野で取り扱われているためである。

4　たとえば，米国は，環境物品の特定化の議論の出発点に，A1 リストの利用を奨励している（"TN/TE/W/34, TN/MA/W/18/Add. 4"）。

与できていないためである。したがって，両リストを完成したリストとみるのではなく，交渉の出発点とみる方が自然である。

Ⅱ．環境物品の概念化と特定化

　環境物品交渉がまず直面する課題は，定義が存在しない環境物品をいかに概念化（conceptualization）ないし特定化（identification）するかということである。以下では，環境物品の概念化に努めようとする，停滞気味の「概念的アプローチ（conceptual approach）」をめぐる交渉内容から検討する。続いて，概念の問題には触れず具体的な品目の特定化を通じて，交渉を進めるアプローチである「リストアプローチ（list approach）」について考察する。

1. 概念的アプローチの閉塞性

　概念的アプローチによる成果は，わずかしかない。その原因は，一義的に概念化することが困難な環境の性質に由来すると考えられる。

　そもそも，環境とはフランス語の milieu に由来し（渡辺 [1977]），「或るものを中心にして，それを取り囲んでいるもの」を意味する。環境は「或る中心」という「主体」と「或る中心と何らかの仕方で関係した自然」という「周囲」によって成り立つ。したがって，「主体」の「周囲」に対する決して一様ではない，多様な関係によって成立している。主体と周囲の経済的な関係に注目すれば環境問題は，汚染問題と資源問題の2種類に大別できる[5]。汚染問題は，主体が経済活動をする上で必要な浄化作用を周囲が提供できない状態をさし，資源問題は主体が経済活動をする上で必要な対象を周囲が提供できない状況をさす。浄化作用を超えた汚染が直接の被害を生み出す場合，問題は自明であり社会から認識されやすい。ただし，被害が汚染物質の蓄積に由来する場

5　UN Millennium Ecosystem Assessment [2003] は，生態系サービスを，①供給サービス，②調整サービス，③文化サービス，④基盤サービスの4つに整理している。これらのサービスを享受できなくなった状態が，生態系からみた環境問題である。本書の議論は，この内容を経済学的に解釈したものである。

合，見解の相違の可能性が生まれてくる。また資源問題に関しては，グッツとバッツの境界線は必ずしも明確ではなく，あるグループに属する主体にはバッツと解釈できるものが，あるグループに属する主体にはグッツと解釈できる場合がある。そして何よりも，自分および自分が属するグループと異なる他の主体と周囲をつなぐ関係への関心は，一般的に決して高くない[6]。

　以上のような環境問題の性質[7]もあり，国際的な環境問題への取り組みは，そもそも容易ではない。したがって，各国の環境認識あるいは優先的に対処すべき環境問題は，同一ではない。実際，各国の提案内容のなかに，「環境意識の統一の困難性」を確認できる。日本は標準的な洗濯機（HS8450）より，合成洗剤や水の使用が「経済的」な自動洗浄機（HS8450ex）を環境に優しい財として提案している（"TN/MA/W/15, TN/TE/W/17"）[8]。しかし，チリは，名指しこそ避けているものの，そのような区別はチリを含めた多くの加盟国にとって無効であると，批判している（"TN/MA/W17"）。

　さて，交渉の成果らしきものは，次の2点に関するコンセンサスを大方得ている点だけである。表2-3は，本節で扱う主要各国の提案状況を示している。第1は，最終用途目的（end-use）を評価基準に用いることに賛成というものである。最終用途目的とは，環境物品の評価基準を品目の最終用途に応じて定めるものである。しかし，この基準には運用上重大な課題がある。それは「二重の使用目的」（あるいはマルチユース問題）である。品目によっては，「環境に資する用途」をもつと同時に「環境に資さない用途」をもつものがある。たとえば，工場に設置されたパイプは，汚染物質を排除した排水を流すことにも，汚染物質を含んだ排水を流すことにも使えてしまう。ただし，品目の特定化が比較的容易であり，現行の貿易ルールに整合的であるという利点がある。

　6　環境問題の抽象的な性質については，以上の指摘に留めておく。より総合的に現代の環境問題の性質について考察した研究として，日野［2009］がある。

　7　ミクロ経済学の応用分野では，市場の資源配分機能に注目して，環境問題を「市場の失敗」ととらえる。これは，問題を例外的な現象として把握するものである。本書では，市場の役割に注目するがそれのみを考察対象としておらず，経済活動全般を対象としている。この視点に立つと，先の本文の説明にある通り，環境問題は例外的な問題ではなく，恒常的でかつ社会的な問題であると認識される。このような問題把握の視角は，Kapp［1950］によって示されていた。

　8　WTO資料に関しては，同一年内に発表された多くのものを利用しなければならない。通常の表記方法だとわずらわしくなってしまうので，WTO資料に関してのみ，文中では文書番号で表記する。

表 2-3：主要各国の提案状況 (1)

	品目リスト	最終用途目的	PPM	地球環境目標
日本	□		△	
カタール	□			
SGP		○	△	
台湾	□	○	△	
EC	□		○	○
韓国	□	○	△	
NGL	□	○	△	△
カナダ	□	○		
米国	□	○	△	△
スイス	□		○	○

(注) ○はその項目に賛成したことを，△はその項目に反対したことを，□はその項目を提出したことを，それぞれ意味する。

(出所)"TN/MA/W/1"，"TN/MA/W/6/Add.1"，"TN/MA/W/8"，"TN/MA/W/9"，"TN/MA/W/15, TN/TE/W/17"，"TN/TE/R/3"，"TN/TE/R/9"，"TN/TE/R/10"，"TN/TE/W/19, TN/MA/W/24"，"TN/TE/W/27, TN/MA/W/33"，"TN/TE/W/44"，"TN/TE/W/47"，"TN/TE/W/48"，"TN/TE/W/49"，"TN/TE/W/50"，"TN/TE/W/52, TN/MA/W/18/Add. 7"，"TN/TE/W/57" より作成。

A1 リストも，最終用途目的だけで判断できる品目のみをカバーする内容になっている[9]。

　第2は，製品の生産工程・生産方法である PPM（生産工程・生産方法）を評価基準に用いることに反対というものである。米国（"TN/TE/W/34, TN/MA/W/18/Add. 4"），カナダ（"TN/MA/W/9"），韓国（"TN/MA/W/6/Add. 1"），シンガポール（"TN/MA/W/8"）そしてインド（"TN/MA/W/10"），中国（"TN/TE/W/42"），チリ（"TN/MA/W/17"），ガーナ・ケニア・ナイジェリア・タンザニア・ウガンダ・ザンビア・ジンバヴエ（"TN/MA/W/27"）などの国々が反対している。先進国だけでなく，途上国も概して批判的である。

　そもそも PPM とは，「一般的に製品が生産されるその工程と方法，さらに天然資源などが抽出されたり，動植物の飼育，屠殺する方法など」（OECD［1997b］p. 7）をさす。一般に環境に配慮するのであれば，この PPM の差異

9　2003 年5月のハイレベル APEC 貿易環境ワークショップで，その旨，合意している（"TN/TE/W/37"）。

に注目して，環境負荷の大きな製品の消費を抑え負荷の低い製品と代替する，または負荷の少ない生産方法を用いることは合理的といえる。しかし，PPMを理由に製品を差別化することは，GATT/WTO違反であるという考え方が，長らく一連の紛争処理で支持されてきた[10]。ここで注意が必要なのは，差別化が許可されていないのはPPM全体ではなく，製品非関連PPM（non-product-related PPM）のみであるという点である。製品関連PPM（product-related PPM）には，TBT協定（貿易の技術的障壁に関する協定）が適用される。製品関連PPMとは，「製品が消費または使用された場合，製品それ自体が環境への負荷や汚染などの影響を及ぼす，製品の性格を規定するPPM」（OECD［1997b］p. 7）である。一方の製品非関連PPMとは，「製品それ自体の特性に関係せず，生産の段階で環境にマイナスの影響を及ぼすようなPPM」（OECD［1997b］p. 7）をさす。製品の特性を変える形で生産物に体化されていないPPMにもとづく差別化は，環境保全には効果的であろうが，現行の貿易ルールにおいて問題となりうるのである。

　なぜ，GATT/WTO違反になってしまうのだろうか。主要な原因は，次の3点である。第1の原因は，生産方法の違いは製品の費用を決定する比較優位の源泉の1つであるからである。これを基準に差別化をすると，あらゆる種類の製品の差別化を可能にしてしまう懸念がある。第2に，製品の生産工程を輸入国側で特定することは一般に困難であり，その運用が恣意的になりやすい。偽装保護主義の余地を与えてしまう。第3に，自国の環境の状況などに従って設定されたPPM規制を環境の状況などが異なる他国に適用することは，環境保全上の観点からも望ましくない可能性がある[11]。

　しかし，このような見解に異を唱える，少数意見も当然ながら存在する。たとえばECは，PPMをめぐって，「材料と生産のあり方（sustainable production characteristics）」を評価基準として考慮する議論を受け入れると述べている（"TN/MA/W/1"）。またスイスも，PPMをめぐる問題点については配慮しながらも，PPM基準禁止の決断には否定的である（"TN/MA/W/16"）。さ

10　ただし，第1章で取り上げた「アスベスト事件」にみられるように状況は変化しつつある。WTOにおけるPPMをめぐる動向について詳しくは，Sifonios［2018］を参照されたい。
11　天野［2003］および環境庁［1995］を参考にした。

らにノルウェーは気が進まないとしながらも，PPM 基準を扱うことに異議はないと述べている（"TN/TE/R/9"）。このような主張のねらいについては，後で検討したい。

　なお，PPM 基準を用いる具体的な評価方法に，序章でも言及した LCA（ライフサイクルアセスメント）アプローチがある。品目の生産段階のみならず流通，消費，廃棄などの各段階の環境効果を考慮するものである。

2.　リストアプローチの進展性と対立点

　提出された各国独自の品目リストは，①日本リスト（"TN/MA/W/15, TN/TE/W/17"）[12]，②カタールリスト（"TN/TE/W/19, TN/MA/W/24"，"TN/TE/W/27, TN/MA/W/33"），③台湾リスト（"TN/TE/W/44"），④ EC リスト（"TN/TE/W/47"，"TN/TE/W/47/Add. 1"），⑤韓国リスト（"TN/TE/W/48"），⑥ニュージーランドリスト（"TN/TE/W/49"），⑦カナダリスト（"TN/TE/W/50"），⑧米国リスト（"TN/TE/W/52, TN/MA/W/18/Add. 7"）[13]，⑨スイスリスト（"TN/TE/W/57"）の 9 つである。カタールリスト以外は，OECD リストまたは A1 リストを参考にして作成されている[14]。

(1)　各国リストの比較

　表 2-4 および表 2-5 は，各国リストの内容をそれぞれ比較したものである。表 2-4 は，各国リストのカテゴリーおよびサブカテゴリーを，上述の OECD リストの 3 つのカテゴリーを利用して比較したものである。表 2-5 は，OECD リストのサブカテゴリーを利用して，各国リストを比較したものである[15]。な

12　日本は，当該リスト以外にも，後に「省エネ家電」をノミネートしたものを提案している。本書では，前者を「日本リスト」と呼び，後者を「J リスト」と呼び区別する。なお，日本リストには邦訳が用意されている。詳しくは，次のサイトを（http://www.meti.go.jp/policy/trade_policy/wto/wto_db/data/ma_nonag_pro0211j_list.pdf［2019.2.27accessed］）を参照されたい。

13　米国リストは，A1 リストをベースにして，46 の追加品目で構成されている（"TN/TE/W/63"）。

14　カタールリストは，環境に優しい技術とエネルギー品目で構成されている。OECD リストのカテゴリーを利用すれば，「クリーナー技術および製品」に位置づけられる。そのねらいは，「エネルギー部門の自由化による安価なエネルギー資源と多様な輸入チャンネルの確保」（日野［2004］p. 159）にある。他の各国リストと，構成内容および性質が異なるものである。

15　この比較では，煩雑な手続きを回避するために，便宜上，ex（統計細目）の採用の有無は考慮していない。あくまで，各国リストの内容比較を優先している。

表 2-4：各国リストのカテゴリー比較（品目数）

	OECD	A1	日本	カタール	台湾	韓国	NZL	カナダ	米国	スイス
汚染管理	104	95	117	0	78	106	122	120	109	0
クリーナー	3	0	24	10	0	0	19	2	7	80
資源管理	18	14	25	0	0	0	48	40	48	0

（注）それぞれのカテゴリーは，各国リストの以下の項目によって構成される。汚染管理カテゴリー
　　は，「大気汚染制御」・「排水管理」・「固形廃棄物管理」（A1 リスト・台湾リスト・韓国リスト・
　　米国リストの場合は「固形/有害廃棄物」，ニュージーランドリストの場合は「固形または有害廃
　　棄物の管理」，カナダリストの場合は「固形/有害廃棄物管理」）・「改善および洗浄」（ニュージー
　　ランドリストの場合は「土壌および水の洗浄または改善」）・「騒音および振動の軽減」・「環境モ
　　ニタリング，分析および査定」（A1 リスト・日本リスト・台湾リスト・韓国リストの場合は
　　「モニタリング/分析」）で構成される。また，クリーナー技術カテゴリーは，「クリーナー技術お
　　よび製品」（ニュージーランドリストの場合は，「クリーナーまたは資源効率的技術および製品」，
　　カナダリストの場合は「クリーナー技術，過程，製品」，スイスリストの場合は「クリーナー技
　　術およびクリーナー製品」）と「最終用途目的または処分性にもとづく EPP」で構成される。資
　　源管理カテゴリーは，「再生可能なエネルギープラント」・「熱/エネルギー節減および管理」
　　（ニュージーランドリスト・カナダリストの場合は「熱およびエネルギー管理」）・「水の供給」
　　（A1 リスト・ニュージーランドリスト・カナダリスト・米国リストの場合は「飲料水処理」）・
　　「自然リスク管理」・「その他の再生可能なシステム」（ニュージーランドリスト・カナダリスト・
　　米国リストの場合は「リサイクリングシステム」），「その他」（ニュージーランドリストの場合は
　　「土壌保全」と「廃棄物およびスクラップの実用」，カナダリストの場合は「土壌保全」，米国リ
　　ストの場合は「自然資源保護」）で構成される。なお，OECD リストと米国リストの同一カテゴ
　　リー内に存在する HS6 桁分類の重複項目は，除外している。
（出所）OECD/Eurostat ［1999］，"TN/MA/W/15, TN/TE/W/17"，"TN/TE/W/27, TN/MA/W/
　　33"，"TN/TE/W/44"，"TN/TE/W/47"，"TN/TE/W/48"，"TN/TE/W/49"，"TN/TE/W/50"，
　　"TN/TE/W/52, TN/MA/W/18/Add. 7"，"TN/TE/W/57"，"WT/GC/W/138/Add. 1" より作成。

お，OECD リストを基準に用いた理由は，A1 リストには「クリーナー技術お
よび製品」などのカバーされていない分野があるからである。
　両表から特筆すべき特徴は，次の3点である。まず表2-4より，第1に，
「汚染管理」の比重が高いことがあげられる。とくに台湾リスト・韓国リスト
は「汚染管理」のみで構成されている。第2に，全体的に「クリーナー技術お
よび製品」の品目が少ない。例外的に充実しているリストとして，日本リス
ト・カタールリスト・ニュージーランドリスト・スイスリストがあげられる。
第3に，ニュージーランドリストの充実である。表2-4から，3つのカテゴ
リーおよびサブカテゴリーを満遍なく網羅してことがわかる。以下では，それ

表 2-5：各国リストのサブカテゴリー比較（％）

		OECD	A1	日本	カタール	台湾	韓国	NZL	カナダ	米国	スイス
汚染管理	APC	12.9	6.4	10.8	0	24.4	11.3	11.1	0	6.9	0
	WWM	42.9	13.8	12.7	0	38.5	36.8	20.1	28.4	9.7	0
	SWM	12.9	10.1	16.9	0	19.2	15.1	4.8	15.4	14.9	0
	R/C	2.0	2.8	1.8	0	3.8	3.8	4.2	1.2	1.1	0
	N/V	2.0	0.9	1.8	0	1.3	2.8	0	22.2	0.6	0
	M/A	12.9	53.2	26.5	0	12.8	30.2	24.3	6.8	34.9	0
クリーナー	CT/P	2.0	0	14.5	100.0	0	0	6.9	1.2	0	56.2
	EPP-e	0	0	0	0	0	0	3.2	0	4.0	43.8
資源管理	REP	3.4	6.4	9.6	0	0	0	4.2	17.3	21.1	0
	H/E	6.1	0.9	2.4	0	0	0	2.1	4.3	0	0
	WS	2.7	1.8	0	0	0	0	1.6	1.2	1.7	0
	NRM	0	0	0	0	0	0	2.6	0	0	0
	ORS	0	3.7	3.0	0	0	0	2.1	1.2	2.9	0
	その他	0	0	0	0	0	0	12.7	0.6	2.3	0

（注）APC＝大気汚染制御，WWM＝排水管理，SWM＝固形廃棄物管理，R/C＝改善および洗浄，N/V＝騒音および振動の軽減，M/A＝環境モニタリング，分析および査定，CT/P＝クリーナー技術および製品，EPP-e＝最終用途目的または処分性にもとづく EPP，REP＝再生可能なエネルギープラント，H/E＝熱/エネルギー節減および管理，WS＝水の供給，NRM＝自然リスク管理，ORS＝その他の再生可能なシステム，をそれぞれ表している。なお，同一のサブカテゴリーがなかったものについては，以下の通り，類似するサブカテゴリーに振り分けている。A1リスト・台湾リスト・韓国リスト・米国リストの「固形/有害廃棄物」，ニュージーランドリストの「固形または有害廃棄物の管理」およびカナダリストの「固形/有害廃棄物管理」はSWMへ，A1リスト・日本リスト・台湾リスト・韓国リストの「モニタリング/分析」はM/Aへ，ニュージーランドリストの「土壌および水の洗浄または改善」はR/Cへ，ニュージーランドリストの「クリーナーまたは資源効率的技術および製品」とスイスリストの「クリーナー技術およびクリーナー製品」およびカナダの「クリーナー技術，過程，製品」はCT/Pへ，ニュージーランドリスト・カナダリストの「熱およびエネルギー管理」はH/Eへ，A1リスト・ニュージーランドリスト・カナダリスト・米国リストの「飲料水処理」はWSへ，ニュージーランドリスト・カナダリスト・米国リストの「リサイクリングシステム」はORSへ，ニュージーランドリストの「土壌保全」と「廃棄物およびスクラップの実用」，カナダリストの「土壌保全」および米国リストの「自然資源保護」は「その他」へ，それぞれ振り分けた。EPP-e は，OECDに該当するサブカテゴリーがなかったが，その性質を考慮して「クリーナー（技術および製品）」のカテゴリーに分類している。なお，OECDリストと米国リストの同一サブカテゴリー内に存在する HS6 桁分類の重複項目は，除外している。

（出所）表 2-4 と同じ。

ぞれの特徴について考察する。

　まずは，第1の特徴からみてみる。全般的に，「汚染管理」の比重が大きい。
韓国リストの内容は，表2-6から明らかな通り，A1リストに近い。その理由
は，もちろん，韓国がAPEC参加エコノミーでありA1リストにもとづいて
作成しているからである。しかし，より重要な点は，韓国が実践的アプローチ
（practical approach）と呼ぶ方式を採用しているためである。韓国は，現段階
の交渉で必要なものは，環境物品の概念化の議論ではなく，実践的アプローチ
であると述べている（"TN/TE/W/48"）。この実践的アプローチとは，実質的
にリストアプローチと同義であるが，品目の特定化方法に関して加盟国の多く
に広く受け入れられる簡潔な基準（"TN/TE/W/48"）の採用を，強調した用
語である。その基準とは，第1に最終用途目的，ただし二重の使用目的への対
策として他の重要な使用方法のある製品は排除する，第2にHSで分類可能な
もの，第3に「環境上望ましい産品（EPP）」やPPM基準または相対的な環
境パフォーマンスによって定義される品目は排除する，というものである[16]。

　台湾リストは，韓国リストの考え方をさらに一歩進めたものとなっている。
その内容は，韓国リストと同様にA1リストに近い。その最大の特徴は，台湾
が「直接使用（direct use）」と呼ぶ品目のみで構成されている点にある。「直接
使用」とは，汚染を直接制御する過程で使用される，ことを意味する（"TN/
TE/W/44"）。このような品目の例は，硫黄分を含んだ燃料油の燃焼後，排ガ
スに含まれる大気汚染の原因となる硫黄酸化物を排除する「排煙脱硫装置」
（HS 842139ex）などである。台湾リストは，韓国リストに採用されたコンセ
ンサスを得つつある評価基準をさらに限定化した基準を採用している。

　以上の通り，「汚染管理」分野の品目は，品目の特定化の基準が現行の貿易
ルールと整合的であり，かつ各国の合意を得やすい。そのため多くの品目が，
多くのリストで提案されている。

　続いて，第2の特徴について考察しよう。具体的な材料として，「クリー
ナー技術および製品」が充実している日本リストを取り上げる。日本リストの

16　もちろん韓国は，エネルギー効率性の高い製品などを環境物品として定めることの有用性を，全
　く認めていないわけではない。あくまで，交渉の円滑化と合意締結を優先し，このようなリストを
　作成している。

構成は，表 2-5 にある通り，OECD リストと類似性が高い。日本は，台湾・韓国と異なり，APEC 加盟エコノミーであるにも関わらず，OECD リストを参考に作成している（"TN/MA/W/15, TN/TE/W/17"）。A1 リストには，「クリーナー技術および製品」が欠落しているための措置と考えられる。

　日本リストの「クリーナー技術および製品」の品目数は，全体で 24 であるが，そのうちの 23 が ex-out アプローチとなっている[17]。わずか 1 品目だけが国際基準に則っており，その他は日本国有の基準にもとづいている。国際基準を利用できない要因は次の 2 点に要約できる。1 点目は，HS 分類が対応していないためである。HS の改訂には，およそ 5 年間のサイクルを要するといわれるが，HS6 桁に分類されるためには，1 年間で最低 5,000 万ドル以上の取引がなければならない。この点は，環境物品貿易の促進に大きな足かせとなっている。そもそも環境物品貿易の自由化交渉とは，すでに国際的に普及している財の普及をさらに後押しするだけでなく，高い環境効果をもつにも関わらず国際的に普及していないものの貿易促進を目指す取り組みでもある。取引量が少ないため分類がないというのは，全く困った事態といえる。もっとも 2002 年の改訂では，例外として上記の取引高未満の品目であっても，社会的要請の強かった主にバーセル条約とモントリオール議定書などの MEA（多国間環境協定）をもとに，57 の環境関連の新設コードが設けられている。よって，今後も改定により環境関連コードが，中長期的には充実してくると予想される[18]。2 点目の要因は，これらの品目の環境効果の源泉は，すでにみた「汚染管理」分野のように，環境対策となる使用目的という明快な評価基準にもとづくものではない。エネルギー効率性などの相対的で多様性に富む基準にもとづき特定化せざるをえない。たとえば，上記の洗濯機でいえば，この製品の環境性の根拠は，通常考えられるエネルギーの効率性といったものに留まらず，合成洗剤

17　日本リストのオリジナルと邦訳版とでは，「クリーナー技術および製品」の品目数が若干異なる。ここでは，オリジナルにもとづいている。

18　本章の元論文の執筆時から時間が過ぎ，その後，HS は HS2007，HS2012，HS2017 と改定されていった。環境問題に対応した，その後の改定の内容をまとめておこう。HS2007 では環境モニタリング・管理に関連する改定が行われている。HS2012 では，食料安全保障に関連する改定が行われている。さらに，HS2017 では，引き続き食料安全保障とともに絶滅危惧種などの資源問題への対応がなされている。以上の内容は，世界関税機構（WCO）の HP（http://www.wcoomd.org）の説明文を参考にした。

の低使用という特殊なものである。また，このような製品の生産を可能にした新技術は，相対的な環境性を恒常的にもつものではなく，新商品の登場と共に劣化し，むしろ環境に悪いものにさえなっていく。客観的な基準に用いて評価することが難しい分野といえる。もっとも A1 リストにもあったように，ex-out アプローチを採用することそれ自体が禁止されるべき行為ではない。許容されうる措置である。ただし，各国独自の環境問題意識に影響された相対的で多様性と可変性に富む基準に依拠した環境物品の特定化は，恣意性の高いものであると疑念をもたれかねない。くわえて自国の輸出関心品目の多くが特定化されていると，余計に反発を生むだろう。実際，日本リストの品目の多くには，日本の高度な技術が体化されている。チリが日本リストを批判した背景には，そうした事情もあったと考えられる。

　第 3 の特徴は，ニュージーランドリストのカテゴリーが豊富な点である。表 2-5 にある通り，ニュージーランドリストのカテゴリー数が，台湾・韓国リストはもちろんのこと，日本リスト・米国リストよりも充実している。そして，ニュージーランドリストとカナダリストの類似性が高い。カナダリストは，環境物品の品目リストにふさわしいカテゴリーをまず設け，評価基準問題に一切触れずにカテゴリー案にもとづいてそれぞれの品目を定める，という特殊な方法によって作られている（"TN/TE/R/9"）。両リストが類似する理由は，ニュージーランドリストがカナダリストのアプローチを支持し，カテゴリー案を採用しているからである（"TN/TE/W/49"）。ただし，ニュージーランドリストは，カナダのカテゴリー案を採用しながらも，それに若干の修正を加えて今までにない新しいカテゴリーを設けている。たとえば，本書では「資源管理グループ」の「その他」に分類した土壌保全（soil conservation）は，OECD リスト・A1 リスト双方に含まれない新しいカテゴリーである。さらに，「クリーナー技術および製品」の内容も特徴的である[19]。「最終用途目的または処分性にもとづく EPP」（Environmentally preferable products, based on end-use or disposal characteristics：EPP-e）と「クリーナーまたは資源効率的技術

19　本書では，EPP を「クリーナー技術および製品」に分類した。ただし，UNCTAD［2004］は，EPP が「クリーナー技術および製品」あるいは「資源管理グループ」に該当すると述べている。本書では，後に見る EC リストの「第 2 リスト」と比較するために，このような措置をとっている。

および製品」(Cleaner or more resource-efficient technologies and products：CT/P) を提案している。EPP とは，記述の通り，LCA アプローチが反映されている。しかし，ここでは，最終用途目的または処分性という制限が追加されており，「使用」と「廃棄」の工程しか考慮されていない。当然，製品非関連 PPM 基準を採用するものではない。同様に，CT/P でも，生産工程の環境性は考慮されていない。

さてここで，ニュージーランドリストをリストアプローチの典型的な提案としてとらえることにする。その理由は第1に，上述の通り，カテゴリーを過不足なく踏まえており，かつ新しいカテゴリーを設けているためである。第2に，リストアプローチの趣旨の1つである概念の問題を避けるという点に関して，新しい知見を提示しているからである。ニュージーランドリストは，「基準点（reference point）」という形式にもとづいて作成されている。基準点とは，環境物品として提案される品目に，その根拠となる基準の引用を必須とする，というものである。基準を示せば事足りるため，概念の問題（評価基準問題）に直接触れずに済む。たとえば，韓国リストの No.1 にあげられている「蒸気発生ボイラーおよびセントラルヒーティング用ボイラーの補助機器」（HS840410）は，A1 リストにノミネートされていたため提案する，といった具合である。

(2) EC リストとニュージーランドリストの相違点——2つの主目的

リストアプローチを採用しながらも，EC の提案は独自の特徴をもつ。第1に，EC は，リストアプローチと概念的アプローチの両立を志向する「トゥーアプローチ（two approach）」を提案する[20]。まず2つの包括的な環境物品の定義を示し，それにもとづいて大分類としてそれぞれのセクター（sector）[21]を定めている。前節でみた，概念問題を徹底的に避けようとするニュージーランドなどとは立場を異にするものである。第2に，EC リストは，先にみた各国リストと形式が異なる。①として，セクターごとに作成意図である環境目的が明記されていること，②として，品目リストの一覧ではなくセクター一覧で

---

20 スイスも，EC が提唱するトゥーアプローチを支持している（"TN/TE/R/10"）。
21 セクターとは，先にみた各国リストのカテゴリーに相当するものである。

あるということである。したがって，リスト内に明記されているサブセクター
（sub-sector）およびそれに属する品目は例示にすぎない。

　続いて，EC リストの特徴を具体的に確認しよう。まず，2 つの定義とは次
の通りである。第 1 は，汚染制御および資源管理に使用される財，第 2 は，高
い環境パフォーマンスないし環境負荷が低い財である（"TN/TE/W/47"）。こ
の 2 つの定義は，すでに本書で何度も登場している OECD リストの 3 つのカ
テゴリーを参考にしたものであることは一目瞭然である。前者は，「汚染管理」
と「資源管理グループ」をあわせたものであり，後者は，取り扱いが困難であ
る「クリーナー技術および製品」に該当する。他の基準を参考にしているもの
の独自の枠組みを与えている点で，基準元の議論をそのまま利用する「基準
点」の形式とは一線を課す。

　以上の 2 つの定義にもとづき，2 つのリスト案が提示されている。便宜上，
第 1 の定義にもとづくリストを「第 1 リスト」，第 2 の定義にもとづくリスト
を「第 2 リスト」と呼ぶことにする（第 1 リスト，第 2 リストについては，表
2-6 を参照）。第 1 リストは，上述の各国の品目リストと比較して特筆に値する
特徴はみられないが，第 2 リストは，主として EPP を対象としたものとなっ

表 2-6：EC リストのセクター一覧

第 1 リスト
 1. 人間が使用するための水
 2. 固形/有害廃棄物管理
 3. 周囲の大気および気候の保護
 4. 騒音および振動の軽減
 5. 環境モニタリング，分析，および管理
　　（その他に分類されていないもの）
 6. 再生エネルギー

第 2 リスト
 1. 断熱材
 2. 編みもの用の植物繊維原料
 3. パルプとファイバーセルロース誘導体の材料
 4. 野菜繊維製品のための繊維
 5. その他の製品
 6. 持続可能な農業または園芸
 7. エネルギー効率性
 8. 持続可能な運送

表 2-7：ニュージーランドリストと EC リストの比較

	EPP の基準	外部環境基準の活用
NZL	・最終用途目的 ・製品の処分性	・OECD の環境産業 ・A1 リスト ・RTA
EC	・生産のインパクト	・エコラベリング

（出所）"TN/TE/W/47"，"TN/TE/W/49" より作成。

ている。「4. 野菜繊維製品のための繊維」や「6. 持続可能な農業または園芸」のカテゴリーにある通り，農産品も対象としている。

　リストアプローチの典型例であるニュージーランドリストと比較して，それぞれの特徴を明確にしよう（表 2-7 を参照）。第 1 の相違点は，EPP の取り扱いである。ニュージーランドリストの EPP は，上記の通り「最終用途目的」または「処分性」にもとづいていた[22]。しかし，EC は第 2 リストの基準として，生産のインパクト（the impacts of production）をあげている（"TN/TE/W/47"）。これは，製品非関連 PPM 基準の活用を考慮できる基準である。第 2 は，環境基準の活用の範囲である。ニュージーランドリストは「基準点」において，その参照候補として次の 3 点を指摘していた。① OECD の定義，② A1 リストにおける環境物品の概念，③包括的で質の高い地域間または 2 国間自由貿易協定で合意された環境物品へのアプローチ，である（"TN/TE/W/46"）。OECD および APEC 以外では RTA 交渉の成果物しか認めていない。一国内の基準の採用は不可である。しかし，当然ながら，すべての RTA が環境目的を志向するわけではない。自由貿易の推進という目的には合致するが，環境基準としては不完全な基準といえなくもない。この基準に従えば，たとえば日本が 2000 年に制定した「国等による環境物品等の調達の推進等に関する法律」（通称，グリーン購入法）を利用して，品目を特定化することはできない。一方，EC リストでは，第 2 リストからもれた品目を捕捉するために，エコ・ラベリングの活用に関する提案を行なっている（"TN/TE/W/47"）。つまり，環境パフォーマンスに関する国際的な合意がないため，ISO（国際標準化機構）

22　EPP の取り扱いに関して，米国リストとスイスリストも同様の措置をとっている。

などの自発的なエコ・ラベリングの活用を提案している。さらに，その具体的な候補として「世界エコラベリングネットワーク（Global Ecolabelling Network：GEN）」[23] をあげている。この環境管理システム規格であるISO14000シリーズは，LCAアプローチにもとづくものであるため，製品非関連PPMを判断基準に用いる提案にもなっている。

　さて，以上の検討より，両者の立場の相違が明確になる。ECは，環境目的のための基準の採用を訴え，製品非関連PPM基準の活用の余地を示していた。つまり，現行の貿易ルールの変革を示唆するものである。これに対して，ニュージーランドは，環境物品の概念それ自体の検討を拒み（エコ・ラベリングの活用も示さず），自由貿易に整合的な基準の採用を訴えていた。ECにおける環境物品の自由化の主目的は，ニュージーランドと比較して，環境目的であると判断できる。貿易促進のための市場メカニズムの浸透よりも，「地球環境目標」への取り組みの一翼を担い，非経済的目的の促進にあるのである。事実，ECは，ヨハネスブルク実施計画やMEAなどの地球環境目標に同意し，評価基準作成の作業に国内外の環境プライオリティを反映させる必要があると述べている（"TN/TE/R/9"）。スイス（"TN/TE/R/9"）およびノルウェー（"TN/TE/R/11"）も，ECのこの提案に賛成を示している[24]。

　これに対し，ニュージーランドは，米国と共に地球環境目標への同意に明確に反対している（"TN/TE/R/9"）。その理由は，「原則論に多くの時間を費やすのは建設的ではない」（"TN/TE/R/9" para. 89），そして「NAMAの議論

23　GENとは，世界各国に存在するエコ・ラベリング実施機関（たとえば，米国のグリーンシールや日本のエコマークなど）が各々のプログラム間の国際的調和の促進および改善などを目的として，1994年に設立されたものである。

24　ただし，これらの国々の歩調が完全に一致しているわけではない。まず基本的な事実として，スイスは，ECリストの第2リスト案に賛成している（"TN/TE/R/11"）。ただし，スイスリストは，上記の通り，EPPの判定基準がニュージーランドリストと同様であった。また，表2-5でも明らかなように，スイスリストには著しい偏りがある。この点について，「OECDリスト内であまり多く取り扱われていない「クリーナー技術および製品」分野を取り上げてバランスを図ることがねらいである」（"TN/TE/W/57" paras. 20-21）と述べている。さらに，今後，リスト案を修正する権利を有していることを強く主張していることなども含めて総合的に判断すると，スイスリストにスイスの主張のすべてが表現されていると断定できない。一方，ノルウェーは，ECの第2リストに対しての立場を保留すると述べている。ただし，第2リストのエコ・ラベリングの活用が，市場アクセスの改善効果をもつこと，そして途上国にとって望ましい効果をもつことは認めている（"TN/TE/R/11"）。

と CTESS の議論に齟齬をきたす恐れがあるからである」（"TN/TE/R/10"
para. 53）と述べる。米国も，EC が提案するトゥーアプローチに反対してい
る（"TN/TE/R/10"）。ニュージーランドや米国にとって，環境物品として提
案された品目が環境目標に適うものであるかどうか，または現実の環境目標か
ら鑑みて妥当であるかどうかは，次善の問題であるように見受けられる。あく
まで主目的は，環境により良いとされる品目の市場メカニズムの浸透を通じた
経済的目的の促進にある。このように判断すれば，RTA を基準点の 1 つとし
ていた意図も理解できる。ニュージーランドや米国にとって，「非経済的目的」
を促進するための特別な基準を設ける必要はなく，または認定基準に最終用途
目的を適用すれば事足りるのである。むしろ，環境に配慮した PPM 基準の採
用は，オーストラリアの指摘にあるように，市場メカニズムの浸透を阻害す
る，偽装保護主義を生む火種でしかない（"TN/TE/R/10"）。

　以上により，環境物品交渉には，「米国やニュージーランド」と，「EC，ス
イスやノルウェー」の間に主目的をめぐる争点があることを確認できる。

Ⅲ．「計画アプローチ」と途上国の主張

　多くのリストが提案され，対立を抱えながらも一定の進展性が確認できるリ
ストアプローチであるが，このアプローチそのものに反対する意見が途上国を
中心に出されている（主要な国々の提案内容については，表 2-8 を参照）。
　当初，途上国は，DMD（ドーハ閣僚会議宣言）のパラ 16 を論拠に，途上国
の輸出関心産品を自由化の対象にすべきという主張を異口同音に繰り返してい
た[25]。なかでも，より具体的な主張をしているのは，BRICS 諸国の 1 つであ
り，WTO 交渉に発言力をもつインドである。インドは，EPP を自由化対象品
目に含めるべきであると提案する（"TN/MA/W/10"）[26]。EPP は，UNCTAD

25　たとえば，インド（"TN/MA/W/10/Add. 1"），ガーナ・ケニア・ナイジェリア・タンザニア・
　　ウガンダ・ザンビア・ジンバブエ（"TN/MA/W/27"），ボリビア（"TN/MA/W/28"），中国（"TN/
　　TE/W/42"）などである。
26　その他では，ガーナ・ケニアなどのアフリカ諸国も，自国の比較優位財である農業分野の環境物
　　品の自由化交渉はどこで，どのように行なわれるのかと述べている（"TN/MA/W/40"）。

表 2-8：主要各国の提案状況（2）

	PPM	輸出関心産品	計画アプローチ
インド	△	○	□
チリ	△		
ガーナなど	△	○	
ボリビア		○	
アルゼンチン		○	□
中国	△	○	○
ブラジル		○	○

（注）○はその項目に賛成したことを，△はその項目に反対したことを，□は
　　　その項目を提出したことをそれぞれ意味する。「ガーナなど」とは，ガー
　　　ナ・ケニア・ナイジェリア・タンザニア・ウガンダ・ザンビア・ジンバウ
　　　エの国々をさす。

（出所）"TN/MA/W/10"，"TN/MA/W/10/Add. 1"，"TN/MA/W/17"，"TN/
　　　MA/W/27"，"TN/MA/W/28"，"TN/TE/R/12"，"TN/TE/R/14"，"TN/
　　　TE/W/42"，"TN/TE/W/51"，"TN/TE/W/62" より作成。

［1995］が示した例にもある通り，工業製品だけでなくジュートなどの農産品
を含む。農産品に比較優位をもつ傾向にある途上国にとって，EPP は輸出関
心産品なのである。しかし，これらの見解は注目を集めず，上記の通り，リス
トアプローチを中心に交渉は推移していった。

　そうした状況に一石を投じたのも，やはりインドである。インドは，リスト
アプローチが先進国の比較優位財の輸出増進をだけを目指すものであると，根
本から批判する。このアプローチは，恒常的な市場メカニズムの浸透をもたら
し，短期的には途上国が抱える固有の環境問題に対処するための製品を製造す
る中小企業を破壊し，さらに長期的には途上国の環境産業の発展機会を奪うと
主張する。くわえて，二重の使用目的をもつ財が輸出されることで，途上国の
損害はさらに悪化させると結論付ける（"TN/TE/W/51"）。そしてインドは，
リストアプローチへの対案として，「環境計画アプローチ（Environmental
Project Approach）」を提案する。

1．「計画アプローチ」のメリットと批判

　計画アプローチとは，環境物品の恒常的な自由化を目指すのではなく，各加
盟国の指定国家機関（Designated National Authority：DNA）が各々国レベ

ルで抱える環境問題へ対処するための計画にもとづき，必要な環境物品を計画実施期間中だけ裁量的に特定譲許（specified concession）するというものである。もちろん，計画内容にはさまざまなものが想定でき，クリーン開発メカニズム（Clean Development Mechanism：CDM）との連携なども可能となる。

　このように，環境物品貿易および環境政策の国家管轄を図るものであり，WTO の管轄を超える可能性をもつ内容を含む。なお，計画アプローチには，インドが提案した環境計画アプローチと，アルゼンチンが提案した「統合アプローチ（integrated approach)」がある。統合アプローチとは，文字通り，リストアプローチと環境計画アプローチの折衷案を意味する。これを第三のアプローチとして解する議論もあるが，本書では骨子が同様であるため環境計画アプローチの修正案として解釈する。そして，両案を総称して「計画アプローチ」と呼ぶことにする。

　環境計画アプローチのメリットは，以下の3点である。第1に，既述した二重の使用目的への効果的な対応である。途上国にとって二重の使用目的への懸念とは，環境に資する用途が限られているにも関わらず，わずかな環境効果を口実に，先進国の比較優位財が環境物品の認定を受けてしまうことである。しかし環境計画アプローチでは，加盟国の DNA（指定国家機関）が独自に想定した環境目的に合致する財だけを自由化するため，二重の使用目的の問題は生じにくいと判断できる。第2に，環境物品と環境サービスの総合的な自由化が可能である。両者は，前章でも言及した通り，本来的には不可分の関係にある。しかし，現交渉の形式では，相互排除的な取り組みになっていた。環境計画アプローチでは，DNA が必要な財およびサービスに特定譲許を与えるため，統合的な自由化が実現される。第3に，環境計画アプローチでは，当然のことながら各加盟国が，それぞれの能力に応じて，それぞれの環境基準と目的に則して計画を実行できる。つまり，各加盟国の裁量権は保持され，先進国と同水準のコミットメントから開放されるが，環境問題に共通して取り組めるわけである。このような取り組みの性質は，地球サミットでうたわれた，「共通だが差異のある責任」に他ならない。環境計画アプローチは，中国やブラジルなどをはじめとした多くの途上国が声高く提案してきた，途上国と LDC（後進開発途上国）への特別かつ異なる待遇（special and differential treatment：

S&D) の実践案であることを意味する。

　これに対して，自由貿易の推進を主目的とする米国（"TN/TE/R/12"）や，環境目的を主目的とする EC（"TN/TE/R/14"）およびスイス（"TN/TE/R/14"）などは，環境計画アプローチに反対している。最も明確な反対理由を掲げるのは，前節で取り上げた，ニュージーランドである。ニュージーランドは，市場アクセスの改善こそが重要であると説く（"TN/TE/R/14"）。つまり，環境計画アプローチでは，譲許の対象およびその期間は DNA が企図した計画にもとづくため，透明性および予見性に欠け，市場メカニズムの浸透が期待できないと述べる。

2. 統合アプローチと環境計画アプローチの共通性

　この環境計画アプローチの欠点を修正した提案が，アルゼンチンの統合アプローチである。統合アプローチは，環境計画アプローチと同様に，各加盟国によって企図された計画に応じて必要な財を計画期間中に限って輸入するものである。ただし，統合アプローチには，二重の条件が課されている。第1に，コミットメントの対象となる財は，CTE（貿易と環境委員会特別会合）によって特定化された環境計画カテゴリーのうち，どれか1つに含まれなければならない。第2に，CTE は，各加盟国の計画の実施に活用可能な環境物品を，各カテゴリー内に含めなければならない（"TN/TE/W/62"）。この措置が，環境計画アプローチにおいて最大の問題点とされる不透明と予見性の欠如に，対処するものとなっている[27]。また環境計画アプローチでは，WTO を経由せず譲許が行われるため，マルチラテラルではない，ユニラテラルやバイラテラルな実施形態となる公算が高かった。しかし，CTE を通じて関税・非関税障壁が多角的に削減撤廃されるため，この問題は回避されよう。この点は，とくにアルゼンチンが環境計画アプローチを批判した点でもあった（"TN/TE/W/62"）。

　ところで，CTE が環境計画カテゴリーを作り，さらに各加盟国の環境計画を考慮したうえであるとはいえ，環境物品を特定化する案である。したがっ

27　中国は，統合アプローチが環境計画アプローチの最大の問題点だった不透明と予見性の欠如の問題に対処できている，と高く評価している（"TN/TE/R/14"）。

て，統合アプローチが，一見するとリストアプローチに親和的なものであるようにもみえる。しかし，統合アプローチには，環境計画アプローチと同様に，先進国と同等のコミットメントから開放されており，あくまで「独自でコミットメントを管理する」という S&D の実践案としての性格を継承している。なお，この提案に，中国およびブラジル（"TN/TE/R/14"）は，賛同を示している。

　また，今になっては忘れ去られてしまっているかもしれないが，DDA は，「ラウンド」という名称をあえて使用せず，「開発アジェンダ」と銘打たれていた。その意図は，1999 年の第 3 回シアトル閣僚会議において，グローバリゼーションに反対する途上国や非政府組織（NGO）の猛反発を受け，新ラウンドの立ち上げに失敗した反省から，先進国主導を連想される「ラウンド」という表現を避け，途上国への配慮を全面的打ち出すことにあった。記述の通り，DMD のパラ 16 では，途上国の輸出関心産品のなかで，関税および非関税障壁の削減（の検討・実施）がうたわれていた。DDA が停滞し，交渉をリードする G4 にインド・ブラジルが加わったことも含めて考慮すれば，途上国のこの見解は，その影響力も含めて注目に値するものである。

Ⅳ．その他の議論——自由化をめぐって

　特定化以外のテーマに関しても，さまざまな提案がある。ここでは，もう 1 つの代表的なテーマである自由化をめぐる議論を確認しておこう。ただし，特定化と自由化の議論は，綺麗に分かれるものではない。環境計画アプローチには，特定化だけでなく自由化に関する提案が含まれていた。同様に，自由化に関する提案のなかにも特定化に関する提案が含まれている。

　注目すべき提案は，2 点である。第 1 は，米国が提案した「コアリスト・補完リスト方式」（"TN/MA/W/18Add. 5, TN/TE/W/38"）である。米国は，EVSL の教訓をもとに包括的なアプローチとして，コアリスト（core list）と補完リスト（complementary list）の二段階合意方式を提案する。コアリストとは，加盟国が環境物品であると合意に達した財で構成される。補完リストと

は，環境物品として合意には達せずコアリストにはもれたものの，環境保護や汚染防止などに資するとの「高程度の承認（high degree of acknowledgement）」を得た補足的な財がノミネートされる。コアリストに関しては，加盟国はリストアップされた財すべての関税および非関税障壁の削減撤廃をしなければならない。一方，補完リストでは，トータルの財のうち一定の割合（x％）を自由化しなければならないという条件のもと，各国は自由化する財を自由に選ぶことができる。また途上国への配慮として，途上国は，先進国に適用される x％よりもより少ない割合の財に関する関税削減でよいとする。

　ただし，米国のこの提案に関しては，さまざまな角度から疑問が投げ掛けられている。たとえば，「コアリストのコンセンサス達成の手順」そして「高程度の承認という用語についての解釈」などである（"TN/TE/8"）。

　この案への対案が第 2 点目である。中国が，米国案と対比させる形で，「共通リスト・開発リスト方式」を提案している（"TN/TE/W/42"）。中国は，米国の提案では自由貿易の利益のほとんどが先進国に傾くことを懸念して，審議材料の提供を目的としながらも，S&D の原則を前面に出した案を提示している。その内容は，米国案と同じく二段階方式になっている。まず共通リストとは，環境物品としてコンセンサスを得た財のリストである。加盟国は当該財の関税・非関税障壁の削減撤廃にコミットメントしなければならない。ここまでは，米国が提案したコアリストと同様である。しかしこのリストでは，先進国と途上国の利益を反映したものにすべきであり，さらにそのプライオリティは，輸出のキャパシティビルディング（能力開発）を高めたい途上国と LDC の輸出関心産品に与えられる。一方，開発リストとは，共通リストから生まれた S&D の取り扱いのためのリストである。これは，途上国の経済発展の必要性を考慮し，相互主義の軽減の観点から共通リストから免除または削減水準の低下が許される財で構成され，途上国と LDC のみによって選ばれる。

　以上の通り，特定化と同様に，先進国と途上国の見解の相違を確認できる。

V. 対峙する主要国と原理原則の多様化

1. 3つの類型

　以上の分析内容を踏まえて，ガバナンスボックスを利用した分析に移ろう。まず，対立点にもとづき，主要国を類型化する。念のため記しておくと，以下でみる類型化したグループは，実存するわけではない。あくまで本書における分析概念であり，主要国の主張の共通性と相違性を明確化するための措置である。

　第1の類型は，自由貿易を主目的とする米国・ニュージーランドをさすものであり，これらを「自由貿易派」と呼ぶことにする。「自由貿易派」は，市場メカニズムの浸透に関心をもち，環境への配慮は二次的な関心にとどまっていた。そのねらいは，比較優位財の輸出拡大と将来的に成長が見込まれる途上国市場の確保という利殖機会の獲得を目指していると考えられる。

　第2の類型は，環境目的を主目的とするEC・スイス・ノルウェーをさすものであり，「環境派」と呼ぶことにする。「環境派」は，欧州の環境問題への強い意欲・関心が反映されていると考えられる。EUが，2006年7月に施行したRoHS指令はその典型例である。ただし序章の注4でも述べたが，環境戦略に優位性をもつ企業がその優位をより強固にするために政府に働きかけ，国際的な環境規制が設けられるというメカニズムが存在するため（Rugman and Verbeke [2001]），当事国間に経済的思惑がまったくないというわけではない。

　第3の類型は，S&Dの体現を主目的とするインド・アルゼンチン・中国・ブラジルをさすものであり，「S&D派」と呼ぶことにする[28]。特定化・自由化ともに，先進国の提案と対峙する，S&Dの体現のための提案をしていた。も

28　日野 [2007] では，「管理派」と呼んでいた。「管理派」とは，「自由貿易派」および「環境派」とは異なるコミットメントの「管理」を主張するグループであることを意味した。一方，両グループ名（「自由貿易派」および「環境派」）は，各派の主目的に由来している。各派の特徴を明確に区分するには，「管理派」のグループ名も主目的に統一した方が良いと考えられる。したがって，本書では，「管理派」の本質ではなく「管理派」の主目的に焦点をあて，「S&D派」と呼ぶことにする。

ちろん，これらの加盟国の利害が，完全に一致しているわけではない[29]。しかし，交渉をリードする先進諸国との見解の相違に本質的な特徴があることを認識すれば，この類型の妥当性が確認されよう。

さて，「S&D 派」の性格を明確にしておこう。「S&D 派」は，自由貿易および環境問題への取り組みのすべてを拒んでいるのではない。あくまで先進国との同質のコミットメントを拒んでいるのである。当然であるが，計画アプローチにもとづいた，自国が必要とする環境物品の輸入には積極的である。その意味では，単純な保護主義と異なるものである[30]。「S&D 派」は，「自由貿易派」と異なり，環境物品の機械的な自由化に努めるのではなく，また「環境派」とも異なり，環境目的の機械的な促進に努めるのではない。これらの加盟国は，比較劣位にあると考えられる，国内の環境産業の成長を志向し，また経済発展にともなう調整費用を低下させられる国内の環境問題への効果的な取り組み実現のためのキャパシティビルディングを目指していると考えられる。

2. 原理原則の多様化

上記の3つの類型を，前章で取り上げたガバナンスボックスに配置したのが，図2-3である。「自由貿易派」は，主としてボックス1に位置し，ボックス3にもわずかに触れている。「環境派」は，すべてのボックス内に位置している。注目すべきは，GATT体制時には限定的だったボックス3・4内に位置することである。そして，「S&D 派」は，主にボックス2に位置しながら，ボックス4にも一部触れている。

この図より，「自由貿易派」は，ボックス1を上位規範として位置付け，提

---

29 たとえば，EPP をめぐっては，アルゼンチン（"TN/TE/W/62"）とブラジル（"TN/TE/W/59"）に見解の相違がみられる。その原因は，両国における EPP の生産状況の有無に起因すると考えられる。

30 寺西［1992］は，1992 年当時の GATT（まだ WTO は発足していない）に，"3つどもえの対抗"が存在することを指摘していた。3つどもえの対抗とは，①米国を中心にした，国際的強者の論理であるインターナショナルインタレストに基礎をおく「自由貿易の利益」論と，②途上国を中心にした，国際的弱者の立場から出てくるナショナル・インタレストに基礎をおく「保護貿易の利益」論と，そして③ EC を中心にした，コモン・インタレストに基礎をおいた「環境保全の利益」論である。環境に関する話題が決して活況ではなかった当時の GATT のなかに，このような整理を見出した点は卓見といえる。ただし，この整理は，交渉過程を分析・検討するなかで導出されたあるいは論証されたものというよりも，寺西俊一氏の基本的な見方を提示したものであるといえる。

図 2-3：環境物品交渉における「3つ巴の対立」

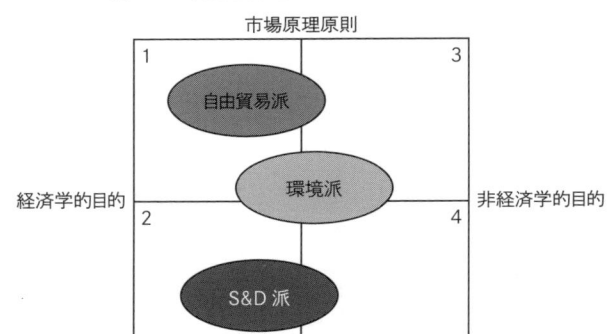

（出所）筆者作成。

　案を行なっていることが分かる。同様に，「環境派」はボックス3を，「S&D
派」はボックス2を上位規範に置いていることが理解できる。
　「自由貿易派」と「環境派」の対峙は，WTO が環境という目新しい名札を
貼られた品目を従来の自由化品目と同様に位置付けて市場メカニズムの浸透に
努めるのか，それとも DMD のパラ6にあるように，UNEP（国連環境計画）
などと持続的な協力を図りながら，「非経済的目的」の促進のために「同種の
産品」に修正を迫り（PPM 基準を活用して），貿易ルールの変革を通じて
WTO ルールに新たな役割や原理を追加することになるのかの重要な論点であ
る。環境物品の評価基準に PPM 基準を採用することに賛成する国は少数であ
り，前者の主張が大勢を占めていた。さらに，「自由貿易派」・「環境派」と
「S&D 派」の対峙は，伝統的な「南北対立」の構図であり，DDA の目的にも
関連するものである。このように，環境物品交渉には，3派による「3つ巴の
対立」が生じている。
　そして以上より，WTO 交渉において考慮されるべき原理原則は，もはや効
率性規律に留まっていないといえる。また，それを中心に展開されていると考
えることもできない。もちろん，WTO になり追加されたボックス3の重要性
だけが増しているわけではない。現状は，「多様化する原理原則」という状況

を呈示するに至っているといえよう。すなわち，非経済的目的の関心の高まりから，ボックス3が求心力をもち始めているのと同時に，途上国の結束の高まりから今日改めてボックス2の重要性が高まっているのである。

　環境物品交渉は，WTO の原理原則の有り様を観察できる格好の材料であることが改めて確認できると同時に，原理原則のあるべき姿そのものを指し示しているわけではない。その模索の過程を示しているといえる。

Ⅵ. 小括

　本章は，2006 年までの環境物品交渉の実態を分析した。特定化および自由化に関する主要国の提案を確認するなかで，米国を中心とした「自由貿易派」，EC を中心とした「環境派」，そしてインド・中国を代表とした「S&D 派」による主目的をめぐる3つ巴の対立の構図があることを明らかにし，WTO ルールの原理原則が多様化している状況をとらえた。

　しかし，交渉はこれで終わりというわけではない。むしろ，主要国の主張が出揃ったここから，対立を超えるための提案と妥協が始まる。たとえば，「S&D 派」の主張は，交渉のあり方に大きな影響を及ぼし，環境物品交渉の重大な争点の1つとなっていく。やがて環境物品交渉は，この論点を無視することができなくなり，当初掲げた目的を変更する。つまり，新たな win を追加して，「自由（貿易）」-「環境（保全）」-「発展」のトリプルウィン達成を目指すものとなる[31]。

　そして，2006 年7月に，ラウンド交渉が正式に中断してしまう。その後，各国の姿勢と主張に変化が生じ，対立の構図も大きく変化していく。

31　現在では，WTO のホームページにも win-win-win と明記されている。「発展」の内容に関して，WTO において統一された見解があるわけではないが，"TN/TE/20" によれば，「途上国が，進行中の発展戦略の一部である，重要な環境に関する優先課題に接近するために必要な手段の入手を支援することである」（p. 3）とされる。

第3章

環境物品交渉の分析［2］

——南北対立の鮮明化と核心への接近

　本章は，交渉の「推進期」である，2007年から2008年までの期間を分析対象とする。本章の課題は次の2点である。第1に，前章に引き続き，主要な提案内容を吟味して主要国の主張の変化をとらえる。第2に，類型化したグループをガバナンスボックスに再度配置して，交渉の性質と問題の核心を明らかにする。

Ⅰ．環境物品交渉の進展——気候変動問題への対応

　環境物品への取り組みは，当初，具体的な環境問題を想定しないままに進んでいた。気候変動問題の世界的な関心が高まるなか，Stern［2007］が環境物品貿易による環境技術の国際的な普及作用を取り上げて以降，気候変動問題に貢献できるという側面に関心が集まっていく[1]。当然，交渉にもこのような問題意識は反映され，新たな交渉材料となる。

1.「自由貿易派」と「環境派」の接近

　交渉の進展を印象付ける出来事は，「自由貿易派」と「環境派」の接近である。その事実は，次の2つの提案から読み取れる。

　第1に，「環境物品フレンズ」の形成である。自由化の推進を目指す環境物

---

[1]　Lamy［2008］や第7回閣僚会議においても，同様の趣旨の言及がある。

品フレンズには，前章で見解の相違が確認された，「自由貿易派」の米国と
ニュージーランド，そして「環境派」のEC，スイスとノルウェーが参加して
いる。その他の参加国は，カナダ，日本，韓国そして台湾であり，合計9カ国
で構成される。これらの構成国のすべては，リストアプローチを採用し，独自
に作成した品目リストを提出していた。環境物品フレンズは，注目すべき成果
として，2007年4月に，153の品目からなるリスト（以下，フレンズリストと
表記する）を作成・提示している（“JOB(07)/54”）[2]。フレンズリストは，構
成国独自の品目リストを個別に更新すると同時に，構成国との意見交換を通じ
て作成されている。

　第2に，2007年11月に，米国とECが「気候変動に優しい財およびサービ
ス（climate-friendly goods and services）」リストを，非公式ではあるが共同
提案している。経緯は，ECの提案に米国が賛同したことによる。自由化の目
標も併せて提案されており，すべての加盟国を対象にして2013年までに，す
べての品目の関税ゼロを求めている。もともとこのリストは，世界銀行
（World Bank［2008］）が作成したリストである（以下，WBリストと呼ぶこ
とにする）。世界銀行は，当該リストを「気候変動に優しい技術（Climate-
friendly technologies）」と呼び，CDMのプロジェクトで使用される製品や技
術の自由化を加速させる趣旨で作成している。気候変動問題に資する環境技術
の普及を後押しする案といえる。なおWBリストは，フレンズリストを編集
して作られており，それゆえフレンズリストとWBリストには深いつながり
がある[3]。

　さて，フレンズリストの中身を観察すると，各国の主張に変化がみられる。
その典型例がECであり，具体的なその内容は次の2点である。第1に，EPP
（環境上望ましい製品）の取り扱いについてである。前章でも述べた通り，EC
は，製品非関連PPMの判断基準の採用を可能にする提案をしていた。しか
し，フレンズリストには，米国リスト（“TN/TE/W/52, TN/MA/W/18/Add.
7”）およびニュージーランドリスト（“TN/TE/W/48”）で採用されていた判
断基準である「最終用途目的」または「製品の処分性」が採用されており，

2　環境物品フレンズは，2009年10月に“JOB(09)/132”にて，同リストを再度提出している。
3　フレンズリストとWBリストの内容の比較検討については，本章の補論を参照されたい。

EC の譲歩が読み取れる。第2に，農業分野の削減である。前章で取り上げた各国リストには，概して，農業分野が含まれていなかった。しかし EC リストの第2リストには，ノミネートされていた[4]。

　EC の変化の背景要因として，次の事項が考えられる。第1に，（当時）京都議定書の第一フェーズを目前に控え，気候変動問題への貢献に対する早期の成果の道筋をつけようとしたためである。そのために，「自由貿易派」が猛反発していた製品非関連 PPM をめぐる主張を後退させ，争点の1つを解消したと考えられる。製品非関連 PPM 基準の採用は，その性質上，環境物品の判断基準を超えて，既存の貿易ルールの在り方そのものを修正する可能性をもつ事案であった。「環境派」の主張の変容とともに，その論点は後退することになった。第2に，途上国に対する協調関係の構築である。農業分野は，環境物品交渉ではそもそも取り扱えないというのが，米国をはじめとした先進国に共通してみられるもともとの主張であった。その理由は，環境物品交渉がNAMA（非農産品市場アクセス）にて行われているためである。しかし，ジュートなどの農産品は環境保全に資するものであるため，環境目的という観点から判断した場合，農業分野の切り離しは良策といえない。くわえて，前章でも取り上げた通り，途上国は，EPP に含まれる農産品を自由化の対象品目に含めるべきと主張していた。他方で，2004 年の農業モダリティの枠組み合意以降，存在感を増している大国の途上国であるブラジルは，DDA の交渉全体を左右する農業分野で攻勢をかけている。したがって，環境物品という一部の農産品の自由化案であったとしても，それが農業交渉全体の方向性に影響を及ぼす可能性があるため，主張を変更したと考えられる。もちろん，EC の一部の国にみられる，実現性をひとまず度外視して理想論を力強く語るという理想主義な性格と，前言にも関わらず主張を瞬時に切り替えるという現実主義的な性格の共存にも由来する現象といえよう。

　その他の国々の変更として，「自由貿易派」である米国・ニュージーランドのスタンスの修正を指摘できる。両国は，もともと，地球環境目標への同意に反発しており，特定の環境目的のために自由化を行うという立場に否定的で

4　その他では，ニュージーランドリストにも，農業分野がノミネートされていた。

あった。しかし，上記の2つの事例では，地球環境目標の1つである気候変動問題への貢献という目的を受け入れており，同目標への同意を主張していた「環境派」への歩み寄りを確認できる。ただし，両国には，ECのような具体的な主張の変更はみられず，あくまでスタンスの修正に過ぎない。貿易ルールに修正を課さない程度に，新たな役割を考慮することに同意したものと理解できる。両国のスタンスの修正は，ECと同様に，早期の成果の道筋をつけると同時に途上国に対する協調という点を考慮した結果であろう。

　以上より，「環境派」が「自由貿易派」の主張に歩み寄ったことにより，「3つ巴の対立」は解消されたのである。そして，ここに両派を包摂する「新しい自由貿易派」の形成を読み取ることができる。

　一方で，途上国の利益および配慮をめぐっては，先進国側も何ら策を講じていないわけではない。環境物品フレンズは，途上国の自由化期限を先進国よりも延期させると述べている（"JOB(07)/54"）。その他では，米国がかつて提案した「補完リスト」，または補完リストを批判した中国の「開発リスト」の採用を示唆していた（"TN/TE/W65, TN/MA/W/70"）。ただし，上記の通り，途上国は，環境物品フレンズの案の前提となっているリストアプローチに反発しているため，反応は芳しくない。

Ⅱ. 弾力的運用と非関税障壁への対応——「S&D派」の新たな提案

1. 2つの新たな提案

　「S&D派」は，前章で論じた通り，先進国主導のリストアプローチとその性質[5]に反発し，代替案である計画アプローチを提案していた。しかし先進国は，「S&D派」の提案では「自由化が望めない」などとして反対していた。

　そうした状況下で議論を進めるべくなされた，重要な提案が2点ある。第1に，ブラジルが提案した，伝統的な自由化方法案である「リクエスト・オファー方式」である（"JOB(07)/146"）[6]。周知の通り，この方式は，各加盟国

5　「one-size-fit-all」と表現されることがある。1つの共通のルールを，すべての国々に機械的に適用するという意味である。

からのリクエストに応じて，自国が関税引き下げ可能な品目を相手国にオファーするものである。この方式では，自由化に際して，環境物品の定義・分類の設定を必要としない。くわえて，伝統的手法であるため，計画アプローチと比べると実施しやすいアプローチである。

　リクエスト・オファー方式は，その性質上，途上国に次の2つの利点を提供する。第1に，国内産業の保護・育成の手段の提供である。このアプローチでは，上記の通り，①として，自由化品目案がすべての加盟国に適用されない。各国（輸入国）は裁量によって，保護・育成したい分野をオファーしなくてすむ。②として，国内の環境問題への対策費用を抑えるために必要な環境物品の調達手段の提供である。当然ながら，国内で調達不可能で，かつ一定の需要がある財のオファーは可能である。以上より，リクエスト・オファー方式は，one-size-fit-all ではなく，各国の裁量の範囲（国内の環境産業の保護・育成の余地）を残し，そして輸入利益の確保に合致する S&D の実践的な案といえる。

　ただし，先進国は，①自由化方法について，2国間ベースまたは複数国間ベースのどちらを採用するかなど論争の余地があり，調整に時間を要すること，②輸入品目の選別によっては，とくに途上国市場の開放が望みにくいこと，③貿易自由化が環境対策および環境保全につながるか疑問である点を指摘し，概して否定的である（"TN/TE/R/21"）。

　第2に，非関税障壁に関する提案である。非関税障壁の削減・撤廃も，環境物品交渉のテーマに含まれていた。しかし，さまざまな提案と議論が繰り広げられるリストアプローチにしても計画アプローチにしても，関税の削減・撤廃にもっぱら焦点をあてるものであった。そうした関税措置への対応に終始している現状に不満を示しつつ，キューバは次のような主張をしている。非関税障壁への対応が必要であり，具体的には，①関税措置に記載されている（リストアプローチでノミネートされている）財に対する非関税障壁を特定し，そして削除すること，②先進国と自ら宣言した途上国は，途上国による環境技術の普及と獲得・環境計画の実施・財の購入を円滑化させるためのソフトローン，援

　6　その他では，「バスケットアプローチ（basket approach）」を提案している。ブラジルによると，品目に関するポジティブリストである。ただし，ブラジルは，あくまでセカンドオプションと述べる。

助およびその他のインセンティブを付与すること，③環境技術の移転に貢献する方法として，環境物品に対する TRIPS 協定で定められたパテントの保護期間を短縮すること，そして生産および輸出のための免税および税の減額を途上国に提供すること（"TN/TE/W/73"），である。①の内容は，関税削減を目指すリストアプローチを補完するものである。②，③の内容に関連する提案としてペルーは，パテントシステムにおける伝統的な知識および遺伝子情報のソースと原産地の開示のために，TRIPS 協定の修正の必要性を訴えている（"TN/E/R/21"）。上記のペルーの主張は，生物多様性条約との関係性のなかで争点となっている問題でもある。環境物品交渉にも関連性があるため，TRIPS 協定に内在する問題の 1 つとして把握できる。

　キューバは非関税障壁への対応策として上記の提案をしたわけだが，その内容は網羅的であり，すべてが果たして非関税障壁の対応策として妥当かどうか疑問に感じる点もある。すべての事項を検討することは本章の手に余り，また分析内容の拡散が懸念される。そこで，論点を絞りたい。まず，キューバの主張の核になるものの 1 つに，「環境技術の普及」を指摘できる。援助や協力の必要性という主張は，WTO の枠内での実施の有無はひとまず置けば，その通りであると思われる。続いて，TRIPS 協定のパテント期間の見直し（ペルーも修正の必要性を指摘していた）に関しては，新たな論点を提示するものである。以上の点は，その性格上，先進国との立場の違いを強調し，途上国への優遇を求める政策である。したがって，「S&D 派」の主張として位置づけられる。

　ただし，これらの提案は，非関税障壁への対応を口実とした，自国の利益を主張するための方便とも解釈できなくもない。その妥当性と経済合理性はどこにあるのであろうか。以下では，このキューバの提案の妥当性と経済合理性を検討する[7]。確認のために，上記で指摘したポイントを総合して，検討すべき

7　環境技術に関する提案は，キューバ以外にも，中国およびインド（"TN/TE/W/79"），そしてアルゼンチンおよびブラジル（"TN/TE/W/76"）などが，2008 年以降にそれぞれ行っている。関連するため言及しておこう。その内容は，環境技術の移転およびそのための資金援助の必要性の訴えである。また中国およびインドもキューバと同様に，知的所有権のあり方について一部言及がある。ただし，これらの提案は，①キューバの提案と異なり，非関税障壁への対応という新たな視点がない。②「発展」目的を論拠にして，途上国のニーズを全面的に主張するという性質をもった↗

キューバの議論の骨子を次のように整理しておく。環境技術の普及促進を阻害するものを非関税障壁[8]ととらえ，技術援助・協力を実施するために，TRIPS協定の弾力的運用・修正を求める提案である。

2. 非関税障壁と TRIPS 協定

　まず，用語の確認をしておきたい。非関税障壁（non-tariff barriers）とは，一般的に，関税以外の貿易障壁をさす。輸出補助金などの政策を含むが，これらを「障壁」という名称で呼ぶのはやや不適切と判断されるかもしれない。その点に配慮した名称として，非関税措置（non-tariff measures）という呼び方もあるが，本書では，（該当する政策も含めた）関税以外の貿易障壁を非関税障壁と呼ぶことにする[9]。

　非関税障壁の作用および判断基準について確認しておこう。非関税障壁は，当然ながら負の作用をもつものである。一般的には，経済厚生の悪化や貿易費用の上昇をもたらすものと考えられる。ただし，TRIPS 協定が，新規の発明の奨励を意図するものであるため，静学的な分析概念はなじみにくい。また，TRIPS 協定が貿易費用の上昇の緩和あるいは費用を引き下げるわけではない。そこで上記の 2 つの判断基準を採用しない，多機関支援チーム（Multi-Agency Support Team：MAST）の内容に注目したい。MAST とは，UNCTAD と非関税措置に関する分析を扱うさまざまな組織に属する専門家によって構成された組織である。後述する非関税障壁に関する定義とともに，近年，その成果は代表的な見解となっている。MAST によると，非関税措置（非関税障壁）とは「取引量または取引価格あるいはその双方の変化を通じて，財の国際貿易に経済的な影響を潜在的に及ぼす可能性をもつ関税以外の政策措置」（UNCTAD [2010] p. xvi）である。非関税障壁が極めて広範なものであることもあり，措置それ自体がもつ作用だけでなく，その潜在的な影響にまで焦点を広げた内容となっている。優れた見解であるものの，問題なしとはできない。潜在的な影

　　＼め，政策の実現性に疑問なしとはいえない。以上の 2 点を考慮して，本書では，キューバの主張
　　に注目する。
　8　非関税障壁に関するその他の論点としては，環境物品の基準に関する提案などがある（本書の第
　　5 章で取り上げる）。
　9　同様の措置は，Deardorff and Stern [1997] などにおいてもみられる。

響まで考慮にいれるのであれば，その対象は経済的なものには限定されない。現状の複雑な WTO ルールを考慮すれば，非経済的な影響も含めなければならない。

　続いて，非関税障壁の分類について検討する。TRIPS 協定の解釈についてさまざまな見方があるが，大別すると次の 2 点になる[10]。第 1 に，知的所有権の保護それ自体を非関税障壁とする考え方である。たとえば，Deardorff and Stern［1997］は，「貿易，制限的措置およびその他の政策への政府の関与」の一項目である「政府資金による R&D と他の技術政策」の一例として，知的所有権の保護を取り上げている。このような解釈は，GATT/WTO 体制の一般的な理解からすれば自然であり，経済的目的のために市場原理の追求を阻害するものととらえている。しかし，記述の通り，TRIPS 協定を内包した WTO ルールの状況を考慮すれば，正当性の低い解釈といえる。第 2 に，知的所有権の保護の侵害を非関税障壁と認定する考え方である。その代表例は，MAST による分類である。MAST では，「トレードマークを侵害した衣服が，真正商品よりもよい安い価格で販売される状況」を例として取り上げ，その内容を説明している。つまり，知的所有権の侵害を防ぐことを企図した内容になっている。貿易歪曲を生じさせる作用を問題視しているわけではない。同様に，WTO が作成した報告資料（Kulaçoğlu［2010］）においても，知的所有権の保護の欠如を非関税障壁の一例として取り上げている。この解釈は，経済的目的のために，市場による資源配分を規制するという市場のルールの発展にもとづいたものといえる。

　以上の内容を整理しよう。WTO 体制が発足して以降，非関税障壁とは，貿易歪曲の有無によって判断されるものではなく，その顕在的および潜在的な経済的・非経済的影響が WTO ルールと整合的であるかどうかによって判断されるのである[11]。この解釈を採用すれば，非関税障壁への対応策として提案す

　10　知的所有権の保護に関する規定は，すべての分類で扱われているわけではない。なお，Carrere and de Melom［2009］は非関税障壁の分類に詳しい。

　11　具体的な解釈には相違があるものの，同様の趣旨の解釈は，WTO and IDE-JETRO［2011］に見出せられる。WTO and IDE-JETRO［2011］では「（表 1 の紛争処理に関する統計は）非関税措置あるいはその他の貿易手段そのものの合法性よりも，これらの貿易手段が WTO ルールにしたがっているかどうかという問題にかかわる」（p. 43。なお，括弧は筆者による）と述べている。

ることの妥当性（＝TRIPS 協定の弾力的運用の是非）は，「TRIPS 協定の規定に適うかどうか」に依存することになる。

3. TRIPS 協定の規定

TRIPS 協定の規定を，まず確認しよう。TRIPS 協定では，「特許が新規性，進歩性及び産業上の利用可能性のあるすべての技術分野の発明に与えられる」（TRIPS 第 27 条）とある。特許の対象は財でもサービスでもなく，技術である。したがって当然ながら，環境技術も適用対象となる。ただし，TRIPS 協定第 27 条（2）には，「加盟国は，公の秩序又は善良の風俗を守ること（人，動物若しくは植物の生命若しくは健康を保護し又は環境に対する重大な損害を回避することを含む。）を目的として，商業的な実施を自国の領域内において防止する必要がある発明を特許の対象から除外することができる」とある。「環境に対する重大な損害を回避」という文言があり，非経済的目的である環境への配慮を読み取れる[12]。このような規定を利用するためには，「S&D 派」の提案を，「医療品アクセス」と同様に，非経済的目的のために市場ルールの発展を志向するものと把握することが肝要となる。また上記の通り，そのような解釈は可能である。

さて具体的な適用方法は，第 1 に，TRIPS 協定第 30 条の「与えられる権利の例外」という規定を利用して，環境技術を TRIPS 協定の例外としてしまう方法，あるいは第 2 に，TRIPS 協定の第 31 条の「特許権者の許諾を得ていない他の使用」などが考えられる。

1 つ目の方法は，環境技術に特許権を与えるものの，例外的に第三者の使用を認めるというものである。2 つ目の方法は，強制実施権に関するものである。強制実施権とは，一定の条件下で特許を使用する権利を第三者に認めることができるというものである。ただし，医療品アクセスでも問題となったが，強制実施権の使用は，TRIPS 協定 31 条（f）（「主として当該他の使用を許諾する加盟国の国内市場への供給のために許諾される」）にあるように，主として国内市場の供給に限定される。したがって，生産能力が不十分あるいは無い

---

12 尾島［1999］によれば，1991 年の交渉終盤にかけて，環境問題への関心の高まりを反映して追加されたものである。

加盟国への措置が争点となる。解釈の仕方によっては，生産能力のある加盟国が他の生産能力が不十分あるいは無い加盟国への輸出を許容することもある程度可能かもしれない。一方で，生産能力が不十分あるいは無い加盟国への技術協力および技術移転を促進するという方法もある。「S&D 派」も，環境技術の普及に関する援助などの措置に言及しており，技術協力などの必要性を示唆するものとなっていた。

　続いて，技術協力などに関する規定を確認しておく。TRIPS 協定には，知的財産権を保護する一方で，先進国に対して技術協力および技術移転に関する義務規定がある。まず，TRIPS 協定第 66 条（2）によると，「先進加盟国は，後発開発途上加盟国が健全かつ存立可能な技術的基礎を創設することができるように技術の移転を促進し及び奨励するため，先進加盟国の領域内の企業及び機関に奨励措置を提供する」とある。また，TRIPS 協定第 67 条によると，「この協定の実施を促進するため，先進加盟国は，開発途上加盟国及び後発開発途上加盟国のために，要請に応じ，かつ，相互に合意した条件により，技術協力及び資金協力を提供する。その協力には，知的所有権の保護及び行使並びにその濫用の防止に関する法令の準備についての支援並びにこれらの事項に関連する国内の事務所及び機関の設立又は強化についての支援（人材の養成を含む。）を含む」とある。TRIPS 協定が採択されて以降，第 66 条（2）は注目を集めることがなかったが，2003 年 2 月の TRIPS 理事会では，技術移転奨励措置義務の実施に関する決定がなされた。この決定により，日・米・欧などの先進国は，この義務の履行に関する取り組みを TRIPS 理事会に報告している[13]。

4.「S&D 派」の主張の妥当性および経済合理性と留意点

　以上より，「S&D 派」の提案は，TRIPS 協定の内容に合致するものであるといえる。つまり，①環境への配慮のため，環境技術に関する規定を弾力的に運用することと，②途上国への環境技術の普及のために各種の措置を講ずることは，TRIPS 協定と整合的である。したがって，非関税障壁への対応策という観点からの提案は妥当といえる。また，これらの提案は，複雑な WTO

13　日・米・欧の取り組みについては，たとえば，国際知財制度研究会［2012］の第 2 章のⅣを参照されたい。

ルールに本来的に備わる「ボックス4」の機能を顕在化させようとするものである。1グループの個別の利害を超えて，WTOルールの機能の強化につながる提案内容であるところに，その経済合理性がある。

ただし，具体的な成果につなげていくには，解決あるいは当座の対応が求められるさまざまな留意点がある。今後の課題も踏まえつつ，医療品アクセスと比較しながら考えてみたい。

第1に，TRIPS協定のどの規約を用いるのかという点である。まず，TRIPS協定第66条（2）では，技術移転および技術協力の対象になる国は，LDC（後発開発途上国）諸国に限定されると解釈できるが，TRIPS協定第67条では，LDCを含めた途上国全般と解釈できる。運用面で大きな開きが出てきてしまう。現実的な対応は，TRIPS協定第66条（2）の活用であろう。ただし，「S&D派」の主張が想定するものは，LDCに限定されない広範な国々への対応である。

第2に，技術移転および技術協力の中身の曖昧さである。1点目として，TRIPS協定の内容に曖昧さがある。TRIPS協定の技術移転が何を意味するのか，その内容は明確ではない。財の移転をもって，技術移転が生じたと解釈することも可能である。もっとも，そのような市場を通じた移転は，関税の削減・撤廃を通して促進される。ただし，「S&D派」の主眼は，非関税障壁の対応であり，かつ市場メカニズムに拠らないものであった。2点目として，提案国の内容にも曖昧さがある。キューバの主張には，生産技術に関連するものだけでなく，財の購入の支援策も含まれていたため，消費に関連する技術も対象にしていると考えられる。消費に関する技術となった場合，その範囲は広範なものを含む可能性がある。この点は，消費の仕方が明確でかつ一様であった医療品とは異なる。環境技術の内容如何に拠っては，TRIPS協定にもとづく技術協力の内容も異なってくると考えられる。また実際の運用の段階になれば，生産技術の普及がとくに要請される可能性が高い。

ただし途上国による環境物品の生産開始によって，環境技術の普及がどれだけ促進されるかは定かでない。医療品の分野では，パテント代が消滅することで，医療品の価格が下がった。ただし，環境技術の分野では，Barton［2007］が主張する通り，環境技術＝新規の技術であるとは限らない[14]。もちろん今

後，技術革新が生じ，その分野ではパテントによる価格上昇が普及を阻害させる作用をもつ場合もある。ただし，たとえ特許によって保護されていたとしても，激しい競争が起きれば，価格はやがて低下することになる。その一方で，生産技術に関しては，TRIPS 協定が存在することで，ライセンスなどの形態で技術移転が促進されるという見解も存在する[15]。より詳細な影響や効果を検討するには，曖昧である環境技術の内容の明確化が必要である。

Ⅲ．ガバナンスボックスの再考と変化する構図・性質

1．ガバナンスボックスの再考

　本節は，前節までの分析材料を踏まえて，ガバナンスボックスを活用して環境物品交渉の構図とその性質について検討する。なお，進展した交渉状況をより適切に反映させるために，新たな工夫を 1 点したい。それは，ガバナンスボックスに，第 3 の軸を付け加えることである（図 3-1 を参照）。

　原点には WTO ルールを維持・強化する提案を，右側には新しい一般的なルールの設定の可能性をもつ提案を，そして左側には新しい例外的なルールの設定の可能性をもつ提案を，それぞれ配置する。新しい一般的なルールの設定は，既存の WTO ルールに対峙する原理をもち込む可能性がある。右側の軸のメモリは対峙する可能性の程度を示す。一方で，例外的なルールの設定は，多元的な目的やケースの考慮を可能にするものであり，WTO ルールの適用範囲を広げるものである。左側の軸のメモリは適用可能性の程度を示す。もちろん，主観的な要素を含むものを客観的に示そうとしているため，両メモリともに不完全さを一部にともなうものであることを留意いただきたい。

14　一例は，ジュートや麻の織物などの EPP や，温度計やマスクなどの環境被害に対処（計測）する財（いわゆる従来型の環境対策品）である。

15　石田［2011］は，TRIPS 協定が貧困層の立場からすると食料保障や公衆衛生を壊すものであるとの批判を考慮しても，ライセンスなどの形態で先進国からの移転を拡大させるものであるとして，その意義を説明している。

図 3-1：再考したガバナンスボックス

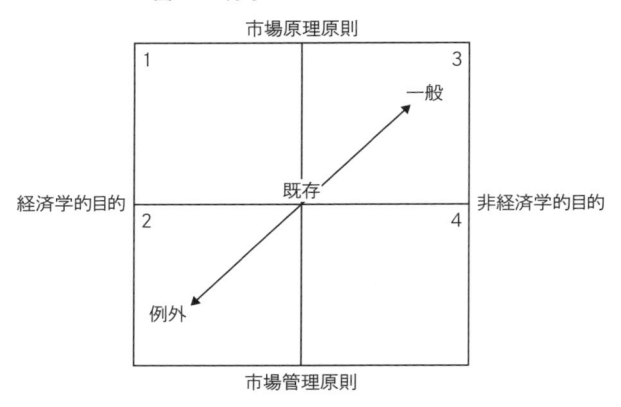

(注) 各ボックスの数字は，ボックスの番号を示している。
(出所) 筆者作成。

2. 交渉の構図とその性質

　まず基点として，「3 つ巴の対立」時の構図を再考したガバナンスボックスに配置してみよう（図 3-2 を参照）。「自由貿易派」は，WTO ルールに新たな役割を付加する意図はなく，ただ単に自由化を進めることに主目的があった。「環境派」は，貿易ルールの変革を通じて WTO ルールに新しい役割を付与

図 3-2：環境物品交渉における「3 つ巴の対立」の再配置

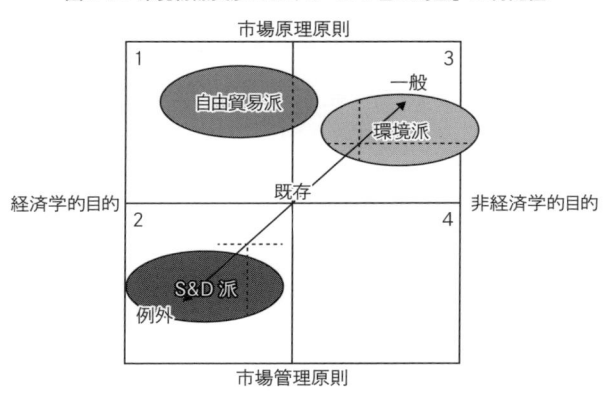

(出所) 筆者作成。

図 3-3：環境物品交渉の新構図

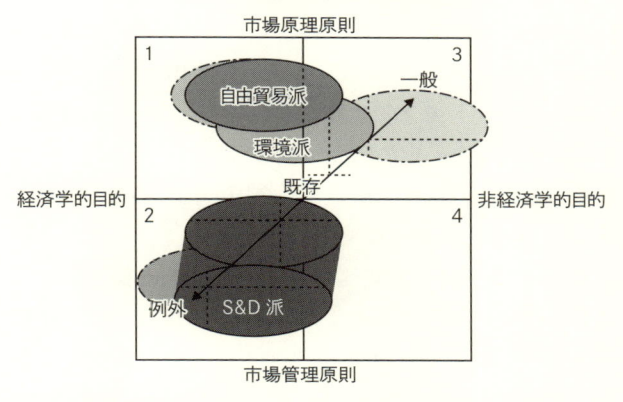

（注）点線で描かれた楕円は，以前の各派の位置を示している。
（出所）筆者作成。

し，既存のルールに対峙する原理をもち込む可能性を秘める案を提示してい
た。「S&D 派」は，一般的なルールの適用に反対し，例外的な運用を求めてい
た。追加した第3軸に注目すると，各派の主張はすべて異なる立場にあった。

　本章の分析の結果から，新しい交渉の構図は，図 3-3 のように表わせる。こ
の図から，現状の交渉の特徴に関して次の3点を指摘できる。第1に，各派の
主張の接近である。つまり，「環境派」および「S&D 派」はともに，「持続性」
規範や「同感性」規範を依然として主軸とするものの「効率性」規範に相対的
に収斂しており，ボックス1に接近している。とりわけ，「自由貿易派」およ
び「環境派」はともに，市場原理原則を手段とすることで一致しており，主目
的は異なるものの手段に争点はない。「新しい自由貿易派」は，この両派を包
括するものとして位置づけられる（なお図が複雑になるため，記載は省略して
いる）。一方，「S&D 派」は，S&D の実践に固執しているため，引き続きボッ
クス2に主として位置づけられる。しかし，リクエスト・オファー方式の提案
によって，市場原理原則の活用を見出しており，その意味では以前と異なり，
ボックス1に幾分かかった位置に配置できる。ただし，「S&D 派」は，非関税
障壁への対応策というボックス4の機能を顕在化させる提案もしていたため，
ボックス4にも配置できる。このように，「S&D 派」の提案には幅があり，円

柱状の長さは「S&D派」の多様性を示している。

　第2に，交渉の構図の回帰である。各派の主張は接近しているものの，交渉の争点は依然として存在する。それは，「新しい自由貿易派」と「S&D派」で繰り広げられる，コミットメントをめぐる対立である。自由貿易および環境問題への取り組みに関して，一定の配慮はするもののルールの一般的な運用および適用を目指す「新しい自由貿易派」と，自国の裁量の確保を含めた例外的なルールの運用および適用を求める「S&D派」の対立である。その様相は，南北対立というGATT体制時の論戦への回帰を想起させる[16]。

　第3に，交渉の性質の変容である。既述の通り，「新しい自由貿易派」の形成により，貿易ルールの変革を通じてWTOルールに新たな役割や原理を追加することになるかもしれない論点は後退した（あるいは影響力を減じた）。しかしその一方で，「新しい自由貿易派」の提案，そして「S&D派」の非関税障壁をめぐる新たな提案によって，環境物品交渉それ自体の新しい意義が明確になった。それは，環境技術の普及の促進である。関税削減・撤廃による財の普及によって追求すべき現象であり，また非関税障壁の対応によっても追求すべき現象である。そうした対応は，経済的目的とともに非経済的目的の達成のために，WTOルールの抜本的な変更をたとえともなわなかったとしても，WTOルールを重層的に活用することで実現されると考えられる。環境技術の普及の促進こそが，環境物品交渉の目的（win-win-win）を達成するための源といえよう。つまり，環境技術の普及は，自由貿易と環境保全をつなげるものであり，また発展に適宜貢献するものである。ただし，環境技術の内容に関しては曖昧さがあり，したがって学問的知見が必要とされている。

Ⅳ．小括

　第3章では，交渉の「推進期」である，2007年から2008年までの期間を分析した。分析の結果，①「自由貿易派」と「環境派」の歩み寄りによる「新し

16　南北問題については，吾郷［2003］が詳しい。吾郷［2003］は，南北問題の本質を，途上国の「特別（で異なる）待遇」の獲得をめぐる，先進国と途上国の戦いであるとする。

い自由貿易派」の形成と，②「S&D 派」によるさまざまな提案内容を確認し，交渉の構図が「3 つ巴の対立」から「南北対立」に変化したことを明らかにした。この事実は，「環境派」による貿易ルールに修正を課す論点の後退を意味し，交渉の性質の変質が確認される。と同時に，「新しい自由貿易派」と「S&D 派」とともに，WB リストの自由化や非関税障壁への対応などに見られる通り，環境技術をキーワードとした提案がなされていた。期待される環境効果を実現するためにも，そして両派の合意を引き出すためにも（その落とし所を模索するためにも），環境技術それ自体およびその普及に関する学問的知見が必要とされるのである。

補論　フレンズリストと WB リストの比較

　補論として，フレンズリストと WB リストの内容を検討したい。WB リストには，従来にない特徴がある。それは，カテゴリー（およびサブカテゴリー）が設けられていない点である。WB リストは，品目全体が気候変動問題に資するものという位置付けである。一方，フレンズリストは従来の形式を踏襲しており，カテゴリーが設けられている。また，ex-out アプローチも採用されている。しかし WB リストには，ex-out アプローチは採用されていない。

　付表 3-1 は，両リストの内容を比較している。前章と同じく，OECD のカテゴリーを利用している。ただし，WB リストには，上記の通り，カテゴリーがない。カテゴリーを用いた整理も，そろそろ限界といえよう。次善の策として，HS コードに注目し，フレンズリストと同じコードが割り当てられているカテゴリーの数を集計して作成した。

　前章で検討した他の品目リストと同様に，フレンズリストは「汚染管理」の対象品目が多いものの，「クリーナー（技術および製品）」の対象品目も相対的に多い。WB リストに関しては一目瞭然であるが，再生可能なエネルギープラント（REP）が突出して高くなっている。そして EPP-e は含まれていない。

付表 3-1：フレンズリストと WB リストの内容比較（％）

		フレンズ	WB
汚染管理	APC	8.5	7.0
	WWM	19.0	7.0
	SWM	15.7	14.0
	R/C	2.6	0.0
	N/V	2.6	0.0
	M/A	19.0	4.7
クリーナー	CT/P	2.6	7.0
	EPP-e	3.9	0.0
資源管理	REP	18.3	55.8
	H/E	3.9	4.7
	WS	0.0	0.0
	NRM	2.0	0.0
	OPS	0.0	0.0
	その他	2.0	0.0
	ex	63.4	0.0

（注）APC＝大気汚染制御，WWM＝排水管理，SWM＝固形廃棄物管
　　理，R/C＝改善および洗浄，N/V＝騒音および振動の軽減，M/A＝
　　環境モニタリング，分析および査定，CT/P＝クリーナー技術およ
　　び製品，EPP-e＝最終用途目的または処分性にもとづく EPP，
　　REP＝再生可能なエネルギープラント，H/E＝熱/エネルギー節減お
　　よび管理，WS＝水の供給，NRM＝自然リスク管理，ORS＝その他
　　の再生可能なシステム，をそれぞれ表している。なお，同一のカテ
　　ゴリーがないものは類似の内容のものに振り分けている。具体的に
　　は，フレンズリストの「固形/有害廃棄物とリサイクルシステム
　　（MSH and RW）」は SWM に，「土壌および水の浄化あるいは改善
　　（CRSW）」は R/C に，「熱およびエネルギー管理（HEM）」は H/E
　　に，「排水管理と飲料水処理（WWM and PWT）」は WWM に，「ク
　　リーナーあるいは資源効率的な技術および製品（CMRET）」は
　　CT/T に，「騒音および振動の軽減（NVA）」は N/A に，「環境モニ
　　タリング，分析およびアセスメント機器（EMA&AE）」は M/A
　　に，そして「自然資源保護（NRP）」はその他に，それぞれ振り分
　　けた。WB リストに関しては，カテゴリーがないため，HS コード
　　に注目しフレンズリストと同じコードが割り当てられているカテゴ
　　リーの数を集計した。

（出所）World Bank［2008］，"JOB(07)/54" より作成。

第4章

環境物品交渉の分析 [3]

——APEC 合意とその意義

　本章は，改めて自由化の舞台となった APEC に焦点をあて，その成果物を中心に分析する[1]。もちろん 2009 年以降も，WTO 交渉は細々とではあるがなされている。APEC の成果物とともに，それらの内容も取り上げる。

　まず APEC の取り組みの推移を，確認しておきたい。EVSL が失敗して以降，環境物品の自由化への取り組みは，進展していなかった。変化の兆しが現れたのは，2007 年である。同年 9 月のシドニー首脳宣言に行動アジェンダの 1つとして，次回の首脳会議で「環境物品およびサービスの自由化に関する検討および議論することに合意する」ことが，明記された。そして翌年に約束通り検討が行われ，「EGS（環境物品およびサービス）作業プログラムに関する枠組み」が承認される。これは作業を前進させるための枠組みである。カナダ，ニュージーランドおよび米国は，この「枠組み」にもとづき，協力してワークショップを開催するなどして，EGS の規制措置に関する情報交換・対話をしていった（APEC PSU ［2010］）。さらに，2009 年 11 月のシンガポール首脳宣言に，「EGS 作業計画を発展・実施する」ことが明記された。数年前からの予備的な検討を経て，既存の障壁削減に向けた具体的な協議が，ここに開始されたのである。

　協議は，周知の通り，2 つの重要な成果をあげた。第 1 に，2011 月 11 月のホノルル首脳会議において，「2015 年末までに環境物品の対象品目の実行関税率を 5％以下に削減すること」が妥結された。第 2 に，翌年 2012 月 9 月のロ

1　APEC の貿易自由化の歩みとその変遷については，作山［2015］が詳しい。

シアのウラジオストク首脳会議において，「その対象品目である54品目の特定化」が妥結された。本書では，このリストを「第2のAPECリスト（以下，A2リスト）」と呼ぶことにする[2]。このようにAPECでは，WTO交渉で困難を極めた，自由化および特定化に成功したのである。本書は，この2つの妥結を総称して，「APEC合意」と呼ぶ。

　改めて本章の目的を示すと，APEC合意の意義と内容を分析し，そして残された課題について検討することである[3]。

I．APEC合意の意義

　APEC合意の意義の検討からはじめよう。

　その意義は，次の3点に要約できる。第1に，環境物品貿易の重要性および有用性を示し，交渉推進のきっかけを提供した点である。事実，合意が発表されて以降，多くのマスコミが環境物品貿易について取り上げ，関連する論文およびレポートが発表された。世間の関心の高まりは自由化の意義を広く知らしめ，学術成果の充実は自由化推進のための知見を蓄積するものになろう。そして2014年7月，APEC合意の実現に向けた「複数国間（プルリ）協定」の策定を目指して，環境物品協定（Environmental Goods Agreement：EGA）交渉が開始された。APEC合意は，WTO交渉では難航を極め，消えかけようとしていた自由化の灯火を未来に繋げる役割を果たしたのである。

　第2に，環境物品貿易を広い文脈に位置づけ，その意義を複数のエコノミーで認識・共有できた点である。APECでの協議は，当初，WTO交渉の補完を目的としていた。しかし，2008年に採用された上述のEGS作業プログラム

　2　Vossenaar［2013］は，このリストを「多くの国々が関与して合意された，最初の環境物品の自由化リストである」（p. viii）と述べる。しかし，厳密にいえば，この見解は不正確である。なぜなら，1997年から進められたAPECのEVSL（早期自主的分野別自由化）協議の結果，A1リスト（クアンタンリスト）作成されていたためである。A2リストの意義は，A1リストとの比較検討を通じて，より説得的に論じられる。

　3　なお本章では，前章までで用いたガバナンスボックスを使用しない。ガバナンスボックスは，WTOの原理原則の全体像を示すものであった。

で，「APEC 域内の EGS セクターの発展の支持」と「分断されていた EGS に関連するプロジェクトの結合」が提議され，以下のような包括的な性質をより明確化した。

　具体的には次の 4 点である。① APEC では，環境サービスを含めて議論がなされている。WTO 交渉では，別々の枠組みでなされていた。②自由化目的の扱いについてである。WTO 交渉では，win-win が発展し win-win-win となっていた。しかし APEC では，貿易は「目的」ではなく「手段」と認識され，「目的」は「クリーンな持続的発展（clean and sustainable development）」とされた。WTO の掲げる目的と同じ要素を扱っているものの，「自由」を他の目的と同格かそれ以上に扱う WTO に対して，APEC ではそうなっていない。「自由」の扱いの違いは，組織体の役割の違いに関連しているといえる。WTO と異なり，APEC の役割は「自由化推進に関連するあらゆる分野での経済協力を推進すること」（岡本［2001］p. 25）である。自由貿易だけに固執しているわけではない。③（②と関連するが）貿易に留まらず，投資という手段の役割に焦点をあてた点である。このような考え方の背景には，上述した APEC の役割以外にも，投資の円滑化は貿易拡大につながるという認識がある[4]。たとえば，日本およびオーストリアは，関税および非関税障壁にくわえて，投資に関する規制も貿易拡大の阻害要因として指摘している（APEC［2009a］）。しかし WTO 交渉では，投資に関する議論は俎上に上ぼっていなかった。さらに④として，包括した体系的な議論である点である。図 4-1 にあるように，APEC では，アジア域内に環境物品に関する生産連鎖がすでに出来上がっているという認識の下，EGS セクターを，「R&D」，「供給（Supply）」，「貿易（Trade）」，「需要（Demand）」の 4 つの局面から総合的に把握している。貿易自由化に関する議論は，［貿易］の局面だけに焦点をあてるものであり，貿易拡大はあくまで EGS セクターの発展とともに実現される。また，技術移転・トレーニングプログラム・公的教育などの措置が，EGS セクターの発展促進のために考慮されている。これらは，当然ながら，途上エコ

　4　本書の序章でも取り上げた通り，「投資と環境」の分野には多くの研究蓄積がある。また，環境に優しい貿易と投資の関連性については，Neumayer［2001］や日野［2008］によって指摘されていた。

図 4-1：EGS フレームワークに関する成功の循環

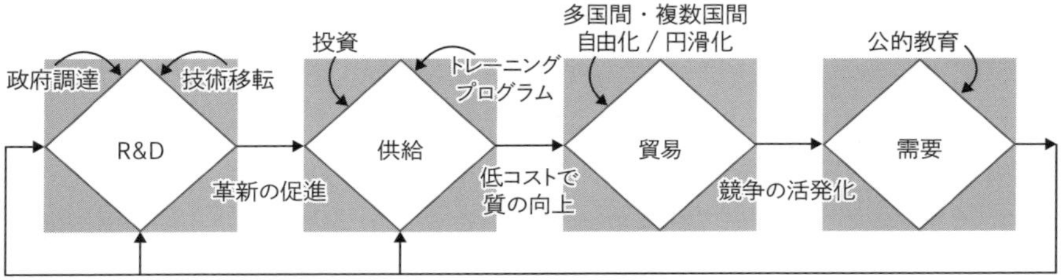

（出所）APEC ［2009b］。

ノミーへのキャパシティビルディングでもある。WTO 交渉においても「共通だが差異のある責任」を論拠として，キャパシティビルディングや技術移転に関する提案がなされていたが，APEC での審議や取り組みは，より活発といえる。

第3として，既述の通り，環境物品の自由化と特定化に妥結したことである。次節で，その内容を詳しく検討したい。

Ⅱ．合意内容の検討

1．A2 リストの検討

（1）従来の提案内容の整理

従来までの品目リスト作成方法および対象の特定化に関する論点を整理することは，A2 リストの内容を検討する際に，有益な視座を提供してくれる。検討の前準備として，整理しておきたい。

提案された内容は，前章までで取り上げた通り，3つのアプローチ（「概念的アプローチ」，「リストアプローチ」そして「計画アプローチ」）にもとづいていた。しかし，「新しい自由貿易派」と「S&D 派」の対立は激しく，交渉停滞の一因となっていた。

このような対立を解消すべく，第4のアプローチが，複数の先進国と途上国の共同で提案されている。それは，①「ハイブリッドアプローチ（hybrid approach)」と②「コンバインアプローチ（combined approach）」である。ハイブリッドアプローチの提案国は，オーストラリア，コロンビア，香港，ノルウェー，シンガポールの5カ国である。これは(1)コアリスト，(2)補完リスト，(3)リクエスト・オファー方式，(4)環境計画の4つのリストを作り，自由化を目指す案である（"JOB/TE/3/Rev. 1"）。米国案の「コアリスト・補完リスト方式」と「S&D派」の「計画アプローチ」を下敷きにしていることは，一目瞭然である。ただし，ここでのコアリストの具体的な中身は，米国案のそれではない。「基準領域（the reference universe）」と呼ばれる，「コンバインリスト（combined list）」[5]から選出された品目をさす。提案国は議論の出発点となるように，一例として26の品目を選出している。一方，コンバインアプローチの提案国は，メキシコ，チリである，SVEs（Small, Vulnerable Economies：貿易の取引量が少ない国々）である（"JOB/TE/16 and Corr. 1"，"JOB/TE/18"）。特定化の方法は，先進国と途上国が「基準領域」から自由化品目を自ら選ぶというものである。ただし，先進国の最小のタリフライン数が途上国の最小のタリフライン数を超えなければならないという条件が課されている。さらに，加盟国から選ばれなかった製品へのコミットメントは，自発的なリクエスト・オファー方式で対応することができる。

　第4のアプローチは，従来の交渉の論点を可能な限り網羅しており，主要国の主張および意図を最大限に考慮したものである。いわば，「新しい自由貿易派」と「S&D派」の折衷案といえる。対立をほぐし，交渉を前進させたい提案国の姿勢を読み取れる。しかし，交渉をリードする米国，EC，インドおよびブラジルといった国々は直接関与しておらず，対立を解消するには至っていない。

　さて，以上の案も踏まえると，10年を超える交渉のなかで，以下の通り，15の品目リストが提出されている。前章までで取り上げたリストが11[6]ある

5　「コンバインリスト（「環境物品の編集物［compilation of EGs］」とも呼ばれる）」とは，既存のリストをまとめたリストの1つである。同様のリストはもう1つあり，それは「編集リスト（compiled list）」である（"TN/TE/W/63"）。初期に提出された9カ国（カナダ，EC，日本，韓国，ニュージーランド，カタール，スイス，台湾，米国）の品目リストを編集したものである。そして，「コンバインリスト」（"TN/TE/20"）は，「編集リスト」がカバーしていない，その他の加盟国の品目リストで構成される。

が，さらにその後，⑫サウジアラビアリスト（"JOB(09)/169"），⑬「第2の日本リスト」（"TN/TE/W/75"，"TN/TE/W/75Add. 1"，"TN/TE/W/75/Add. 2"），⑭フィリピンリスト（"JOB/TE/2"），⑮第2のカタールリスト（"JOB/TE/4"），⑯シンガポールリスト（"JOB/TE/5"）が提出されている。そして，WTO 交渉の枠外でも，OECD リスト，A1 リストそして WB リスト以外にも，EPP を収録した UNCTAD リスト，ESCAP（国連アジア太平洋社会委員会，United Nations Economic and Social Commission for Asia and the Pacific）リスト，そして本章で取り上げている A2 リストなどが作成・提案されている[7]。

　新規のリストでかつ注目に値するものに関して，説明を加えておこう。まず，「第2の日本リスト（以下，J リストと表記する）」についてである。これは，本書の第2章でも取り上げた，いわゆる「日本リスト」（"TN/MA/W/15, TN/TE/W/17"）とは別ものであり，気候変動問題への貢献を目指し，「省エネ機器（家電）」をノミネートしたものである。これらの品目は日本の輸出関心産品でもあり，日本の環境技術が体化されている。そして，ESCAP リストは，「気候変動対応物品および技術（climate-smart goods and technology）」を対象としたものである。環境に優しい財にくわえて，①環境に負の影響をもたないもの，②環境問題の解決に役立つもので構成される（Ratnayaka et al. [2011]）。

　このように数多くの提案がなされているが，リスト作成に関する技術的な問題点の多くは解消されていない。問題点の第1は，定義/判断基準の作成の回避である。第2は，二重の使用目的への対応である。第3に，ex-out アプローチをめぐる問題である。HS6 桁以下については国際基準がないため，ex

---

6　具体的には，次の通りである。①日本リスト，②カタールリスト，③台湾リスト，④ EC リスト，⑤韓国リスト，⑥ニュージーランドリスト，⑦カナダリスト，⑧米国リスト，⑨スイスリスト，⑩フレンズリスト，そして⑪米国と EC が提案した WB リスト，である。

7　それ以外では，いわゆる ICSDT リストがある（中身について，Vossenaar and Jha [2011]，Wind [2008] を参照されたい）。作成主体は，ICTSD，オランダ，インドと中国である。対象は，「気候適応対応技術および関連財（climate-mitigation technologies and associated goods）」である。具体的には，①再生可能エネルギー（renewable energy），②居住用および商業用ビル（commercial and residential buildings），③輸送（transport）の3つのセクターで構成される。ただし，① HS コードが割り当てられているセクターは再生可能エネルギーのみであり，②完成財よりもむしろコンポーネントの特定化に傾斜しており，③1つのコンポーネントに複数の HS コードが割り当てられている。したがって，完成されたリストとしては扱いづらい（LaFleur [2011]）。

と明記するのみだった。ただし，ex-out アプローチに関しては，後述の通り，制度設計に関する議論の低調さをよそに，現場の対応のなかで解決策が示されつつある。

　定義/判断基準の問題が取り扱われないなかで，品目のノミネートの根拠は，次の２つの方法で担保されてきた。第１に，環境問題群への接近である。具体的には，環境効果の相違にもとづいてカテゴリー（およびサブカテゴリー）を設定するものである。OECD リストや A1 リストなどの多くのリストで採用されている方法である。第２に，個別具体的な環境問題への接近である。具体的には，「気候変動問題への対応」を念頭に置いたものである。WB リストがこの方法を採用して以降，Ｊリストや ESCAP リストなどでも採用されている。

(2) A2 リストの内容について

　次に，A2 リストの品目の判断基準について，確認したい。

　米国による，マレーシア・メキシコ・チリ・ベトナムとの共同提案の内容（APEC［2012a］）にはリスト案作成に際して，定義には触れないことが明記されている。リストアプローチと同様に，依然として，審議は回避されている。また，カテゴリー（およびサブカテゴリー）も設けられていない。品目の根拠は，各品目がもたらす個別具体的な環境便益をそれぞれに説明することで明確化している。この方式は，「環境問題群への接近」ではなく，「個別具体的な環境問題への接近」に近い。そしてこの説明は，用途の限定にも役立っている。しかし，その内容は，従来の「カテゴリー（およびサブカテゴリー）」を越えるものではとくにない[8]。品目の特定化は，他のリストと同様に，HS6 桁分類の利用と ex-out アプローチが採用されている。二重の使用目的についても，A2 リストには特段の措置は講じられていない[9]。HS は，2002，2007，2012 を利用し，該当する番号がそれぞれ割り当てられている。

　表 4-1 は，A2 リストの構成内容を把握するために，簡易的な方法である

8　Vossenaar［2013］は多少恣意的であると断りをしたうえで，従来の一般的なカテゴリー（あるいはサブカテゴリー）である，「再生可能なエネルギー」，「環境モニタリング」，「環境保護（固体・有害廃棄物，排水管理，大気汚染制御）」，「EPP」を利用して，A2 リストの内容を整理している。

9　Reibang［2014］によると，54 品目中 46 品目が二重の使用目的をもつ。

表4-1：A2リストの内訳

	数	比率（%）
木材に関連する品（HS44）	1	1.9
一般機器（HS84）	23	42.6
電気機器（HS85）	11	20.4
精密機器（HS90）	19	35.2

（出所）APEC［2012b］より作成。

が，類コードにもとづいて整理したものである。木材に関連する品目（HS44）がわずか1つあるものの，その他のほとんどは一般機械（HS84），電機機械（HS85），精密機械（HS90）から成る。したがって，途上国の輸出関心産品であるEPP（環境上望ましい製品）は1点のみに留まり，また日本が主張していた「省エネ機器」も含まれていない。オーソドックな内容であるといえる[10]。

表4-2は，交渉初期から今日にかけての，代表的な品目リストのHSコードを6桁レベルで比較しており，HSコードの重複状況を示している[11]。A2リスト，WBリスト，JリストそしてESCAPリストはカテゴリーがないため，前章までで行ってきたカテゴリー別の整理はできない。

まず全体の傾向として，OECD＋A1リスト（以下，OAリストと表記する）[12]やフレンズリストなど，比較的初期に作成されたリストは長大であるが，A2リストをはじめとした，WBリスト，ESCAPリストそしてJリストなどは，比較的コンパクトになっている。そして多くのリストは，OAリストおよびフレンズリストの内容と重複している。両リストの品目数が多いこと，くわえてリスト作成の経緯を考えれば当然の結果といえよう。A2リストに注目すると，A2リストは，OAリスト，フレンズリストとの重複率が高い（前者が70.4%，後者が88.9%）。さらに，気候変動問題への貢献に特化したWBリス

---

10 蜂蜜も複数の国々によって提案されていたが，最終的に対象外となった（http://www.afpbb. com/article/politics/2899605/9478271［Accessed 2013.6.16］）。

11 このコード数には，exで特定化された品目も含まれるが，便宜上，exの有無は考慮していない。また，使用したHSコードの違いも考慮していない。

12 本書の第2章で言及した通り，両リストの類似性は比較的高い。初期の基礎リストである両リストを，これ以降一括して扱う。

表 4-2：代表的な品目リストの HS コード比較

	OA	フレンズ	WB	J	ESCAP	A2
OA	171(72)	93[54.4]	15[8.8]	0[0.0]	58[34.7]	38[22.2]
フレンズ	93[55.7]	167(31)	43[25.7]	2[1.2]	58[34.7]	48[28.7]
WB	15[34.9]	43[100]	43(0)	2[4.7]	41[95.3]	11[26.6]
J	0[0.0]	2[3.5]	2[3.5]	57(55)	2[3.5]	0[0.0]
ESCAP	28[43.8]	58[90.6]	41[64.1]	2[3.1]	64(1)	15[23.4]
A2	38[70.4]	48[88.9]	11[20.4]	0[0.0]	15[27.8]	54(6)

（注）「OA」とは OA リスト，「WB」とは WB リスト，「J」とは J リストを，それぞれ意味する。数字は重複数を，そして［　］は当該リストに占める重複数の比率を，それぞれ意味する。色の付いたセルの数字は，各リストの HS の数を，そして（　）はオリジナルの HS の数を，それぞれ意味する。フレンズリストの「730431 to 730490」，「730630 to 730690」，「730630 to 730690」は該当する HS を個別にカウントしている。OA は HS1996，WB・J・ESCAP・フレンズは HS2002，A2 は HS2012 を，それぞれ使用している。

（出所）APEC［2012b］，"JOB(07)/54"，Ratnayaka et al.［2011］，"TN/TE/W/75"，"TN/TE/W/75Add. 1"，"TN/TE/W/75/Add. 2"，World Bank［2008］より作成。

トや ESCAP リストととも，ある程度の重複が確認できる。

　以上より，A2 リストは，従来の案をコンパクト化したもの，あるいは，自由化すべきものを優先的に選別化したものと判断できよう。その意味では，A2 リストは，リストアプローチの到達点ともいえる。しかし見方を変えれば，内容の新規性に乏しい。対照的な性質をもつ品目リストに J リストがある。他の品目リストとの重複率が低く，オリジナリティが極めて高い。

2．関税削減目標について

　続いて，自由化の中身である関税削減目標の検討に移ろう。削減目標は次の3点から，残念ながら野心的な内容とはいえない。第1に，以前の目標からの後退である。本書の第2章でも取り上げた通り，A1 リストの自由化目標は，2003 年までに最終関税率をゼロにするというものであった。ところが，今回の内容は5%となっており，目標は後退してしまっている[13]。第2に，目標の

13　Vossenaar［2013］は，この目標にもとづき試算した結果，APEC エコノミー全体の（MFN ベースで）実行税率を 0.8%（平均 2.6%→平均 1.8%）低下させるのみであると述べる。試算↗

図 4-2：アジア太平洋地域のウエイト付けされた実行関税率（%）

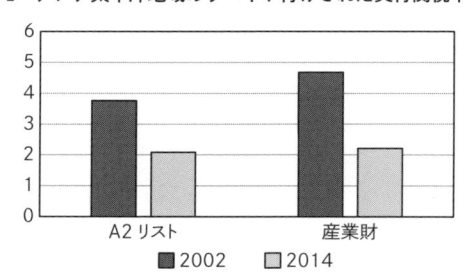

（注）データは，貿易額にウエイト付けされた
（MFN ベースの）実行関税率。

（出所）Jacob and Møller［2017］の figure 3-1 を
一部修正。

達成に拘束力がない点である。これは，EVSL にも共通する点であるが，大切な点であるため指摘しておきたい。APEC の特徴の 1 つに，非拘束性がある。各エコノミーは，他のエコノミーからのいわゆる「ピア・プレッシャー（仲間からの圧力）」を受けながら，独自に自由化を進めるのである。したがって，実効性は高いとはいえない。目標を確実に達成させるための一般的な手法は，別の枠組みで自由化交渉を再度することである（記述の通り，現実はそのように推移している）。第 3 に，この点が最も重要であるが，目標は実質的に意味をなしていないのである。

　図 4-2 は，2002 年と 2014 年のアジア太平洋地域の A2 リストの貿易額でウエイト付けされた（MFN ベースの）実行関税率を示している。比較対象のために，同年の同地域の産業財（industrial goods）のそれも示している。2002 年から 2014 年にかけて，両財ともに関税率は確実に減少している。しかし，実は，2002 年の段階で両財ともに関税率は 5% 以下なのである。

　世界全体の傾向も確認しておこう。図 4-3 は，2010 年から 2011 年にかけて所得グループごとの A2 リストの（MFN ベースの）実行関税率を示している。所得のグループは，120 カ国を対象に，所得の高低に応じて高い方から，高所

＼はもちろん重要であるが，しかし Vossenaar はまず自由化目標の後退を指摘すべきであった。目標の後退がなければ，期待される自由化の効果はもっと高くなっていたのだから。

図 4-3：所得グループごとの実行関税率（%，2010-11）

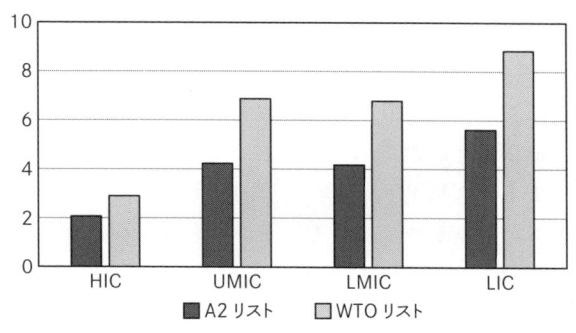

A2 リスト　　WTO リスト

（注）HIC とは高所得を，UMIC とは高中所得国を，LMIC とは
　　　低中所得国を，そして LIC とは低所得国を，それぞれ意味
　　　する。数値は MFN ベースで各グループの算術平均である。
（出所）de Melo and Vijil［2015］の table2 より作成。

得国（high-income countries：HIC），高中所得国（upper middle-income：
UMIC），低中所得国（low middle-income country：LMIC），低所得国（low-
income country：LIC）に，それぞれ分類している。比較のために，「WTO リ
スト」[14] の関税率も示している。A2 リストの関税率は，WTO リストのそれよ
りも低いことが分かる。そしてグループ別の傾向は，LIC 以外，すべてのグ
ループで 5％以下なっている。関税率の削減に，途上国が反対する背景をここ
に確認できる。先進国の関税率はすでに極めて低い水準にあり，途上国により
大きな削減の負担がかかるからである。
　以上の数字が示す事実に，さらにもう 1 点の事実を付け加えておきたい。上
記のデータはすべて MFN ベースであり，RTA の効果を考慮していない。ア
ジア太平洋地域では RTA の締結が盛んであることを考慮すると，A2 リスト
にかかる実際の関税率はさらに低いものになる。

14　「WTO リスト」とは，Balineau and de Melo［2011］が提示したものである。「コンバインリス
　　ト」をベースにして，提案国による製品の説明を踏まえ追加の修正したものである。411 の品目か
　　らなる。

3. APEC 合意に至った背景と履行状況

　最後に，合意に至った背景について考えてみよう。要因としては，次の4点を指摘できる。とくに前者の2点が重要であり，後者の2点は背景要因である。第1に，上記で述べた通り，目標が実質的には空集合である点である。あるいは，容易に飛び越えられる低いハードルでしかない。第2に，協議に参加した主体の違いである。WTO 交渉で先進国主導の交渉のあり方を痛烈に批判していた，インド・ブラジル・アルゼンチンなどが協議に加わっていない。一方で，環境物品貿易の自由化に積極的であった「自由貿易派」の（2011年首脳会議の議長国でもあった）米国・ニュージーランドはもちろん，リストアプローチにもとづき独自のリスト（折衷案も含めて）を提案していた，日本・カナダ・オーストラリア・韓国・メキシコ・フィリピン・台湾・香港が参加している。実に，21の参加エコノミー中，10のエコノミーが自由化の推進に積極的である。つまり AEPC の協議は，WTO 交渉の審議内容をすべて継承しているわけではない。賛成あるいは推進派の主張のみを継承していたのである。実際，この合意に対して，EC やスイスは歓迎を表明しているものの，インド・南アフリカ・ボリビア等は，この結果が将来の WTO 交渉に影響を及ぼす点について懸念を表明している（ICTSD［2012]）。第3に，自由化リストがスリムであるという点である。これは原因というよりも結果であるが，A2リストは OA リストやフレンズリストと比較して長大ではない。そのため，自由化をめぐる利害対立を回避しやすかったといえる。第4に，自由化だけでなく，技術移転などの協力措置も審議されていた点も確認しておきたい。

　念のため指摘しておくと，協議の結果，各国の姿勢に変化が生じたとは考え難い[15]。たとえば中国は，自由化自前で環境産業を育てることに固執しており，one-size-fit-all に依然として反対している（APEC［2012c]）。

　ただし，APEC 合意は，上記のような要因を考慮しても，社会的な意義をもつものであり，1つの到達点とみなせるものである。図4-4を見てもらおう。各国の関税削減前と後，そして関税削減対象のタリフライン数を示している。日本・オーストラリア・ニュージーランド・シンガポール・香港は，図に

15　関係者の話によれば，合意発表の瞬間まで，主要国の代表者同士が舞台裏で激しい論戦を繰り広げていたということである。

図 4-4：APEC エコノミーの関税削減状況（左軸が％，右軸が数）

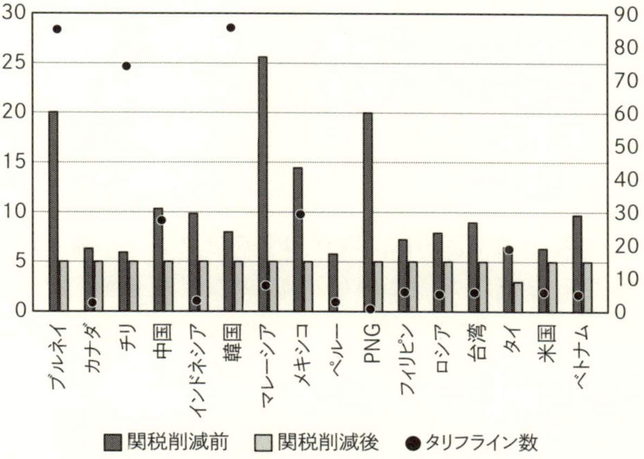

■関税削減前　□関税削減後　●タリフライン数

（注）左軸が関税水準を，右側がタリフライン数を示している。
　　　PNG はパプアニューギニアを意味する。データは，削減対象の
　　　タリフラインの平均関税率である。タイの数値は，元データを
　　　計算し直している。
（出所）Vossenaar［2016］table5 より作成。

国名がない。2012 年の時点で，自由化目標を達成しているためである。

　図には，計 362 のタリフラインの関税率の削減状況が示されている。
Vossenaar［2016］によれば，APEC エコノミーが合意の履行のために，関税
率を削減しなければならないタリフラインは計 375 である。図に示されていな
い，合意の履行がなされていない 13 のタリフラインは，インドネシアのもの
である。インドネシアは，これらの関税を 2021 年までに段階的に削除すると
述べている。つまり，図をみれば一目瞭然であるが，96.5％を超えるタリフラ
インは，合意内容を約束通り履行しているのである。非拘束的で，ピア・プ
レッシャーしかない APEC であるにも関わらず，このような結果に達した事
実は大きい。

　もちろん，このきれいな数字にカラクリがないわけではない。第 1 に，上記
の関税率のデータが示していた通り，全体的な傾向としては，タリフライン数
および関税削減幅ともに元々大した数値ではない。ただし，メキシコ・韓国・

ブルネイ・チリなど一部の国はその限りではない。第2に，exの扱いにポイントがある。ex-outアプローチで特定化された品目は，そのアプローチの趣旨から判断して，HS6桁レベルで自由化する必要はない。その一部を自由化しなければならない（その一部を自由化しさえすれば良い）。メキシコ・マレーシア・フィリピンは，既存の関税率を可能な限り維持するために，自由化対象となる環境物品を狭く定義した新しいタリフラインを設け，それのみの関税率を下げた。また中国や韓国は，既存のタリフラインを細分化することで，一部のみの関税率を下げた。この国内産業の保護を動機とした措置を，Vossenaar［2016］は，結果的として，環境物品の特定化および透明性の確保に貢献するものになったと述べる。ただし，この新設あるいは細分化されたタリフラインが環境効果をもつものを，適切にとらえているとは限らない。その点には留意が必要である。しかし，たとえそうであったとしても，次の事実は強調しなければならない。リストアプローチで多用されたex-outアプローチは，one-size-fit-allではなかったのである。途上国の裁量の余地を残しつつ，自由化を推進するものであり，リストアプローチと計画アプローチの折衷案のような特徴を事実上もっている。環境目的への貢献という意味では疑問なしとはならないが，貿易自由化に貢献し，くわえて「新しい自由貿易派」と「S&D派」の対立を緩める1つの工夫になりえるものなのである。

　さらにもう1点付言すれば，当然のことであるがAPECの自由化は排他的ではない。その恩恵は，APECエコノミー以外にももたらされる。いわば，国際公共財を提供しているのである。

　以上を総合的に考慮すれば，合意の履行はやはり特筆に値するものであるといえる。ピア・プレッシャーとともに各国の裁量の範囲を残した自由化方法と実利の共有がもたらした結果といえよう。もちろん，各国には環境物品の輸入の利益を確保するという動機もあったと考えられる。

III．残された課題

　これまで本章において，APEC合意の内容に関する分析をしてきた。APEC

合意は，1つの到達点ではあるものの，残された課題もある。その点を最後に指摘しておこう。第1に，APEC 合意では貿易自由化を広い文脈に位置づけて包括的な取み組みの方向性を示したが，その反面，環境物品貿易それ自体への関心は相対的に低く，またその効果に関する議論も低調であった。第2に，A2 リストを妥結できたものの，リスト作りのための判断基準は依然不問にされたままであった。第3に，当然ながら，APEC での取り組みは，地域大での自由化を進めるものでしかない。世界大での自由化の推進は，残された重大な課題である。

　第1の点は，環境物品貿易の社会的意義と密接に関係する点である。また，自由化の仕方にも影響を及ぼす。議論や知見をさらに深める必要性があるだろう。第2の点は，膨れ上がった自由化候補品目の選別で必要になるためでなく，今後のリストの更新の際にも必要になると考えられる。そもそも，環境物品という集合は，環境問題が時間および技術変化とともに変遷するため，不断の見直しが必要である[16]。また，現状のリスト作りの困難さを考慮すれば，リスト改訂の手続きも煩雑になることが予想される。本書の分析対象期間内に，リスト更新の方法に関する提案は，ニュージーランド（"TN/TE/W/46"）と環境物品フレンズ（"JOB(07)/54"）がほぼ同じ内容の提案を行っているのみである[17]。その内容は，（技術変化への対応するために）合意されたリストは何らかのメカニズムに則って，定期的に見直すべきであるというものである。評価基準問題への議論は，やはり回避されている。第3の点について，その後の動きを確認しておこう。A2 リストの妥結を受けて，2012 年 11 月に環境物品フレンズが，WTO での自由化交渉の議論を開始する。さらに，2013 年 10 月のバリ首脳会議において採択された「多角的貿易体制への支持及び第 9 回 WTO 閣僚会議（MC9）に関する独立文書」のなかに，「APEC のコミットメントにもとづき，WTO の場で機会の探求にコミットする」ことが明記される。そして記述の通り，2014 年 7 月に EGA 交渉が開始されるのである。もち

16　たとえば，OECD［1996］は，今度 15 年間に使用されるであろう環境物品の半分は現在，存在していないと推計している。

17　リストの更新の必要性に関しては，EC も言及していた。ただし，その具体的な方法については何も述べてはいない（"TN/TE/W/47"）。

ろん EGA 交渉は，現状，世界大の取り組みになっていない。ただし，GATT が長い年月と主要国の努力を費やすことで，当初 23 カ国だった締結国を徐々に増やしていったように，EGA 交渉もその議論の進展と成果に合わせて，参加国の拡大が期待されるし，またそうでなければならない。

Ⅳ．小括——総括および新しい課題とともに

ここでは，本章の要約とともに，本書の前半部分（第2章から第4章まで）を要約し後半の課題を明確にしたい。

まず本章の要約である。APEC 合意は，野心の低い内容であったものの，混迷を極めた自由化に1つの決着を付けられた点，そしてその合意内容だけではなくその履行状況も踏まえて総合的に考慮すれば，社会的に意義のある内容であるといえよう。ただし，残された課題も多く，環境効果そして環境物品の判断基準の検討などに関しては，さらなる議論と学問的知見が求められる。

続いて，環境物品交渉の経済分析に努めた前半で得た知見をまとめよう（本書で取り上げた重要事項に関しては，表 4-3 を参照されたい）。環境物品交渉の到達点と論点は次のようになる。第1に，環境物品交渉の影響力・広がりという点については，残念ながら交渉の推移とともに，その論点は薄れていった。「環境派」の主張のなかにあった，貿易ルールの変革を通じて WTO ルールに新たな役割を追加するかもしれないという論点は，「新しい自由貿易派」の形成をもって後退することになった。結果として，この論点は世間で広く知られることのない出来事となったわけだが，貿易ルールの変革を導くかもしれない提案が主要国から出され，そして一部の国ではあるものの賛同を得たことは紛れもない事実である。このファクトファインディングは，本書の前半の事実解明的分析が導いた貢献の1つといえる。一方，「S&D 派」から，環境技術の普及促進のため TRIPS 協定の弾力的な運用に関する提案があり，これは，WTO ルールの変更・修正を志向するものではないが，WTO ルールの適用可能性を広げる注目すべき提案であった。つまり，環境物品交渉は，貿易ルールの設定のあり方を判断できる材料・議論から，（環境技術の普及促進を目指す）

表 4-3：環境物品の貿易自由化に関する年表（重要事項のみ）

時期区分	APEC	WTO
初期 (1997–2006)	97年11月 EVSL 協議にて、早期自由化対象分野（環境物品を含む）を選定 97年11月早期自由化対象分野のうち候補9分野（環境物品を含む）を選定 98年9月 AI リスト（アーリンリスト）を公表 98年11月優先9分野（環境物品を含む）を WTO 次期ラウンドへ先送り 99年1月優先9分野（環境物品を含む）に関する提案を WTO に提出	［01年11月 DDA の開始］ 02年11月日本・リストを提出 03年1月カタール・リストを提出 03年7月米国・コア補完リスト方式を提出 04年7月中国・共通開発リスト方式を提出 04年12月台湾・リストを提出 05年2月 EC・リストを提出 05年2月韓国・リストを提出 05年5月ニュージーランド・リストを提出 05年6月カナダ・リストを提出 05年6月インド・環境計画 AP を提出 05年6月米国・リストを提出 05年7月スイス・リストを提出 05年10月アルゼンチン・統合 AP を提出 ［06年7月ラウンド交渉の中断］
推進期 (2007–08)	07年9月首脳宣言に「次回会議で環境物品の自由化の検討・議論に合意」を明記 08年11月「EGS 作業プログラムに関する枠組み」を承認	07年4月フレンズ・リストを発表 07年10月ブラジル・RO 方式を発表 07年11月米国 & EC・リストを発表 08年7月ニューバ・NTB への対応策を提出 ［08年7月ラウンド交渉の決裂］
転換期 (2009–15)	09年11月首脳宣言に「EGS 作業計画の発展・実施」を明記 11年11月自由化目標を妥結 12年9月 A2 リストを妥結 13年10月独立文書に「環境物品の関税削減に関して WTO で探求する」を明記 15年12月 A2 リストの自由化措置	09年11月サウジアラビア・リストを発表 09年11月日本・J リストを提出 10年9月フィリピン・リストを発表 10年6月カタール・第2のリストを発表 10年6月シンガポール・リストを発表 11年1月オーストリア、コロンビア他・ハイブリッド AP を発表 11年3月メキシコ他・コンバイン AP を発表 12年11月フレンズ・自由化交渉の議論開始 14年7月 EGA 交渉を開始

（注）公式文書は「提出」、非公式文書は「発表」と、それぞれ表記している。AP はアプローチを、RO 方式はリクエストオファー方式を、NTB は非関税障壁を、それぞれ意味する。数回に分けて提出されたのは最初の年月しか表記していない。
（出所）本書で取り上げた WTO および APEC 資料以外では、岡本 [2001]、外務省 HP（https://www.mofa.go.jp/mofaj/gaiko/apec/index_rekishi.html）、および経産省 HP（https://www.meti.go.jp/policy/trade_policy/wto/2_plurilateral/22_ega/ega.html）を参考に作成。

WTO ルールの活用のあり方を検討できる材料・議論に変質したのである。ただし，環境技術（および貿易の環境効果）をめぐっては，十分な議論が尽くされているとは言い難い。environmental technology, green technology, environmentally sustainable technology といった用語の乱立・混乱があるだけでなく運用方法を考慮すれば，その対象および効果に関する検討が必要となる。第 2 に，特定化に関しては，環境物品の定義や提案に関するルール作りは確たる成果を残さず，一方，各国リストが乱立するなかで A2 リストという妥協点に一旦落ち着いた。第 3 に，自由化に関しては，最も激しい対立があった。APEC 合意は，野心的な内容ではなく，そして事実上の努力目標という形に過ぎなかったものの，履行された。

　以上の議論を受けて，後半の中心的な課題は次の 4 点にまとめられる。第 1 に，根本的な問題であるが，環境物品貿易の環境効果の整理である。その際，環境技術を鍵概念とする検討が必要となる。第 2 に，乱立する品目リストの現状を受けて，品目リストごとの環境効果の違いの検証もなされるべきである。そうすることで，自由化の優先順位や特定化のための判断基準につながる知見を発見できるかもしれない。第 3 に，先進国と途上国別の自由化の影響の検証である。途上国が先進国に対して，特別の待遇の必要性を主張していたが，ここから類推されることは，先進国と途上国では自由化の影響が異なるということである。優遇策の必要性の有無，そのあり方についての知見を得られるものと思われる。第 4 に，前半部分では，大小含めてさまざまな見解（仮説）を示した。データ分析による裏付けが必要となる。

第5章
環境物品貿易に関する諸概念と仮説の検討

　前章までの事実解明的分析の検討を経て，環境物品貿易の期待すべき効果，そして学問的な知見が求められる課題・内容が明らかとなった。本章では，前章までの分析内容を利用して，規範的分析に必要となる諸概念と仮説の検討をする。

　まずは，鍵概念を確定させたい。当初，交渉は貿易と環境の相互支持性の強化（win-win）を目指すという目的の下，開始された。win-win という言い回しは，議論の方向性にある程度の見通しを与えるスローガンであり，その役割を満たすものであったといえよう。しかし，抽象性に富んでおり，それ自体が厳密な意味をもつものではない。もちろん，両者をつなげる具体的な要素・要因への言及はない。

　交渉の進展は，多くの判断・検討材料を提供してくれた。具体的な環境問題との接点を強く意識させ，新しい論点を提供したのは気候変動問題への対応をめぐってであった。新しい論点とは「環境技術の普及」である。環境技術の普及は，自由貿易の推進の結果実現されるものであり，またそれは同時に，環境への貢献を期待できるものでもある。くわえて，非関税障壁への対応という観点からもその実現あるいは措置の実施は期待されており，途上国もそれを望んでいた。

　環境技術については，その意味および対象範囲の明確化が必要である。従来の技術は，一般的に生産に限定されるものをさす。しかし，LCA アプローチが示唆する通り，環境負荷を発生させる活動は，本来的に生産活動に限定されない。そして，財の普及をもって環境技術が普及したと判断する場合，環境物品の自由化促進のためと称して，環境物品の際限のない生産が肯定されてしま

う懸念がある。貿易の効果だけではなく，交渉が目指すべき合意内容にも関連するため，慎重な整理・検討が必要である。

　続いて，交渉の目的の変遷を確認しておきたい。当初の目的は，上述の通り，win-win であった。しかし，本書の第 2 章でも言及した通り，交渉の進展にともない「発展（development）」という新たな目的が追加され，win-win-win（自由，環境，発展）へと変化した。

　背景となる理論的枠組みを考えると，当初の目的は，シンプルに思考すれば，静態的分析を念頭に置いたものといえる。事実，Chaytor［2002，2003］，Araya［2003］の初期の研究は，この枠組みにもとづくものであった。しかし，Carpemtier et al.［2005］以降の「発展」を含めた議論になると，「発展」の定義・内容如何にもよるが，通常は静態的分析に収まりきらない論点を抱えることになる。つまり，数期にわたる傾向が繰り返される過程へ注目するだけでなく，不断に変動する過程にも注目しなければいけない。実際，Jha［2008］は，途上国の一部では環境物品に対する需要が現状では存在しないと述べる。くわえて，これから数多くの新商品が開発されることを考慮すれば，需要構造を所与として扱えない。また同様に，市場の拡大が生じている分野であるため，輸入の発展促進効果（Hirschman［1958］）も期待される。したがって，供給構造も所与として扱えない。

　なお，本章の検討は，2 段階で行う。まず，生産を省略した消費のみの単純なケースを取り上げる。消費に注目する理由は，環境技術の効果がその「使用」と深く関係するためである。この検討を通じて，基本的な構図と環境物品貿易が利用する市場メカニズムの役割を明らかにする。続いて，生産を含めた一般的な状況を想定して，より複雑なメカニズムを示す。さらに種類別の効果の違いを整理した後に，試論として 1 つのケーススタディを取り上げて，環境物品の特定化の判断基準の一例を提供したい。

Ⅰ．消費に注目したシンプルな説明

1．環境技術

　前章の最後で述べた通り，環境技術を表す用語は多様である。環境技術に関する有名でかつ伝統的な分類に，「エンドオブパイプ（end-of-pipe）」と「クリーナープロダクション（cleaner production）」がある。前者は，生産で生じた汚染物質を末端で処理する技術をさし，後者は，生産プロセス自体を修正・変更することで汚染物質を削減・除去する技術である。両者は生産技術に注目した分類であり，本書の視点とは異なる。生産技術に限定される「狭義の（環境）技術」ではなく，「広義の（環境）技術」に注目しなければならない。その点で，「環境上適切な技術（Environmentally Sound Technologies）」の内容は参考になる。「アジェンダ21」によると，「環境上適切な技術とは，個々の技術だけではなく，ノウハウ，手続，財とサービス，設備，そして組織的および管理的な手続を含む総合的なシステム」である。生産技術に限定されない幅広い内容を含んでいる。ただし，本書の第1章で取り上げたOECDの環境物品の定義と同じく，網羅的であるため分析概念としての操作性には難がある。この多様な内容を含む用語の意味を限定化することで，独自の解釈を与えるケースがある。たとえば，気候変動枠組み条約（UNFCC）の事務局は，「環境上適切な技術」を「気候に優しい技術（climate-friendly technologies）」を意味するものとして扱い，World Bank（World Bank［2008］）は，「クリーナーエネルギー技術（clean energy technologies）」という用語を与えている。異なる主体による多様な用法が，さまざまな用語およびその解釈を生み出していった背景の1つと考えられる。

　視点を変えて，技術とはそもそも何かについて考えてみたい[1]。その機能に注目した場合，「人間を拘束する自然の制限からの解放」（Sombart［1935］邦訳 p. 71）をもたらすもの，あるいは「人の（実際の）移動の必要性を押し下

1　技術に関する広い文脈からの詳細な検討に関しては，菰田［1987］の第1・2章が詳しい。

げるもの」（Baldwin［2016]）[2]などの見方・解釈がある。やはり，環境技術と同様にさまざまな解釈があるわけであるが，原［1960］によれば，定義に関して論争がある「狭義の技術（生産技術）」と対照的に，「広義の技術」についてはコンセンサスが成立している。その定義とは，「一定の目的を達成する方法（Weg zum Zweck）を意味し，此目的を達する為の目的に達するための行動の仕方（Weise des Vorgehens)」（馬場［1936］p. 7）である[3]。この，馬場の定義を環境分野に援用すると，環境技術をひとまず次のように表現できる。「環境技術（environmental technologies)」とは「環境負荷の低減という目的を達成するための行動の仕方」である。

　「一定の目的」の内容を，「環境負荷の低減」ではなく「環境保全」や「SD（持続可能な発展）」にするという考え方もあるだろう。それらの見解は否定されるべきものではない。ただし，環境負荷の低減という目的は，他の目的と比べて目的達成のための経路がより明確である。この目的は，環境負荷を絶対的に低下させる行動の仕方およびそれに資する行動の仕方と，環境負荷を相対的に低下させる行動の仕方およびそれに資する行動の仕方によって達成される。

　広義の技術は，概して物的な補助手段によって実施される。その場合，広義の技術の実施は，物的な補助手段を用いるための技術に制約されることになる。物的な補助手段とは，人間が何らかの自然物を加工したものである。代表例は，機械や道具である。馬場［1936］は，物的な補助手段を「技術的手段」と呼び，技術的手段を用いるための技術を「器具的技術」と呼んだ。

　さて技術の歴史をひもとけば，広義の技術は，器具的技術に長らく制約されてきた。たとえば，石器時代では，石を加工して作られる技術的手段は限られており，器具的技術の進歩こそが技術の進歩であった。しかし，新たな技術的手段の開発およびその量的拡大は，器具的技術の重要性を低下させる。より正確には技術的手段の開発によって，器具的技術が進歩する。もちろん技術的手段のなかには，高度の器具的技術を要求するものも少なくない。しかし中長期

2　ボルドウィンは，文中でその旨の言及を直接していないが，自然に読めばそのように解釈できる。なお念のために述べておくと，Boldwin［2016］の分析水準は，対象によって一定ではない。

3　さらに最広義の技術として，Sombart［1935］の指摘がある。「すべての操作様式，すべての手段，換言すれば或る一定の目的を達成するための手段の，すべての複合，すべての体系」（邦訳 p. 97）である。アジェンダ21の「環境上適切な技術」の定義に符合する内容を含んでいるといえる。

的には，高度の器具的技術を要求する技術的手段は，低度の器具的技術を要求する技術的手段に代替される，あるいは高度の器具的技術の実施を補助する技術的手段が開発される傾向にある。したがって今日の広義の技術とは，事実上，その多くが技術的手段を意味している。

環境技術の場合，環境物品が技術的手段に相当する。今日の技術の状況を想定すれば，環境技術とは，事実上，その多くが環境物品という技術的手段であるといえる。したがって，環境物品の普及とは，原則として，環境技術の普及を意味する。ただし，より厳密にいえば，環境物品は，環境負荷の低減に資する一定の潜在的要素を具備しているものに過ぎない。仮に，器具的技術が未熟でなかったとしても，環境物品が環境負荷の低減に資さない他の用途に用いられる場合（二重の使用目的）もある。また，既存の有り触れた財であっても，新しい環境負荷の低減に資する器具的技術が発見されれば，当該財は，概念上，環境技術となりえる。

さて上記では，環境物品の「使用」の工程に焦点をあてたが，環境物品を有効に活用するための器具的技術は，それだけに留まらない。環境物品の「選択」および「購入」は，環境負荷が相対的に高い代替財の生産および消費を抑制する効果をもつ。結果として，環境負荷の低減につながる。また環境物品の「修繕」は，より長期にわたる「使用」を可能にし，環境物品の大量生産，大量廃棄という事態を回避させる。このように多様な器具的技術は，「消費」という用語で統一的に把握できる。つまり，環境物品を有効に活用するための器具的技術は，消費者の環境物品に対する，「選択」，「購入」，「使用」，「維持」，「修繕」，「廃棄」の6つ工程に関連する。以上より，環境技術の内容を，「環境負荷の低減に資するような環境物品の消費の仕方」と精緻化できる。

環境技術は，器具的技術と技術的手段（＝環境物品）の2つの要素からなる。環境物品の普及は，技術的手段の普及を意味し，環境負荷の低減を実現するための外的条件（必要条件）を提供するものである。一方，器具的技術の普及は，環境技術の普及の十分条件であり，また環境物品の普及を後押しする可能性をもつ（図5-1を参照）。

補足として，環境技術のその他の3つの特徴について論じる。第1に，技術と効用についてである。通常，技術と効用は密接に関連する。ただし，本書が

図5-1：環境技術の要素

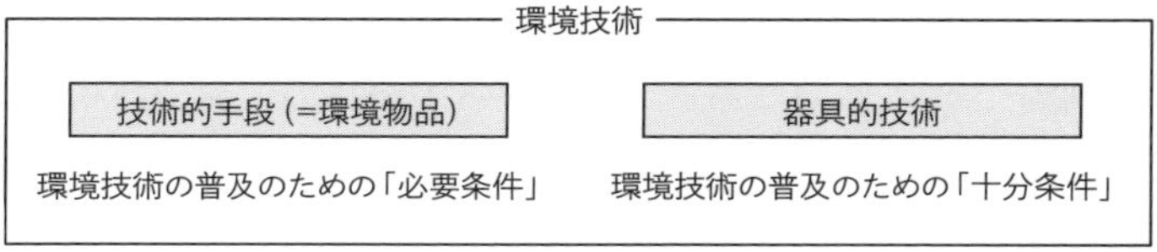

```
                    ─ 環境技術 ─
┌─────────────────────────────────────────────────────┐
│   技術的手段（＝環境物品）              器具的技術          │
│                                                     │
│  環境技術の普及のための「必要条件」    環境技術の普及のための「十分条件」 │
└─────────────────────────────────────────────────────┘
```

（出所）筆者作成。

　焦点をあてる環境技術の実施は，人間の欲求を充足させるとは限らない。そもそも環境問題とは，社会問題であり個人の欲求の追求による負の結果である。しかしエココンシューマーの増加は，環境技術の個人的選好と社会的選好を一致させよう。また，資源節約型の環境技術は，一定程度，自生的に普及するだろう。さらに環境問題への関心の高まりは，企業の社会的責任（CSR）活動を後押しするだろう。しかし環境技術は，本来的に個人の欲求を充たすものではないため，その普及は自生的に生じにくい。ところで，Freeman［1987］は，情報通信技術の普及が自生的には進まないと述べていた。今となっては，その言動に賛成しかねるところもあるが，環境技術はさらにその傾向が著しい。したがって，環境技術を普及させる政策に注目しなければならない。しかし，上記の通り，エココンシューマーの増加，あるいは世論の環境問題への関心の高まりは，その悲観的認識に修正を課すと考えられる。

　第2に，潜在技術についてである。潜在技術とは，ある時点において，社会で用いられていない技術をさす（馬場［1936］）。すでに発明または設計が終了し，比較的短期間で使用可能な技術を，一次的潜在技術と呼ぶ。未だ発明または設計がされておらず，使用に多くの時間を要する技術を二次的潜在技術と呼ぶ。本書が焦点をあてる環境技術に，一次的および二次的潜在技術を含めない。しかし，既存の環境技術の普及は，一次的潜在技術の顕在化をうながし，二次的潜在技術の開発を後押しする誘因を提供するだろう。さらに付言すれば，潜在技術は社会で用いられていない環境技術の一部をとらえるものに過ぎないといえる。なぜなら，器具的技術は必ずしも発明から生み出されるわけではないためである。

　第3に，周知のように，技術には「転成効果」（飯尾［1984］）がある。技術

は，当初想定されていた本来の目的以外の多くの結果を生み出す。環境技術も，技術である以上，その例外ではないだろう。たとえば，ある環境負荷を低減されるための技術が新たな環境負荷を生じさせるケースである。この点には，注意しなければならない。

2.　情報・知識および学習

　続いて，環境効果を把握するために必要な，その他の用語を確認・整理しておこう。

(1)　情報と知識

　情報とは，主観的確率分布に変更をもたらし，意思決定に影響を及ぼすものである（Arrow [1974]）。各主体は，限りがあるものの情報処理能力をもち，現在あるいは将来受ける可能性のある情報の範囲についての一組の期待をもっている[4]。この確率分布が事後的に変化した場合，情報の獲得がなされたのである[5]。一方，知識とは，信念であり，各主体の行動を通じて形成される。各主体に蓄積されていくものであるため，情報をフローの概念として把握すれば，知識はストックの概念として把握できる。行動には不確実がともなうが，知識は行動の結果をより良く保証する。ただし，行動の結果は，当該主体のみならず，外界に依存する。外界は不変ではないため，知識にもとづく行動であってもその結果には不確実性がともなう。したがって知識とは，普遍的というよりは経験的であり，また確実性というよりは可能性に関するものである[6]。

　知識は多様な性質をもつため，次の2つの観点から整理する。第1に，Hayek [1949] による整理である。①として，知識は専門的な集団によって共有される信念であり，利用可能な最良とされるものである。科学的知識と呼ばれるものは，その一例である。特定の集団によって合意されたものであるた

表 5-1：知識の 4 分類

	合意的知識	場の知識
形式知	A 群	B 群
暗黙知	C 群	D 群

（出所）筆者作成。

め，「合意的知識」と呼んでおく。②として，知識は個人的な信念であり，時と場所に依存するものである。この知識は，たえず変化する外界から発せられる情報にもとづいて，瞬時に形成されその役割を果たす。Hayek［1949］は「場の知識」と呼んだ。

　第 2 に，知識の形成過程に注目すると，知識を「形式知」と「暗黙知」に整理できる。形式知とは，当該主体によって，意識下で明示的に形成されたものである。当該主体はその形成の過程，その存在およびその内容を認識できる。一方，暗黙知とは，個々の諸要素（「近位項」）と諸要素を包括するもの（「遠位項」）の結合によって形成される（Polanyi［1966］）。当該主体によって，暗黙裡に形成されたものであるため，その形成過程の説明はおろかその存在さえ認識することが困難である。したがって，その内容の把握も難しい。ただし暗黙知は，注意深い観察によって，その因果関係を明示化できる（＝形式知化できる）要素も含まれる。本書が焦点をあてるのは，形式知化が一定程度可能な暗黙知である。

　表 5-1 は，上記の 2 種類の区別にもとづいて，知識を整理したものである。知識は 4 つに分類できる。第 1 に，形式知でかつ合意的知識を，A 群と呼ぶことにする。この種類の知識は一般的な信念をさし，多くの主体に共有化された信念である。科学的知識などがこれに該当する。環境物品交渉では，環境物品として特定化された品目群がこれに相当する。第 2 に，形式知でかつ場の知識を，B 群と呼ぶことにする。特定の人々に共有化された技術的手段の特殊な活用方法などである。第 3 に，暗黙知でかつ合意的知識を，C 群と呼ぶことにする。この種類の知識は，自生的でかつ共有化された信念である。明文化されていない社会のルールや専門家集団などの共有するものが該当する[7]。第 4 に，

7　暗黙裡に形成され，共有化された信念である。ピアニストや画家など専門家達の身体に宿るものである。Polanyi［1966］が最高位の暗黙の力と呼んだものの多くはここに位置する。

場の知識でかつ暗黙知を，Ｄ群と呼ぶことにする。この種類の知識は，日常
的な行動を通じて形成された個人的な信念である。その内容は千差万別であ
る。

　さて，技術の内容を改めて考えてみると，知識によって導出されたあるいは
一定の結果を保証する行動の仕方といえる。知識の存在なくして，技術は成り
立たない。そして，技術が他者に伝達できる点を強調して解釈すればその実態
は情報であり，一定の結果を保証する行動の仕方に必要な，特殊な情報といえ
る[8]。

(2) 学習

　知識の形成による，慣性をもつ情報処理能力の変化を学習とする。情報処理
能力は，情報を獲得する度に，随時変化する。学習とは，そのような不断の変
化ではなく，慣性をもち，また緩慢な変化によって特徴づけられものである。
比喩的に論じれば，均衡点への収斂に関する連続的な変化と，均衡点を打破す
る突発的な変化の相違である。不断の変化は学習ではなく，適応の過程であ
る。

　情報は学習のきっかけを与える。たとえ同一の情報であっても，情報処理能
力の相違により，学習の有無あるいはその内容に相違が生じる場合がある。と
くに技術と呼ばれる特殊な情報は，従来と異なる特定の行動を可能にさせるも
のであり，新たな学習機会を与えるため学習効果が高い。

　ところで，環境物品とは，上記の通り，環境技術の実施を補助する技術的手
段である。その機能は利用者に環境負荷の低減という結果をもたらすものであ
るため，環境に関する何らかの知識を具備したものであるといえる。その行動
の過程で，当該主体は学習をし，何らかの知識を形成させる場合がある。環境
物品の「使用」に困難さがあればあるほど，その知識は当該主体の努力によっ
て，意識的に形成される。環境物品の「使用」が容易であっても，その継続的
な「使用」は，当該主体に暗黙知を形成させるかもしれない。そして知識の形

　8　たとえば，生産技術に限定した議論であるものの，Maskus [2004] は，「技術とは…特定の生産
　成果を達成するのに「必要な情報」として定義されるだろう」（p. 9。なお，括弧は筆者による）
　と述べている。

成は，当該主体に行動の定着をある程度保証することになる。

　形式知は，安易に破棄されることは少なく，また意識的な活用ができるため，応用的な行動を可能にするかもしれない。一方，暗黙知は，形式知と比べて，意識的な活用は容易でなく，またその応用も容易でないといえる。また，行動の継続を保証する程度も相対的に低いと考えられる。当該主体が気付かないうちに，新たな暗黙知に影響されるかもしれないためである。いずれにしても，その知識の意識的な活用の余地は，「近位項」に注視する限り，制限されてしまう。

3.　環境技術の普及──「移転」と「定着」

　環境技術の普及について考察する[9]。本書では，環境技術の普及を次の2つの側面から把握する。第1に，「移転」である。これは，複数の主体に注目し，同一の環境技術が主体間に広まっていく過程をとらえるものである。なお移転には，技術の送り手と受け手を結びつける，移転チャネルの存在が欠かせない。通常の技術移転とは，①技術についての情報伝達が生じ，続いて②技術そのものが移転され，最後に③技術が使用されるというプロセスで成り立つ。環境技術においても基本的には，同様である。本書が注目する移転は，主として①市場という移転チャネルを通じた価格という情報伝達による，②環境物品という技術的手段の移転である。この双方の過程では，特段の知識は必要ないと考えられる。ただし，類似の用途をもつ多くの技術的手段が存在する場合，その中から最適な1つを選び出すためには，一定の知識が必要となる。そして③環境物品の「使用」の箇所では，あらかじめ一定の知識が必要な場合があるかもしれない。「使用」に関する技術の所有者から指導を受ける，または受け手が自ら学習することで知識を補充しなければならない。ただし，器具的技術に関する問題は，上記でも述べた通り，中長期的に解消されていく傾向にある。また最終消費の場合は，技術的手段の「使用」に特別な知識は必要とされない傾向にある。よって，この過程でも学習は特段必要ない。

　第2に「定着」である。これは一主体に焦点をあて，当該主体が実施できる

　9　技術移転については，菰田［1987］，安藤［2005］が詳しい。

技術の拡大過程をとらえるものである。たとえば，より効果的な「使用」が可能になるなどである。当該主体の技術に関する学習の有無と内容に依存するため，通常は一定の時間を経てしか進まない。もちろん，この過程では学習が必要となる。

環境技術についての学習の作用は，その技術の継続的使用と応用的使用に影響すると考えられる。技術の継続的「使用」とは，上記の学習の箇所で確認した通り，恒常的な情報処理能力の変化の結果である。したがって，消費の継続的な変化が生じることになる。応用的「使用」とは，技術的手段の意図されていない効果的な使用と，技術的手段によって可能になった新たな技術の実施を意味する。後者の応用的「使用」では，移転された技術的手段は，直接的に関与しない場合も想定される。技術的手段とは，環境技術の実施のあくまで物的補助手段であって，その「使用」によってだけ環境技術が，実施されるわけではない。

4．環境物品貿易の自由化効果

環境物品貿易の自由化効果を消費に関連させて考えると，次の2つに整理できる。第1に，価格による知識の補充である。Hayek［1949］が主張した通り，価格という情報は各主体の不足する知識を補う効果をもつ。そもそも価格とは，一定の情報量である。売り手である消費者にとって消費の意思を示し，また売り手である生産者にとって生産の意思を示す。一方，商品に多様性があり限定合理下において，消費者は，選好の対象となる商品の基本性能や生産方法などを完全には知らない[10]。とくに，「商品の非特性」と呼べる，商品の「使用」で顕在化しない性質，または「使用」に影響を及ぼさない性質については知らない。環境物品の自由化における価格の役割を改めて考えると，

10　Stigliz［1987］は，不完全情報下では消費者が価格上昇によって，当該商品の品質向上を把握すると述べる。ただし，価格が伝えるものは，せいぜいのところ，当該商品の「使用」に影響を及ぼす成分または当該主体の効用を満たす成分である。レモン市場においては車の品質であり，労働市場においては人材の能力である。このような性質は，製品関連PPMが対象とする商品の質と類似する点がある。いわゆる「商品の特性（character）」に関連する情報である。しかし本書が注目するのは，上記の通り，効用との関連性を直接もたない性質であり，また商品の特性に関連しないが商品の質を構成するものであり，いわば製品非関連PPMが対象とする性質である。

Hayek［1949］の分析と異なり，補われる知識は場の知識（BおよびD群）ではなく，合意的知識（A群）である。自由化による価格の変化という情報を媒介にして，環境物品の消費を誘導する。その結果，環境物品の消費が発生し，消費者の不足する環境技術に関する知識が補われたと考えられる現象が生じる。これは，学習をともなわない一過性の行動の変化である。本来，価格では伝達が難しい情報であるが，政策によって作り出した価格差あるいは価格の低下によって伝達を試みる。くわえて，価格を引き下げることで，「購入」を刺激する作用をもつ。その結果，消費者は，環境負荷の低減に資する財を，暗黙裡に「選択」，「購入」するのである。消費者の意識に働きかけて，「選択」のみに影響を与えるエコラベルとは異なる効果である。その一方で，環境物品の「使用」には直接的な影響は及ばない。ただし，対価をともなって入手した財であるため，「使用」する可能性は極めて高い（あるいは「使用」するインセンティブが高い）。

　第2に，環境物品の消費による学習効果である。環境物品貿易の自由化は，上記の通り，「選択」，「購入」そして間接的に「使用」に影響を及ぼし，その結果，学習効果を生む。とくに環境物品の「使用」は，当該主体に特定の行動を可能にさせるものであり，その過程で，当該主体に新たな知識を形成させる効果をもつ。「選択」と「購入」についてもその継続によって，当該主体に，価格の低下という「近位項」と環境負荷の低減という「遠位項」を結びつける効果をもたらす可能性をもつ。

　以上の議論を受けて，改めて環境物品の性質についてまとめておこう。環境物品とは，「技術的手段であり，環境負荷の低減に資する一定の潜在的要素を具備しているもの」であり，（環境に資する）知識を活用するための外的な因子（主体の意思決定に働きかける一種の情報）である。「環境負荷の低減に資するあらゆる要素」に含まれるかどうかは，究極的には器具的技術に依存する。つまり，環境物品を環境物品たらしめるのは，環境物品の消費の仕方あるいは主体の行動の仕方である。これらの行動の結果，環境負荷の低減が生じた場合，環境物品という手段を介して知識が利用されたわけである。環境技術の普及のためには，環境物品の普及はもちろんのこと，それにくわえて知識の伝播が求められる。知識の伝播は環境技術の実施をよりよく保証し，また環境技

術の実施は新たな知識の形成のきっかけとなる。ただし，環境物品の「使用」方法が一様で，かつ自明のものであれば，器具的技術の役割（その重要性）は大幅に減少する。その場合，環境物品とは環境負荷の低減に資する知識を具備したものと考えて良いだろう。環境物品それ自体の普及によって，環境技術が普及することになる。

5. 環境効果と環境技術

自由化政策の効果を，環境技術の移転と定着の双方の観点から，さらに検討する。

(1) 移転について

移転は，前節で取り上げた第1の効果である「価格による知識の補充」に関連するものである。なお，環境技術の実施は，取引される環境物品の種類によって異なる[11]。「環境対策に必要な財（環境対策品）」のタイプは，直接的には，「使用」によって環境技術が実施される。つまり自由化が，環境対策を促し環境負荷の低減が実現される。そして，「類似の用途をもつ財に比べて相対的に環境負荷の低い財（EPP）」では，環境負荷の低減は「使用」を含めた「消費」の全般（さらに，本来なら，「生産」の全般も含む）によって，実施される。消費のさまざまな場面で，従来よりも環境負荷の低い活動を実現し，また（環境負荷の高い）代替財の生産のディスインセンティブとなる。後者に関しては，「選択」，「購入」という環境技術の実施によって代替財が駆逐されることで，環境負荷の低減が実現される。

ただし，移転による環境効果には次の2つの留意点がある。第1に，いわゆる「N字カーブのジレンマ」（Jänicke［1979, 2004］）である。たとえ環境負荷の低い財であっても，その利用数の増大によって，環境負荷の低減が相殺されてしまうというものである。したがって，環境物品の大量生産それ自体を肯定的に評価することに対しては，慎重でなければならない。もちろん環境物品の大量生産・大量廃棄は，もっとも避けるべき事態である。第2に，代替財の

11　環境物品の種別の環境効果については，次節で詳しく検討する。

駆逐の困難さである。その原因の①は，本書の前半でも何度も取り上げた通り，HS6桁分類で特定化された環境物品と類似の代替財との関税上の区別が，必ずしも明確ではないことである。原因の②として，価格調整による価格の上昇である。当該財に対する世界的な需要が増大し数量調整によって対応できない場合，価格調整が生じる。結果，当該財の消費は落ち込むことになるが，類似の代替財が存在するケースでは，消費の落ち込みにくわえて代替財の消費拡大という事態が生じかねない。さらに，根本的な問題である原因の③として，知識の問題を指摘できる。環境物品の選定は，A群の知識にもとづくものであり，その客観的根拠が必ずしも担保されているわけではない。しかし，こうした事態は，次の問題によって，さらに深刻さを増す。次の問題とは，潜在技術の顕在化，つまり新しい環境物品または既存の環境物品を改善した財が市場に供給される可能性があるということである。新たな技術的手段の登場，それ自体は望ましいことであるものの，合意的知識はその都度見直しあるいは更新の必要性に迫られる。ただし，本書の第4章でも言及した通り，コンセンサスを得たリスト更新の方法はない。

(2) 定着について

　以上の留意点がある移転と異なり，定着は学習の結果，次の3つの効果を生む。いずれの効果が生まれるかは，それぞれの主体とその環境に依存することになる。第1に，履歴効果である。価格水準に関係なく，環境物品の継続的な「選択」，「購入」を実施させるものである。第2に，波及効果である。「選択」，「購入」，「使用」以外の他の消費行動において，環境負荷の低減が実施されるものである。財の「修繕」の実施は，環境物品の大量生産・大量廃棄という事態の回避に貢献するだろう。第3に，応用効果である。これは，環境物品の新しい「使用」方法，つまり新しい器具的技術を発見させるものである。

　以上の効果は，環境物品貿易の自由化によって生じる消費を通じた知識の形成にもとづく。とくに，履歴効果は，「選択」および「購入」の実施によるAおよびC群の知識の形成によって生じる可能性がある。同様に波及効果および応用効果は，「使用」によるBおよびD群の知識の形成によって生じる可能性がある。

6．形式知化の重要性

　上記の通り，環境物品貿易の自由化は，市場メカニズムに内在する価格による知識の補充（情報の伝播）の機能を利用するものである。その機能を利用することで，器具的技術に該当する A 群の知識の補充を通じて，技術的手段である環境物品の伝播を通じて環境技術の「移転」を実現する。そして，消費による学習のきっかけを提供することで，環境技術の「定着」を脆弱に促進するものでもある。

　ただし，学習の結果獲得される知識の多くは B あるいは D 群である。暗黙知を形式知に変換する支援策（たとえば，技術支援・指導，環境教育）によって，学習効果は，さらに高まると考えられる。非関税障壁をめぐって提議された技術援助や技術協力が環境技術の普及を促進させる効果をもつという提案は，まさにこの具体策である。もちろん環境物品の「使用」で利用する A および C 群の知識に関する指導・教育によって，環境物品の「使用」のさらなる促進も期待できる。環境効果に関する知識を外的に補うことで，当該主体は消費行動をより継続的あるいは能動的にすると考えられる。

　Venhoeven at al.［2013］の指摘は，この仮説に 1 つの論拠を与えるものである。Venhoeven at al.［2013］は，「倫理的消費」に関連する先行研究にもとづき，幸福（well-being）を「hedonic well-being（快楽的な幸福）」と「eudaimonic well-being（深い認知や意義に関わる追求する幸福）」に区分する。そして，①環境に配慮した行動が eudaimonic well-being と関係すること，そして② eudaimonic well-being の高まりをより確実にするためには人々が環境に配慮した行動が正しいことであると理解すること，さらに③人々が主体的にそして能動的に行動を選択する意識をもつことが重要であると述べている。

　暗黙知を形式知に変換していくことで，環境に配慮した消費行動の発生およびその継続が期待される。

Ⅱ．一般的説明

　前節の検討は，環境技術と消費の関連に限定されていた。本節では，個々の

現象やメカニズムを総合的にとらえる，生産を含めた一般的な議論の検討をする。その作業のためには，新たに2つの用語の確認が必要になる。それは，①資源と②誘発である。

1. 用語の確認

(1) 資源

まず，資源の内容について確認したい。資源とは，一般的に，生産要素と同義に理解される。具体的には，自然資源は土地を意味し，同様に製造資源は資本，さらに人的資源は労働などをさす。このように資源は，財やサービスの生産に使用するインプットと理解できる。もちろん生産に必要なインプットは，上記の例に限定されない。企業家精神あるいは知識も必要とされる。しかし，本書が注目する資源とは，技術に関する議論と同様に，労働や資本といった生産に関連する狭義の資源というよりも，広義の資源である。広義の資源に関する定義として，「人間が社会生活を維持向上させる源泉として，働きかける対象となりうる事物」（科学技術庁資源調査会［1961］p. 37），「組織がその目的を達成するために依存する手段」（Helfat et al.［2007］邦訳 p. 6）などがある。資源とは，本来的に，生産活動に限定されない活動および働きかけの対象あるいは手段であることが分かる。環境問題への分析に焦点をあてる本書ではこれらの議論を援用して，資源を「環境負荷の低減という目的に資するあらゆる要素」と定義する。「社会生活を維持向上させる」ための環境対策として，生産活動を含めた経済活動の量的および質的変化が求められている現代であることを考慮すれば，本書の定義の妥当性が確認されよう。

本書がとくに注目する資源は，無形資源である知識である。知識は次の2つの特徴をもつ。第1に，有形資源と対照的に，使用すればするほど増大するという性質をもつ[12]。第2に，前節で述べた通り，特定の行動の結果をある程度保証するものであり，その行動を導くものである。

---

[12]　たとえば，Hirschman［1958］は「それ（＝企業者精神や管理能力）が使えば使うほど増大する資源である」（邦訳 p. 12。なお，括弧は筆者による）と述べていた。本書が注目する知識という資源も同様の性質をもつ。

(2) 誘発について

　続いて，誘発である。そもそも誘発とは，Nurkse［1953］による投資の区分に由来する。Nurkse［1953］は，投資を「誘発的」投資と「自発的」投資に分けた。前者は市場の需要の多寡に影響を受ける投資であり，後者は市場の需要の多寡に影響を受けない投資である。Hirschman［1958］は，この区分に独自の解釈を与え，前者が経済変数によって納得しうる説明が与えられるもの，後者が経済変数によって納得しうる説明が与えられないものとした。しかし，「経済変数による説明」とはやや雑駁な表現であり，多様な内容を対象にしてしまう。したがって，本書では意味を限定して使用する。本書における誘発とは，知識の利用に与えられる用語であり，自発と対比されるものである。誘発（的）知識の利用とは，経済的インセンティブによって納得しうる説明が与えられるものである。一方，自発（的）知識の利用とは，経済的インセンティブで納得しうる説明が与えられないものである。後者の具体例は，エココンシューマーによる消費を指す。エココンシューマーは，すでに何らかの形で学習した知識を利用して環境効果を考慮し，従来品よりたとえ割高であっても環境に優しい財を購入する。一方，前者の具体例は，環境物品貿易の自由化によって影響を受ける，さまざまな主体の行動である。それらを現象としてとらえれば，誘発消費であり，また誘発生産である。前節の議論も踏まえれば，消費活動や生産活動以外が誘発される場合も想定できるが，議論をシンプルにするために，ここでは考察の対象から除外する。

　誘発という用語は，経済的インセンティブが及ぼしうる活動の範囲とその種類の明確化に役立つ。くわえて，経済的インセンティブのみに依存することの問題点も示唆する。現状において，あるいは今後ますます想定される事態は，手段の充実に対する実行力となる知識の相対的な欠如であり，また手段の充実をもって目的の達成ととらえる議論の隆盛である。

　前節の議論を利用して，誘発消費について考えてみたい。消費それ自体は，2重の意味で経済的インセンティブを提供する。第1に，当該財の生産に対するインセンティブの提供である。第2に，後に続く，消費へのインセンティブの提供である。誘発消費は，典型的には次の5つのタイプに整理できる。第1に，前節で「移転」効果に含めたものであり，価格低下（変化）に誘発され

た，財の「選択および購入」である。第2に，同じく，「移転」効果に含めたものであり，財の「購入」によって誘発された，「使用」である。「購入」した財を「使用」しないのは非経済合理的である。第3に，前節で「履歴効果」と述べたものであり，一期前の財の「選択」および「購入」に誘発された，「選択」および「購入」の継続である。消費を通じた学習によって形成された知識を利用した活動である。第4に，前節で「波及効果」と述べたものであり，環境物品の消費によって誘発された，「維持」，「修繕」および「廃棄」の実施およびその活動の質的な変化である。同じく，消費を通じた学習によって形成された知識を利用した活動である。第5に，前節で「応用効果」と述べたものであり，環境物品の消費によって誘発された，新しい器具的技術の実施である。

　一方，誘発生産とは，経済的インセンティブによって納得しうる説明がつく生産である。第一義的には，（誘発）消費によって生じる。誘発生産が生じた時，当該財をあらかじめ生産していた主体は，その財の生産を拡大する。一方，当該財の生産を行っていなかった主体も，（当該財と代替財を生産していたか否かにか関わりなく）インセンティブの程度に応じて，当該財の生産に着手する可能性がある。いずれのケースにおいても，誘発生産が生じると，別の財の生産に関わっていた資源は，当該財の生産に転用されることになる。生産の拡大は，より洗練された財に関する知識を形成し，あるいはより良い生産のための知識を形成する可能性をもつ。

　以上の整理で明確になるのは，①市場メカニズムは財の価格に影響を及ぼすものであり，誘発の有力なチャネルである点，および②誘発と自発の厳密な区別が困難な点である。

　②に関して，追加の説明を加えたい。既述の通り，誘発は知識の利用という行動を促す。その行動の結果，ある知識が形成され，環境技術が実施されることもある。これは，誘発が誘発した結果である（上記の例でいえば，第3，4および5が該当する）。なぜなら，誘発された知識の利用がなければ，その過程で生じた知識の形成もなかったはずだからである。誘発による誘発であるため，「二次誘発」と呼べよう。もちろん，誘発による誘発による誘発といった「三次誘発」，さらには「四次誘発」，「五次誘発」…などもあるだろう。これらを一括して，「n次誘発」（ただし，nは2以上の整数）と記すことにする。n

の整数が増す毎に，経済的インセンティブのみで説明できない要素が関与し，そしてその要素が拡大する。その意味では，「（一次）誘発」に対して，「n 次誘発」は，知識の利用を喚起する程度がより間接的である。

　ただし，誘発と自発を厳密に区別することは，本書の関心事ではない。誘発された知識の利用あるいは形成された知識をきっかけとして，エココンシューマーが生まれることは望ましいことである[13]。

2．国際貿易に関する検討

　本書における国際貿易の自由化への関心事は，通常の貿易理論のそれと相違するかもしれない。通常の貿易理論は，「財の取引あるいは生産」に関する効果および原理の分析である。しかし本論は，「取引に携わる主体」に関する効果および原理に注目する。もっとも，Melitz［2003］に代表される新々貿易理論では「企業の異質性」を取り上げており，その意味では「取引に携わる主体」に関する理論となっている。ただし，本論は，静態的分析ではなく，また狭義の資源に注目するものでもない。本書と類似する視点は，Mill［1909（1848）］に見出される。

　Mill［1909（1848）］は，資源の最適配分効果である「直接的利益」よりも間接的ではあるが，より重要な効果（高次の利益）として「間接的利益」を指摘していた。この間接的利益は，経済的利益と知的道徳的効果の 2 つからなる。前者は市場の拡大に関連するものであり，後者は自分達と類似しない人々との接触による知的交流に関連するものである。Mill［1909（1848）］は，人類の発展度合いが低い状態では，知的道徳的効果の意義を過大に評価することができないと述べていた。本書がとくに注目するのは，間接的利益の 1 つである知的道徳的効果である。

　Mill［1909（1848）］の議論では，「接触」と「取引」の関係が明確でない。当該主体が，（国内では起こりえない）接触しその後取引が生じるのか，それとも取引を通じた交流を接触と述べているのか判然としない。後者の理解の方が自然であろう。なぜなら，国際貿易が生じた結果であるからである。前者の

13　もちろん，自発消費が誘発されることもありえる。自由化政策による価格の低下によって，当該財の購入の頻度が上昇するケースである。その意味でも，両者の厳密な区別は困難である。

場合は，国際貿易が生じるかどうかは分からない。しかし，本書では，前者の関係に注目する。その理由は，第1に，Mill［1909（1848）］の議論は，知的道徳的効果の発生を，戦争や冒険と関連させて論じており，非常に広く把握していたためである。国際貿易も同様に広い視点からとらえていると考えられる。第2に，国際貿易は，市場における「接触」なしには生じ得ないからである。市場とは，そもそも，売り手と買い手が出会う場所である。「接触」を経て売り手と買い手の欲望が一致した時，「取引」が生じる。またこの「接触」は，その売り手および買い手に限定されず，類似の財を生産する主体あるいは以前まで契約関係にあった生産主体にも影響を及ぼす。これも，「接触」の効果である。そして「接触」の効果によって，行動の変化が起きなかったとしても（「取引」が生じなかったとしても），新しいアイデアや文化が伝達され，国内では得られない刺激と欲求を当事者に喚起させる可能性がある。それらの刺激と欲求は学習効果を生み，やがて行動の変化を起こしうる。つまり「接触」は，知識の増大のきっかけである。誘発は知識の利用を通じてそれ自体が知識の増大のきっかけである点を思い出せば，「接触」は，誘発の一部の性質をもつのである。もちろん，不断の変化を想定した議論であるので，「取引」と「接触」の前後関係は，あまり重要でないかもしれない。いずれにしても，接触がなければ取引は生じ得ず，接触それ自体が学習効果をもち得るため，本書では前者の関係を採用し，この「接触」の効果それ自体も国際貿易の効果として把握する。

　以上の議論を整理すると，国際貿易は，国内では起こりえない「接触」および「取引」によって「知識の国際的な増大のきっかけ」を提供するものである。知識の増大とは，複数の主体間で生じる空間的増大である「知識の伝播」と，一主体内で生じる時間的増大である「知識の形成」の双方を意味する。Mill［1909（1848）］は，知的交流の効果を道徳的利益と把握し，経済的利益とはとらえていない。しかし上記の通り，知識の伝播および形成は資源の増大に関連するものであるため，経済的利益そのものである。

3. 自由化政策の効果

　コミュニケーション理論を利用して，関税および非関税障壁の削減・撤廃を

目指す自由化政策の効果を検討する。コミュニケーション理論は，価格がもつ情報としての性質を明確にし，関税および非関税障壁の作用に関する新たな知見の手がかりを提供する。「接触」および「取引」は人間の意思にもとづくものであり，価格は売り手と買い手の意思を反映し，かつそれを伝えるものである。

　当該理論によると，コミュニケーションには，3つの段階の問題がある（Shannon et al.［1949］）。①として，情報の正確な伝達を問う，「技術的問題」である。②として，伝達したい意味を正確に伝えられたかを問う，「意味論的問題」である。③として，受信者の行動に影響を与えるかを問う，「効果の問題」である。後述の通り，価格という情報の性質上，意味論的問題を重視する必要はない。本書の関心は，「技術的問題」および「意味論的問題」に向けられる。

　自由化政策の効果は，次の2点にまとめられる。第1は，価格へのノイズを抑制・撤廃することである。この作用により，「接触」は容易になり，そして次のステップである「取引」も容易になる。既述の通り，Arrow［1974］によれば，各主体は固有の情報処理能力をもち，その能力を用いて外界から受けとった情報を処理している。コミュニケーション理論の用語を用いれば，情報発信者から発せられたメッセージは，シグナルに変えられ情報伝達手段を経て，一定のノイズをともないながら，受信体に伝えられる。受信体は，自身の情報処理能力を用いて，そのシグナルを解読する。ノイズとは，情報源が意図しなかったものであり，メッセージに歪みをもたらすものである。

　「接触」の際に利用されるシグナルである価格は，次の2つの特徴をもち，他の情報と一線を画す。①として，解読が極めて容易である，あるいはその処理能力獲得のための費用が極めて低い。価格は，上記の通り，もともと人間の意思を体現している。人間の意思は多くの場合，特定の言語によって伝達されるものであり，その解読には特定の言語に対応した情報処理能力が必要となる。しかし価格を使用すれば，主体を選ばないメッセージの伝達が可能になる。実際，価格は，言語，宗教，国籍の相違と無関係に行き渡り，社会的関係の枠を乗り越える（佐々木［2010］）。②として，劣化しないという点である。いかなる媒介を経てもまた幾人の主体を経ても，その情報の鮮度が低下するこ

とはあっても，情報源のメッセージを忠実に再現できる。

　したがって，ノイズを軽減あるいは抑制できる制度的および技術的条件[14] が整えば，「接触」および「取引」は世界大で生じうる。関税および非関税障壁の削減・撤廃は，その制度的条件に該当する。このように，自由化政策は，売り手および買い手の意志の歪みを軽減・是正し，あるいは当該国の政策担当者またはロビイストのメッセージを抑制・遮断し，シグナルの送受信そのものを容易にする。結果として，売り手と買い手の「接触」を容易にする。

　第2に，「取引」を成立しやすくする点である。当然ながら，関税および非関税障壁の削減・撤廃により，商品の価格は低下し，あるいは企業の販売に対するインセンティブは高まる。

4. 一般的な効果のまとめ

　以上より，環境物品貿易の自由化政策による環境効果は次のようにまとめられる（図5-2を参照）。

　自由化政策に影響を受けて生じた環境物品貿易とは，「接触」の効果による学習効果をもつと同時に，知識の補充による誘発消費あるいは自発消費の結果であり，そして，それに続く誘発消費および誘発生産のきっかけである。国際貿易は，国内では起こりえなかった「接触」の機会を提供し，新たな「取引」を生じさせる。その反面で，既存の取引を解体していく，あるいは既存の財の消費および生産を抑制していく。このような一連の過程のなかで，市場は，有用な財の選別を促しかつ情報の共有化をもたらして，当該財の生産を誘発するのである。誘発が生じる限り，知識という資源は増大の契機をもつ。つまり，誘発は，①知識の伝播および形成を導き，くわえて②他の用途に向けられていた（狭義の）資源の（環境産業への）転用を促す。約言すると，環境物品貿易の自由化政策は，誘発を通じて（環境保全に資する）資源を国際的に増大させるものである。

14　技術的条件には，電話やインターネットなどの通信手段を含む。

図 5-2：環境物品貿易の自由化政策と環境効果

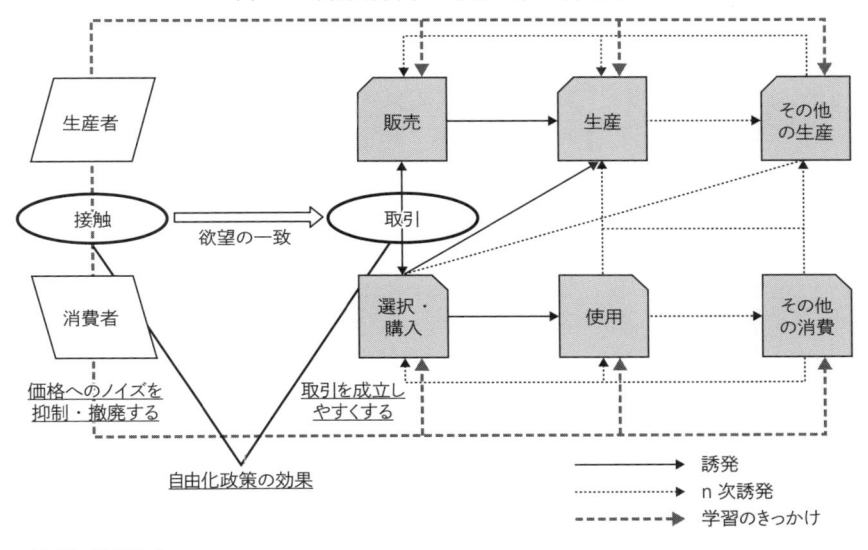

価格へのノイズを
抑制・撤廃する

取引を成立し
やすくする

自由化政策の効果

誘発
n 次誘発
学習のきっかけ

（出所）筆者作成。

Ⅲ．種類別の環境効果について

　前節の議論を利用して，環境物品の種別の環境効果の違いについて整理して
おきたい。

　環境物品の種類に関しては，個々の財（製品）に個体差があり，また分類を
またぐ性質のものもあるため，考察には一定の限界がある。また，あくまで仮
説的な検討であることも念のため確認しておきたい。ただし以上の点を考慮し
ても，論じるべき内容を含むと考えられる。

　環境効果を考える場合，前節の通り，環境対策品と EPP の区別は重要とな
る。ただし，誘発に注目すると，さらに細かい区分が求められることにな
る[15]。

　表 5-2 は，タイプ別の環境効果を示している。セルには空白の箇所がある。

表 5-2：種類別の環境効果

種類	生産	消費					
		選択	購入	使用	維持	修繕	廃棄
環境対策品				○			
EPP	▲	○	○	▲	▲	▲	▲
EPP-e		○	○	▲			▲
資源節約型		○	○	▲			

（注）○は約束された環境効果を，▲は環境効果の源泉を，それぞれ意味する。
（出所）筆者作成。

この空白の箇所を埋めるものが，器具的技術である。当該表では器具的技術を
ひとまず横に置き，種別の技術的手段の効果のみに焦点をあてている。最も環
境効果の分かりやすい種類は，環境対策品である。その「使用」によって，
（絶対的な）効果が現れる。「選択・購入」する主体は，その「使用」を目的に
してそれらの行動をとる。「使用」しないものを，わざわざ「選択・購入」す
ることはまずない，と考えて良いだろう。「選択・購入」した環境対策品を，
複数回使うことは通常のことであり，また合理的なことである。また対策に
「使用」しないものを大量に購入するケースも通常は考えづらい。もしあると
すれば，それは未来への備えであり，将来的には「使用」されることになろ
う。したがって，「世の中に出回る環境対策品の数」と「環境対策の実施数
（その「使用数」）」には，ある程度の正の相関を想定できる。または中長期的
には，両者の相関が一定の数値に収斂していくと考えられる。ここで重要な点
は，前者の数が後者の数を上回る可能性は低いということである。環境対策と
いう行動数を大幅に超えて，環境対策品が普及する可能性は低いのである。環
境対策品に関して自由化政策の果たす役割は，第一義的には，対策の実行およ
び一連の計画にともなう費用を押し下げ，円滑化させることであるといえる。
　続いて，EPP-e（最終用途目的または処分性にもとづく EPP）および EPP
について検討しよう。EPP-e は，EPP の範囲を限定させた特殊形と位置付け

15　前章までの分析にある通り，交渉では3種類の環境物品が登場した。①EPP-e，そして②EPP，
　③その他である。③に該当するものは，最終用途目的（「使用」）で判断される EPP 以外のもので
　あり，環境対策品と位置付けられる。

られる。まずは，EPP を中心に考えることにする。EPP の環境効果は，その定義から判断して，次の２点にある。①として，類似品よりも環境負荷が「相対的に低い」点，②として，「環境保全に著しく貢献する」点である。②の意味することは，奨励したい（生産工程あるいは消費工程に関する）特性をもつ財ということであろう。多様な解釈を許す内容であるため，ここでは考察の対象から外す。

　EPP の環境効果の源泉は，典型的には原材料の選定や生産工程などの内容に由来する。しかし，それ自体はあくまで「相対的な」環境負荷の低減を実現するに過ぎない。類似の用途をもつ財が世の中に出回ることを抑えそれと代替することで，その効果が確定する。したがって，EPP（EPP-e も含めて）の環境効果の本質は，その「選択・購入」にあるといえる[16]。それらの工程は，代替財の普及を抑制し，当該財の普及（「現状の量的拡大」）と，さらには今後の生産活動を誘発するものである。このように EPP は，その「使用」による環境対策の実施という明確な目的にもとづいて選好されにくいため，消費者を選ぶ性質をもつ。消費者は，その財がもつ環境効果をあらかじめ知っておく必要がある，あるいは理解しておく必要がある。つまり「選択・購入」には，一定の知識が必要となる。自由化政策は，消費活動に対して費用を下げる以上の役割を果たすといえる。つまり，自由化政策が消費者の知識を補う役割を果たすことによって，新たな消費活動の機会を提供するわけであり（ということは，新たな学習機会の提供するわけであり），したがって（環境対策品よりも）EPP の方が，誘発の生まれる可能性は高いと考えられる。

　しかしその一方で，憂慮すべき事項が多い点も指摘しなければならない。前節で言及した「N 字カーブのジレンマ」をより強く懸念されるのは，EPP の方である。環境対策品の数は，上記の通り，対策の実施数と一定の相関がある。一方，EPP は，環境対策という実需との結びつきが弱い。当該財が普及し代替財のシェアを奪う余地がなくなった場合，当該財の普及は環境負荷の純

16　もちろん，EPP の中には，「維持・修繕」や EPP-e のように「廃棄」の工程に環境効果の源泉があるものもある。それは，未来の効果を保証する財といえる。器具的技術に依存することなく，それらの効果が作用するのであれば，やはり市場に出回る時に環境目的が達成されたと考えられる。

増に貢献してしまう。あるいは，将来の類似の用途をもち，かつ環境負荷のより低い財の登場の素地を提供する存在となる。EPP には誘発効果を期待できるものの，その効果的な利用には，社会の成熟が求められるといってよいかもしれない。

　以上の内容にもとづけば，EPP を限定的に取り扱おうとする環境物品交渉の姿勢は，交渉の当事者の思惑とは裏腹に，環境に必ずしも優しくないとはいえない。

　さて最後に，EPP の特殊形について取り上げたい。それは一見すると，EPP-e と深く関連するようにみえるが，必ずしもそうではない。通常の EPP と同様に，「選択・購入」により，代替財の普及を抑制して当該財の普及と今後の生産活動を誘発する。その特徴は，環境効果の源泉が，「最終用途（つまり「使用」）」に限定され，かつ，「使用」による相対的な環境負荷の低減という環境効果に，経済的インセンティブがともなうことにある。「購入」費用および運用費用と，その「使用」により節約できる費用のバランスを考慮して「購入」が生じる。「購入」費用が低い場合，あるいは中期的に「使用」し続ける想定がある場合には，厳密な計算の必要性は意識されづらいと思われる。したがって総合的に判断して，「選択・購入」する際に，（他の EPP ほどには）環境に関する知識を前提としない。環境効果は異なるが，環境対策品と同じく，自由化政策の役割は，第一義的には対策の実行および一連の計画にともなう費用（「選択・購入」を容易にする）を押し下げ，円滑化させることであるといえる。「資源節約型」の環境物品がこれに該当する。通常の EPP（および EPP-e）と区別するために，「資源節約型 EPP」と呼んでおこう[17]。

　この「資源節約型 EPP」の場合，「使用」の効果（経済的，環境的）を自覚・実感しやすい。したがって，通常の EPP に比べて，より能動的に環境効果を学習しやすく，EPP の中でも，特に誘発が発生しやすいと考えられる。ただし，この場合の誘発は，通常の EPP のそれとは内容が異なる。より限定された，そしてより具体的な効果を想定できる。それは，消費の「応用」効果である。資源節約型 EPP の普及の有無ではなく，他の財で「使用」の仕方が

17　既存のカテゴリーにあえて分類するとすれば，CT/P（クリーナーまたは資源効率的技術および製品）やエネルギー効率性などになるだろう。

変わる可能性があるということである。このことは，1つの財への注目よりも，多財の動向に注目することの重要性を示唆する（類似の用途をもつ1つの財群と，類似の用途を含まない多様な財群と言い換えても良い）。

　環境効果を計測する場合，1つの財のみに焦点をあてる方が良いのか，それとも多財に焦点をあてる方が良いのか，いずれであろうか。経済学者に馴染みのあるメタファーでいえば，部分均衡モデルと一般均衡モデルを比較するようなものである。どちらがより適切であるかはいうまでもない。1つの財の普及と環境効果の関係を描いた「N字カーブのジレンマ」は，多商品（多商品群）の普及と環境効果の関係をとらえた場合，修正される可能性がある。頑健な結果を得たい場合は，「n商品（群）の帰結」に注目すべきである。

Ⅳ. 特定化に関する試論

　前節までの考察をもとに，特定化に関する一案を考えてみたい。環境物品貿易の自由化に期待される効果の核となるものに誘発による資源の増大があった。その作用を実現するないし高める措置を立案することは，シンプルでかつ合理的な考え方であろう。

　以下では，誘発を生じさせやすいと考えられる，品目の特定化に関する判断基準と候補の一例を検討する。念のため，一例の意味を確認しておきたい。これ以外の基準は認めないという排他的な意味合いをもたない。「優先的に特定化および自由化をすべきである」ことを意味する。

1. 環境問題の原因である「被害原因」という判断基準

　環境問題の原因となる経済活動に注目したい。行動を類型する際の手引きとなりうる。日野［2009］は，環境問題の原因となる経済活動を，「被害原因」と呼んだ。被害原因とは，特定の普及性をもった汚染問題の原因となる経済活動であり，環境問題への取り組みの実践方法を規定する要素である。公害問題や地球環境問題などの発生源の違いとともに，その性質の違いを整理するために利用したものである。日野［2009］では，空間的・時間的普及性[18]に注目

表 5-3：三種類の被害原因

被害原因の種類	活動の形態	具体例
特殊行為	企業の一部の生産活動	工場の汚染物質の排出等
特定行為	生産活動・消費活動	フロンガスの生産・使用等
普遍行為	企業・消費者のライフスタイル	温室効果ガスの排出

（出所）日野 ［2009］より作成。

し，被害原因を 3 つに整理していた。第 1 に，「特殊行為」であり，第 2 に，「特定行為」であり，第 3 に，「普遍行為」である（表 5-3 を参照）。

　本書が注目するのは，「普遍行為」である。「普遍行為」とは，企業による例外的な生産活動でも特殊な物質の使用によるものでもなく，多数の企業および消費者の生産活動および消費活動に限定されない，企業および消費者のライフスタイルそのものが被害原因となっている問題である。日野 ［2009］は，そうした活動の具体例として，現状においては「温室効果ガスの排出活動」があるのみであると述べる。

　特殊な生産活動でもまた一部の消費活動でもなく，多様な主体を巻き込んだ多様な活動の見直し・改善が求められる問題である。別の見方をすれば，この問題に対しては確立した対策技術（ないし抜本的な対策技術）がない点を指摘できる。取りうる対応策は，上記の通り普遍行為の禁止は困難であるため，相対的な改善・修正およびその継続でしかない。もちろん，このような問題に対する環境物品は，その性質上，多様存在している。

2. 仮説的な見解——知識の応用と悪用

　「温室効果ガスの排出活動」の対する環境物品は，事実，多様存在している。品目リストでいえば，WB リスト，ESCAP リストそして J リストなどが該当する。その消費（あるいは生産）の機会も多様であり，したがってある活動で利用した（獲得した）知識は，他の消費（あるいは生産）で応用できる機会が

18　日野 ［2009］によると，空間的普及性とは，当該経済活動の国際的な普及性を示す。これは，経済発展の水準に規定される。たとえば，先進国で開発された生産ラインの途上国への移転などである。時間的普及性とは，当該経済活動の時間的な普及性を示す。これは技術水準に規定される。たとえば，仮に化石燃料以外の有効なエネルギー源が人類の技術開発の結果発見されれば，化石燃料の普及性は必ずしも高くなくなる。

多いと考えられる。

　この見解は，次の2つの仮説にもとづいている。第1の仮説は，ある環境物品の消費および生産によって得られた知識は，同一の環境問題への対応には応用しやすいが，他の環境問題への対応には応用しづらいことである。たとえば，ある省エネ機器の消費によって得られた知識は，他の省エネ機器の活用に応用されるが，工場排水に含まれる汚染物質をカットするための濾過器の消費には応用されない。第2の仮説は，相反する仮説を想定しなければならない。①として，同一の環境問題への合理的な行動は，他の合理的な行動を誘発する（応用効果）。②として，同一の環境問題への合理的な行動は，他の非合理的な行動を正当化してしまう（悪用効果）。環境物品の消費および生産によって得られた知識が正しく応用されれば，環境負荷の低減が実現され，また新たな知識の形成のきっかけとなる。しかし，ある環境物品の消費および生産が免罪符となり，他の環境負荷の高い活動を（心理的な負担を軽減してしまうことで）生じさせてしまうかもしれない。

　以下では思考実験になってしまうが，本書の内容をより明確化するために記しておきたい。前節で指摘した資源節約型 EPP の一例であり，かつ技術的手段と器具的技術の関係性も含めて，シンプルで分かりやすい事例である「サーキュレーターという空調関連機器の消費活動」に注目する。

　ある消費者が，CO_2 対策のために，省エネ機器であるサーキュレーターを導入したとする。サーキュレーターとは，部屋の空気を循環させるものであり，エアコンによる消費電力を抑える作用をもつ。その効果は，サーキュレーターの角度如何によって変わってくる。したがって消費者は，部屋の空気の循環を想定し，一番良い設定角度を模索しなければならない。サーキュレーターは技術的手段であるが，それをより効果的に活用できるか否かは器具的技術に依存しているわけである。

　私自身も経験したことであるが，角度の設定によって，効果は全く異なってくる。夏場は冷気が下に溜まるためサーキュレーターを地面に向けて設定し，冬場は熱気が上部に溜まるため斜め上に向けて設定することになる。ただし，部屋の家具や荷物の配置具合によっては，サーキュレーターの作り出す風の流れが遮断されてしまう。最適と思われる角度の設定を何度か試す必要がある。

また，サーキュレーターの効果が現れると，室温の設定の早急な変更が必要になる（それだけの効果が生じる）。このように，設定角度の試行錯誤そして設定温度の検討は，消費者に技術的手段を利用した学習の機会を提供することになり，節電に関する合理的な行動を実施させるための知識の形成のきっかけになると考えられる。

　仮説①のケースでは，サーキュレーターの消費を通じて形成された知識は，他の製品の消費の仕方を変化させる行動を誘発する。具体的には，使用していないプリンターや要らない照明の電源などを切るのである。なぜこのような現象が生じるのかといえば，改めて述べるまでもないかもしれないが，サーキュレーター単体の「使用」で得られるよりも高い省エネ効果を得られるためである。そして，これらの消費自体が，もちろん当該主体に新たな知識の形成を促す可能性をもつ。

　しかし，仮説②のケースでは，対照的に，サーキュレーターの消費が「非合理な行動の実施」に根拠を与えてしまう。たとえば，エアコンの消費電力を下げることに成功したことを免罪符として，不要な家電の追加的な使用をしてしまうケースである。

　どちらの仮説が強く支持されるのかは，実証によって確認されなければならない。ただし，たとえ仮説②のような効果が生じてしまうケースであっても，前々節で述べた通り，当該主体への環境教育や指導などが適切に行われれば，事態を抑制できるかもしれない。

3.　自由化品目の提案

　以上の議論を踏まえたうえで，特定化の基準について具体的に考えてみたい。

　それは誘発の可能性が高く，したがって応用（および悪用）可能性が高い「温室効果ガスの排出活動への対応に資する財」である。この提案自体は，もちろん目新しいものではない。本書では，これらの品目群の合理的な根拠を確認すると同時に，内容の一層の充実および優先的な自由化を期待したい。なかでも本書では，J（省エネ機器）リストを優先的に自由化すべきであると提案したい。その理由は，次の2点である。第1に，交渉のなかで提案・利用され

図 5-3：BEC 分類を利用した J リストと WB リストの内容比較

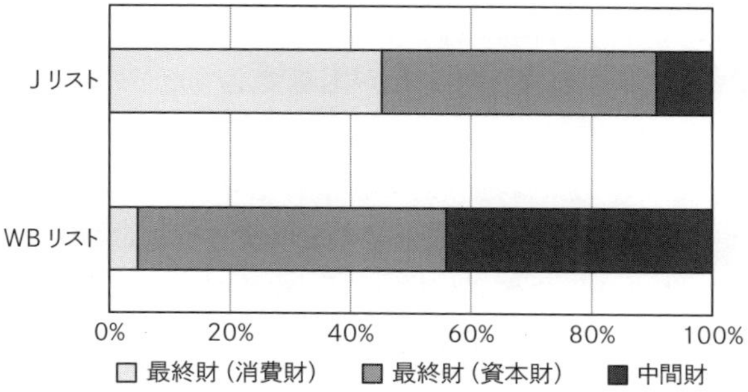

（注意）BEC コードのカテゴライズの方法は，経済産業省［2014］
　　　　の付表第 5 表を参考にした。
（出所）"TN/TE/W/75"，"TN/TE/W/75Add. 1"，"TN/TE/W/
　　　　75/Add. 2"，World Bank［2008］より作成。

た品目リストである，という点である。たとえば，ESCAP リストは外野の提
案であり，実際に交渉で利用されるには今後多くのハードルをクリアしなけれ
ばならない。第 2 に，前節で述べた通り，「使用」による環境効果に，経済的
インセンティブがともなうためである（つまり，資源節約型 EPP である）。同
じく「温室効果ガスの排出活動への対応に資する財」を収録した WB リスト
と比較して，J リストの特徴を明確化させておこう。図 5-3 は，BEC（Broad
Economic Category）分類[19] を用いて，両リストの品目内容を整理したもので
ある。J リストは，消費財が半分弱を占めているが，WB リストでは 5％以下
となっている。一方，WB リストは資本財が多く，これらは生産工程で「使
用」され，約束された効果を実現するものである（つまり，環境対策品であ
る）。J リストが，資源節約型 EPP を多く含むリストであることを，改めて確
認できる。

　ただし J リストに関しては，留意点が 2 点ある。第 1 に，実務上の基準作り
が難しい点である。第 2 に，日本の輸出利益に主眼を置いた提案であるとして
途上国を中心に反発がある点である（ICTSD［2010］）。しかし，第 1 の実務上

───────────────
19　BEC 分類とは，国連が開発したものであり，3 桁の数字（BEC コード）を使って用途別に貿易
　　統計を分類するものである。

の基準は，地球温暖化問題への対応にあわせて，本来作られるべきものである。その点に関して，日本は具体的な提案もしている。たとえば「Energy Star」という国際基準を利用すれば，特定化が困難であった EPP などの一部の製品を識別可能にする（"TN/TE/W/75"）と述べる[20]。さらに，前章でみた APEC での取り組みにあった通り，実務上の基準は，国際的で客観的な基準を設計しなくても，現場の対応によってボトムアップ的に発生する可能性がある。というのも，J リストの多くには，ex（統計細分）が利用されていた。実務上の基準の制度設計にこだわり続ける必要性は，必ずしも高くないといえよう。

V.　小括

　本章では，環境物品貿易に期待すべき効果の検証に必要な諸概念と仮説を整理し用意した。まず環境物品とは，「技術的手段であり，環境負荷の低減に資する一定の潜在的要素を具備しているもの」である。環境技術の実施をある程度保証するものであり，また環境効果に関する学習の機会を提供するものでもある。その貿易の自由化とは，政策によって作り出した価格差あるいは価格の低下によって，消費者の環境に関する知識を補うことで，環境物品の普及を通じた技術移転の促進と環境技術の定着を脆弱に促進するものである。そのようなミクロの効果を総合的に把握すれば，環境物品貿易の自由化政策とは，誘発を通じて（環境保全に資する）資源を国際的に増大させるものであるとまとめられる。続いて，環境物品の種類別の環境効果について整理した。最後に，特定化に関する試論を示した。誘発を生じさせやすい品目の自由化および特定化を優先すべきであり，種々の検討の結果，具体的な品目案として J リストを指摘した。

20　日本の提案は，必ずしも好意的に受け止められていないが，「基準の調整問題」は非関税障壁をめぐる重要な論点の 1 つとして認識されている（"TN/TE/19"）。

第6章

検証とインプリケーション
──「貿易効果」に注目して

　本章の目的は，環境物品貿易の効果の検証を行い，政策的なインプリケーションを得ることである。まず，前章までの議論を受けて仮説を整理・選定し先行研究のサーベイを経て，本章で検証すべき仮説を提示する。続いて，推計で利用するデータおよびモデルを説明した後，推計結果を示す。最後に，推計結果に関する技術的な補足説明をし，インプリケーションを得て，結びとする。

Ⅰ．検証すべき仮説の提示

1．3つの仮説

　前章の検討を受けて，検証すべき仮説について考えてみたい。それぞれの仮説は，一定の関係性をもつが，ポイントとなる性質は次の3点である。

　第1に，環境物品貿易の環境効果の検証である。この論証は，複雑でテクニカルな問題が絡み合うが，極めて重要である。なお環境効果は，次の2つに区分できる。「自由化効果」と「貿易効果」である。この区分は，前章で示した技術移転と技術定着に対応している[1]。「自由化効果」とは，貿易障壁の削減・撤廃に誘発されて生じる貿易の変化をとらえるものである。一方，「貿易効果」とは，貿易の変化に誘発されて生じる当該国のパフォーマンスの変化をとらえ

1　本章で取り上げる仮説は，前章の第Ⅰ節の内容が主となり，第Ⅲ・Ⅳ節の内容も利用する。総合的な視点は，統一的な分析視角からの接近を可能にするものであるが，それぞれの効果の把握を難しくしてしまう面がある。

るものである。ミクロの視点に立ち，財に体化された環境技術それ自体に注目する視点が「技術移転と定着」であった。マクロの視点に立ち，複数の財（環境物品）の動向に注目する視点が「自由化効果と貿易効果」である。自由化効果は，技術移転を誘発させる。貿易効果は，技術定着の結果から生じるものであるが，しかし技術移転の結果からも生じうる。残念ながら，きれいな対応関係になっていない。このような事態が生じうる原因は，当然ながら，本来的にミクロ的な現象をマクロ的に把握しようとする点にある。本分析は，貿易理論で一般的にみられる前提である，代表的な個人を想定した分析となる。もちろん，個人の行動に及ぼす効果だけを検証したいのであれば，アンケートを利用した実証分析の方が適切といえる。ただしその際，サンプルバイアスを回避しながら，複数の国々からサンプルを集めなければならない。途上国は地域ごとに各変数の分散が大きいと予想されるため，細心の注意と根気が必要になるだろう。

　第2に，品目リストごとの効果の違いの検証である。環境物品としての正当性の有無の根拠や自由化対象品目の特定化に関連する事項となり，この点は次に重要な事項となる。現状では，その環境効果の根拠は2つの方法ともに客観的な環境基準によって担保されているわけでなく，手続き正当性によって担保されている。ただし，それぞれの品目リストの効果は一様ではないと予想される。効果の違いは，その正当性の有無，そして特定化や自由化の優先順位に関連してくる。くわえて，それぞれの財がもつ誘発効果の違いとも関連していると考えられる。誘発効果の違いの示唆も得たい。

　第3に，先進国と途上国での環境効果の違いの検証である。一般的に，国をグループ分けする方法はさまざまあるが，本分析は，本書の前半でとらえた交渉の構図を利用して，先進国グループと途上国グループに分ける[2]。環境効果の違いの有無は，自由化をめぐる政策論に直結する。ともに一律の自由化が望ましいのか，それとも自由化期間および対象品目を変化させる方が望ましいの

2　グループの境界線をどう引くかは，常に悩ましい問題である。本書の前半では，韓国を，独自の品目リストを早期に提出している点を考慮して，「新しい自由貿易派」に近い位置付けとした。そして当然のことながら，韓国は OECD 加盟国である。しかし，後半のデータ分析では，国の性質に注目して，韓国を途上国グループに位置付ける。その理由は，韓国が WTO に途上国であると申請して，優遇措置を受けているためである。

かなどの判断材料になろう。

2．仮説の検証状況

　環境物品貿易に関する仮説の検証成果をサーベイしたい。本書の序章でも取り上げたが，ここではより詳しく述べる。

　成果の内容にもとづいて，次の3点に整理できる。第1の成果は，貿易額の決定に関する分析である。関税・非関税障壁の削減・撤廃やRTAの締結を説明変数として，被説明変数である貿易額の決定要因を推計するものである。大半の成果は，ここに分類される。第2の成果は，弾力性を検証し関税削減効果を推計するものである[3]。第3の成果は，その他のものである[4]。

　第1の成果は，本分析の分類でいえば自由化効果の検証に該当する。第2の成果は，自由化効果の検証に特化した成果であるといえる。したがって，第1の成果と同様に，自由化効果の検証に分類できる。以下では，第1の成果を中心に，自由化効果の検証の成果を確認する。

　成果のうち，グラビティモデルを利用した推計の主要なものに，Ratnayaka et al.［2011］，Matsumura［2016］，Jacob and Møller［2017］，Cantore and Cheng［2018］などがある。グラビティモデルを利用していない成果として，Avery and Boadu［2002］とJha［2008］がある。それぞれの成果では，分析対象とする品目リストや貿易障壁を含めた説明変数の設定に工夫がなされている（表6-1を参照）。品目リストに関しては，Ratnayaka et al.［2011］がESCAPリストを，Matsumura［2016］やJacob and Møller［2017］がA2リストを，Cantore and Cheng［2018］がOECDリストを，Avery and Boadu［2002］が米国商務省の定義にもとづいた品目を，そしてJha［2008］がフレンズリストを，それぞれ用いている。そして，Tamini and Sorgho［2018］は，A2リストとOECDリストを用いて，貿易費用の弾力性を推計している。複数の品目リストを利用した成果は皆無ではないが，環境効果の違いを念頭に置い

3　Yoo and Kim［2011］は輸入弾力性を検証し，Tamini and Sorgho［2018］はトランスロググラビティモデルを使用して貿易費用の弾力性を推計している。

4　たとえば，リストアップされた品目の性質を検証するために，プロビットモデルを利用して推計したBalineau and de Melo［2013］などがある。

表6-1：主要な先行研究（環境物品貿易の実証分析）の整理

	推計モデル	使用リスト	被説明変数	主な説明変数	主要な結論
Ratnayaka et al. [2011]	伝統的なグラビティモデル	ESCAPリスト	アジア太平洋地域の2国間の輸出額	輸出国GDP，輸入国GDP，距離 etc.	伝統的な変数の効果を確認。
Matsumura [2016]	伝統的なグラビティモデル	A2リスト（H44を除く）	43国のうち2国間の貿易額	APECダミー，日本−ASEANダミー etc.	経済統合が貿易額を高める。
Jacob and Møller[2017]	伝統的なグラビティモデル・PPML	A2リスト	184カ国のうち2国間の輸入額	関税，非関税障壁，STRI，FTA（RTA）ダミー etc.	非関税障壁・STRIが輸入に悪影響を及ぼす。
Cantore and Cheng[2018]	グラビティモデル	OECDリスト	先進国・途上国71カ国のうち2国間の輸出額	環境税・環境イノベーションが輸出に与える影響 etc.	伝統的な変数だけでなく，環境政策に影響を受ける。
Avery and Boadu[2002]	プーリングOLS	米国商務省の定義	アジア太平洋地域17カ国の輸入額	経済自由度指数，政治的権利・市民自由指数 etc.	経済自由度の改善は，輸入を大きく伸ばす。
Jha [2008]	プーリングOLS	フレンズリスト	32の途上国の輸入額・輸出額	関税，EPI，FDI，技術援助 etc.	関税削減効果よりも技術援助効果の方が大きい。
Zugravu-Soilita [2016]	3SLS・ランダム効果モデル	OAリストとEPPリスト	24の移行国の環境結果(CO_2, SO_2, BOD)	GDP，資本労働比率，環境政策指数，貿易開放度 etc.	エンドオブパイポの輸入は環境効果あり。クリーナーは仮説と逆の効果。

（注）BODとは生物化学的酸素要求量を，OLSとは最小二乗法（Ordinary Least Squares）を，PPMLとはポワソン疑似最尤推定法（Poisson Pseud-Maximum-Likelihood）を，3SLS（three-stage least squares）とは三段階最小二乗法，をそれぞれ意味する。

（出所）Ratnayaka et al.［2011］，Matsumura［2016］，Jacob and Møller［2017］，Cantore and Cheng［2018］，Avery and Boadu［2002］，Jha［2008］，Zugravu-Soilita［2016］より作成。

た検証はなされていない。交渉の実態を踏まえれば自明であるが，すべての品目リストは程度の差こそあれ提案国の利益に傾斜している[5]。たとえば，Balineau and de Melo［2013］は，リストアップされた品目の性質を検証し，

5　WBリストは世銀が作成したものであり，他のリストに比べれば比較的中立といえる。ただし，それを利用して提案した国があるわけであり，その背景には自国の利益を実現しやすいという打算があるものと推察できる。

「各国は実効関税率が低い品目ほど，自国の品目リストにノミネートする（＝実効関税率が低くない品目ほど，自国の品目リストにノミネートしない）」という仮説を検証し，支持する結果を得ている[6]。1つの品目リストだけを用いて分析すると，バイアスのかかった結果となる恐れがある[7]。本分析では，複数の品目リストを使用することでより一般的な分析結果を得るとともに，それぞれの品目リストの効果の違いについても検証する。

　続いて，自由化効果の分析結果について確認しておこう。貿易障壁に関する説明変数として，関税・FTA（RTA）[8]ダミー・地域協力ダミー，非関税障壁・サービス貿易制限指標（Services Trade Restrictiveness Index：STRI）[9]，そして経済自由化指数などが利用されている。関税の削減効果に関しては，すべての推計結果で有意な関係が確認されているわけではない。そんななか，Matsumura［2016］は，伝統的なグラビティモデルによる推計をし，APECメンバーダミーおよび日本-ASEAN ダミーが貿易額を有意に高めるという結果を得ている。これらの地域では，RTA を通じた経済統合が進展しており，それらの動向が貿易額を増加させているという示唆を得ている。Avery and Boadu［2002］は，「経済的自由指数」が輸入額を有意に高めるという結論を得ている。ただし，「経済的自由指数」は，「貿易障壁（関税および非関税障壁）の開放度」だけではなく，「投資自由度」，「ビジネス自由度」，「通貨自由度」，「金融自由度」，「労働自由度」，「財政自由度」，「財産権」，「政府支出」そして「汚職からの自由度」の 10 項目からなる。一般論として自由化の推進が環境物品貿易を活発化させるという関係性は確認できるが，貿易自由化のみの効果は明確でない。一方，Jacob and Møller［2017］は，関税や RTA ダミー

6　しかし，「各国は比較優位財をノミネートする」という仮説は，支持されていない。

7　バイアスについて，確認しておこう。本分析に関するバイアスは，2 種類ある。1 つは品目リストの選択に由来するものであり，もう 1 つは HS6 桁分類に由来するものである。後者に関しては，国際比較可能な HS コードの分類が粗いために生じる問題であり，技術的な対応策がない。本書が対処するバイアスは，前者のみである。

8　先行研究では，FTA（自由貿易協定）という用語が使用されている。しかし本書では，序章の注 17 で述べた通り，FTA を「自由貿易地域」という意味で使用するため，RTA と表記することにする。

9　STRI とは，OECD 加盟国を中心とした 45 カ国のうち，22 分野のサービス貿易障壁の程度を示す。0 から 1 の値をとり，1 が最も制限的であることを意味する。

を説明変数として利用して推計をしているものの，有意な関係を確認できていない。しかし，非関税障壁および STRI が輸入額を有意に減少させていることを確認している。そして，Jha［2008］は途上国のみを対象に推計し，関税削減効果は一部の分野では確認されるものの多くの分野で符号が安定しないこと[10]，そして技術援助の発生が貿易を有意に増大させることを確認している。

　国別の傾向を検証した成果は限られる。Cantore and Cheng［2018］は，所得に応じて先進国グループと途上国グループに分けて推計しているが，これは自由化効果の検証であるため，貿易効果の検証は課題として残されている。

　一方，貿易効果を検証した研究成果には，本書の序章でも取り上げた通り，日野［2015］および Zugravu-Soilita［2016］がある。前者に関しては，技術的な課題が多い。後者に関しては，経済の自由化が進展した 1995〜2003 年の移行国を対象にして，OECD リスト＋A1 リスト（以下，OA リストと表記する）と独自に作成した EPP リストを利用し，直接効果だけでなく間接効果も検証している。被説明変数は，24 の移行国の環境結果（CO_2，SO_2，BOD（生物化学的酸素要求量））となっている。主要な結論は，次の通りである。①OA リストの貿易額を用いた分析では直接効果をほとんど確認できず，しかし間接効果を含めると CO_2 のみ効果を確認し，②（同じく貿易額を用いた）EPP は直接・間接効果ともに CO_2 のみ効果を確認し，③輸入においてはエンドオブパイプの環境物品に直接効果を確認し，クリーナー技術の環境物品には仮説と逆の効果を確認し，④輸出に関しては多くのケースで仮説を支持していない。以上の結論はどれも重要なものであるが，分析に関して残念ながら疑問なしとはできない。まず時期区分に関しては，環境物品交渉の開始前および直後がもっぱらの対象期間となっているため，環境物品貿易の効果を把握する適切な時期区分となっているか疑問が残る。そして，他の品目リストも利用することでより総合的な分析になっていたであろうと考えられる。さらに何よりも，移行国に限定された分析から導かれた結論および政策的インプリケーショ

10　Jha［2008］は，フレンズリストの品目を 10 分野に分けて推計している。「再生エネルギープラント（renewable energy plant）」と「熱とエネルギーマネジメント（heat and energy management）」分野では，5％水準で仮説を確認している。ただし，「EPP」と「自然資源保護（natural resources protection）」分野では，正で1％有意となっている。その他の分野では，有意な関係を確認していない。

ンの解釈には慎重さが求められる。

　以上より，検証状況は次のようにまとめられる。第1に，関税だけではなく，地域ダミー・非関税障壁を含めた貿易障壁の削減が環境物品貿易を有意に増加させる傾向をもつ。関税の削減効果には，若干の補足的な説明が必要である。前章で取り上げた通り，先進国を中心に関税率はすでに低水準となっている。とくに A2 リストの関税率は低い。A2 リストを使って推計していた Jacob and Møller［2017］が，RTA ダミーを含めて有意な関係を確認できなかったのは，当然のことといえるかもしれない[11]。ただし，関税が低水準であることとゼロであることは意味が異なる[12]。くわえて，途上国の関税は高止まりしており，Jha［2008］の推計結果にもあったように，貿易促進を阻害する要因となっている。さらに，現実の交渉において特に問題になるのは（議論の進展・合意を阻むものは），その削減をめぐる政治経済的な側面である。Jacob and Møller［2017］などをはじめとした多くの成果が，関税の削減・撤廃よりも非関税障壁の削減・撤廃の方に貿易促進効果があるとする言説[13]はその通りであろう。しかし，関税の削減・撤廃は交渉上の重要な論点の1つであり，また途上国を中心に自由化効果が期待できるため，関税削減・撤廃の効果[14]を軽視して良いわけではない。また，Jha［2008］の分析結果から示唆されることは，環境物品の種別によって効果に違いがあるということである。前章で示した仮説を利用して推計すれば，すべての環境物品の自由化効果を同一視してしまった一般的知見ではなく，効果の違いを反映した類型にもとづく精緻な知見が得られると予想される。

　第2に，技術援助の重要性についてである。前章で，技術援助が環境物品貿

11　Jacob and Møller［2017］も，2002 年以降，関税は低下傾向にありすでに低水準になっていることを，文中で再三述べている。

12　ゼロの場合，企業は納税を必要としないため，貿易を行うインセンティブが高まる。TPP 交渉でみられた，5%の自動車関税率をめぐる日米の攻防は，ゼロとそれ以外の影響力の違いとその大きさを示す事例である。

13　Jacob and Møller［2017］は，環境物品貿易を補完する財や環境計画に必要な財の関税引き下げの必要性を指摘している。

14　Schmid［2012］は，CDM（クリーン開発メカニズム）の大規模なサンプル調査をした結果，①ホスト国の関税が低い時，実施されるプロジェクトに技術移転のコンポーネントをともなう可能性が高い，そして②環境物品の MFN ベースの実行関税率の 10%増加がプロジェクト内での技術移転の可能性を 3%下げる，という推計結果を示している。

易を促進しうると，述べた。Jha［2008］がその仮説を見事に検証していた。技術援助は，代理変数の設定や事例の把握が困難であるが，Jha［2008］は分析期間と分析対象を限定することで，丁寧な検証をしていた。

　以上から，自由化効果（技術援助の効果も含めて）の検証は一定の知見が確保されつつあると結論付けられる。一方，貿易効果の（一般的な）検証は，残された課題となっている。ところで，自由化効果は，理論的な検討から予想できうるものである。貿易費用を減少させる貿易障壁の削減・撤廃が，貿易を拡大することはごく自然な現象であるからである。ところが貿易効果はその限りでない。本書の前半で考察した通り，科学的に効果が検証された品目や外部の環境基準をクリアしたものだけが，環境物品としてノミネートされているわけではなかったからである。そして，この検証は非常に重要な点である。なぜなら，既存のリストにノミネートされた品目が貿易効果をもたないのであれば，貿易拡大を目指すという自由化交渉の根本が崩れかねないためである。

　改めて，本分析が検証する仮説を提示すれば，次の3点＋1点になる。第1に，環境物品貿易の貿易効果の検証である。第2に，品目リストごとの効果の違いの検証である。あわせて，誘発効果の違いの示唆もえたい。第3に，先進国と途上国での効果の違いの検証である。さらに第4として，本書の前半で示した見解である，①「「自由貿易派（および新しい自由貿易派)」は輸出の増進というモチベーションをもち，「S&D 派」は比較劣位であり輸入の急増を懸念している」という指摘，そして②「APEC 合意に達した背景要因として，機械的な貿易自由化に反発した「S&D 派」の主要な国々が協議メンバーではなく，一方で，貿易の伸びているアジアの国々の多くが参加していたから」という指摘について，貿易データを観察することで裏付けを得たい。

Ⅱ．データ，変数，推計

1．対象国と貿易データ

　分析対象国と貿易データのソースをまず明確化しておこう。分析対象国は，先進国および途上国を含んだ 46 カ国（付表 6-1 を参照）である。EGA（環境

物品協定）交渉に当初から参加した 14 カ国[15] をまず選定し，そしてサンプル数を増やすために先進国と貿易の取引量の多いアジア諸国[16]・新興国を加え，さらに各種のデータが整備されている国を選んだ。その際サンプルが，データの整備されている先進国ばかりにならないように努めた。まとめると本分析のサンプルは，自由化交渉・協議の要となる国々および貿易の取引量の多い国々をカバーしている。

　続いて，貿易データを確認する。本分析の扱うデータは，次の 5 つである。第 1 は，OA リストで特定化された品目群にもとづくものである。OA リストは，90 年代後半に作成されたものであり，各国が独自に作成した品目リストのベースになったものである。いわば，各国リストの原典であり，かつ基本案である。第 2 のデータは，WB リストにもとづくものである。米国と EU が共同提案したものでもあり，またフレンズリストから作られたものである。交渉の中期に提案された代表的な品目リストの 1 つである。第 3 のデータは，A2 リストにもとづくものである。国際協議を経て作成された最新の品目リストであり，近年の代表なリストの内容をコンパクトにまとめたものである。第 4 のデータは，日本の J リスト（省エネリスト）にもとづくものである。温室効果ガスの削減効果をもつ省エネ家電などの資源節約型 EPP を多く含むものであり，非常にオリジナリティの高いものとなっている。第 5 のデータは，上記の 4 つの品目群のデータの合計値（以下，SUM と記す）である。重複した品目は削除して計算している。すべてのデータは，PC-TAS から入手した。

　それぞれの品目リストの関係を，念のため確認しておく。時系列を意識すると，初期，中期そして最新の，それぞれの代表的な品目リスト（OA，WB，A2）をカバーしている。そして，それらの内容を補完する品目リスト（J）を選定している。SUM は，以上の品目リストを包摂した環境物品貿易の一般的な傾向を示すものとして理解できる[17]。

15　台湾・香港は，データに制約があるため対象から外している。

16　Kuriyama［2012］の分析内容にもとづく。

17　その他の注目すべき品目リストとして，ハイブリッドアプローチの提案国が示した「コアリスト案」を指摘できるだろう。ただしこのリストは，その性格上，他の品目リストとの重複度合いが非常に高く，独自性も低い。事実，SUM との重複率は，96.15%（＝25/26＊100）である。当該リストの内容をほぼカバーできているため，個別に取り上げないことにする。

表 6-2：品目リスト別の HS コード数と内訳（HS2002）

SUM	OA	WB	A2	J
252	163	43	48	57
HS22:1	HS22:1	HS34:1	HS84:21	HS84:9
HS23:1	HS23:1	HS56:1	HS85:10	HS85:17
HS25:2	HS25:2	HS70:1	HS90:17	HS87:28
HS28:19	HS28:19	HS73:5		HS94:3
HS29:1	HS29:1	HS76:2		
HS32:2	HS32:2	HS84:20		
HS34:1	HS38:1	HS85:9		
HS38:1	HS39:4	HS90:4		
HS39:4	HS46:1			
HS46:1	HS56:1			
HS56:1	HS59:1			
HS59:1	HS68:1			
HS68:1	HS69:7			
HS69:7	HS70:5			
HS70:6	HS73:5			
HS73:9	HS78:1			
HS76:2	HS84:53			
HS78:1	HS85:8			
HS84:75	HS87:1			
HS85:34	HS89:2			
HS87:29	HS90:43			
HS89:2	HS96:3			
HS90:45				
HS94:3				
HS96:3				

（注）上段は HS6 桁で計測した合計数を，下段は HS2 桁で計測した合計数
を，それぞれ示している。

（出所）APEC［2012b］，OECD/Eurostat［1999］，"TN/TE/W/75"，"TN/
TE/W/75Add.1"，"TN/TE/W/75/Add. 2"，World Bank［2008］，
"WT/GC/W/138/Add. 1"より作成。

　HS 分類に注目すると，それぞれの品目リストで使用されているものは異な
る。A2 リストでは，HS2002・2007・2012 の 3 つの HS コードが割り当てられ
ている。WB および J リストでは HS2002 が，OA リストでは HS1996 が，そ
れぞれ利用されている。本分析では多くの品目リストで利用されており，かつ
比較的長期のデータがとれる HS2002 を用いる。したがって OA リストを，国

連が定める変換表[18] にしたがいすべて変換している[19]。表 6-2 は，HS2002 で特定化したそれぞれのリストの品目数を示している[20]。

　4 つの品目リストのなかには，ex-out アプローチを採用しているものがある。HS6 桁分類でデータを収集すると，貿易額を過大評価してしまう。ただし，6 桁分類を超えたデータの国際比較は容易ではない。本分析では，そのような問題点を認識しつつ，止むを得ず 6 桁分類でデータを集計する。なお，WB リストには ex（統計細分）がないため，ex の使用に由来する過大評価はない。ただし，二重の使用目的があるため，過大評価がまったくないわけではない。なお，仮説の検証のために利用するデータは，2003〜2012 年とする。後述する被説明変数の関係でデータに制約が生じているものの，可能な限り最新のデータを使用している。また同期間は，本書の前半で論じた通り，自由化交渉が活発になされた時期であり，くわえて貿易額が持続的に伸びた時期である。

　貿易の状況を確認しておこう。図 6-1 は，5 つ品目リストごとに計測した貿易総額（TRA），輸入額（IM）そして輸出額（EX）の推移を示している。まず，技術的な問題を確認しておく。HS 分類では，輸入は CIF（Cost, Insurance and Freight）価格で，輸出は FOB（Free on Board）価格で，それぞれ計上されている。そのため，運賃・保険料価格分が輸入価格のみに含まれてしまっている。一般的な処置方法は，輸入価格（CIF 価格）を 10％割引することで，FOB 価格に変換する方法である。本書もこの方法を採用する。なお，輸入データそれ自体を単独で使用する場合は，変換の必要はない。TRA の計測や EX も利用して計算する場合には，IM を FOB 価格に変換する。

　図 6-1 から読み取れる特筆すべきは次の 2 点である。第 1 に，全体の取引額についてである。SUM で計測した 2012 年の TRA は 4.23 兆ドルであり，そのうち IM は 1.93 兆ドル，そして EX は 2.30 兆ドルとなっている。過大評価が少ないと考えられる WB リストで計測した同年の TRA は 4275 億ドルであ

18　変換表については，国連の HP（https://unstats.un.org/unsd/trade/classifications/correspondence-tables.asp ［Accessed. 2019.3.15］）を参照されたい。

19　HS2002 に変換した OA リストの 842200 のみ該当するコードがないため，考察の対象から外している。

20　付図 6-1 に，品目リスト別の HS コード数（HS2 桁）の比率内訳の比較を示しておく。

図 6-1：品目リスト別の 46 カ国の取引額の推移（1000 億ドル）

① TRA

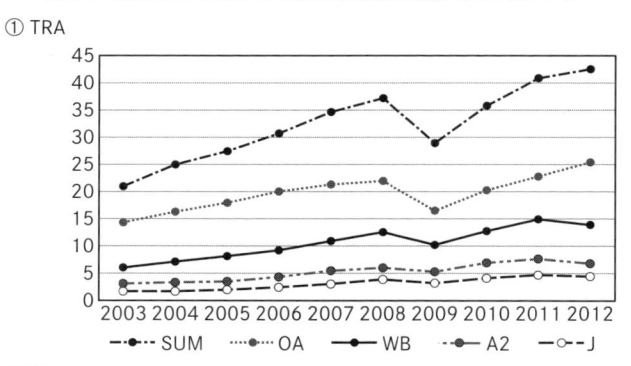

②IM

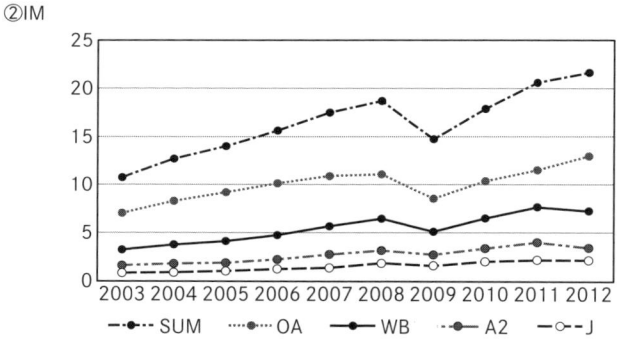

③EX

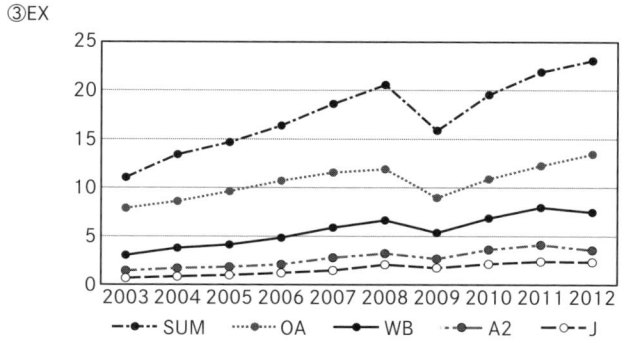

（出所）PC-TAS より作成。

り，そのうち IM は 1847 億ドル，そして EX は 2428 億ドルとなっている。品目数の最も少ない J リストで計測すると，TRA は 2.49 兆ドル，IM は 1.15 兆ドル，そして EX は 1.34 兆ドルとなっている。

　以上からの考察点として，各リストの金額にはそれなりの乖離がある。その取引市場の規模についても確認しておこう。以下のデータを，比較のために用いる[21]。2012 年当時の世界の商品貿易の輸出総額は 17.97 兆ドルであり，一般機械および電気機器の輸出額が約 2 兆ドルであり，自動車部品の輸出額が 3873 億ドルそして鉄鋼製品の輸出額が 2987 億ドルとなっている。SUM で計測した場合の市場規模は，一般機械および電気機器の輸出額に匹敵するものであり，かなり大きな規模であると判断できる。WB リストで計測した場合の市場規模は，鉄鋼製品の輸出額に匹敵するものであり，一定の規模であると判断できる。

　第 2 に，トレンドについてである。TRA，IM そして EX のトレンドに大きな相違はない。リーマンショック前までは順調な伸び率を示し，2009 年に大幅な鈍化に見舞われ，その後，従来の勢いを取り戻して伸びている。なお，あえて詳しく記述すれば，2009 年以降のトレンドには，若干の相違がある。OA リスト，WB リストそして A2 リストは，2010 年および 11 年に正の伸び率を記録するものの，2012 年に再びマイナスとなっている。WB リストがその値がもっと少なく，TRA の伸び率が −5.51％，OA リストのそれが −7.41％そして A2 リストのそれが −16.91％である。一方，SUM と J リストは，一貫して上昇している。

　上記のデータを利用して，本分析で取り上げる 46 カ国の位置付けを確認しよう。まず既述の通り，SUM で計測した 2012 年の 46 カ国の合計の，EX は 2.30 兆ドルであり，IM は 1.93 兆ドルであった。同年の世界全体の EX は 2.45 兆ドルであり，IM は 2.12 兆ドルである[22]。したがって，世界全体に占める 46 カ国の輸出入の比率は，それぞれ 93.8％と 91.0％である。表6-3 は，同様の手順で，2003〜12 年にかけての世界全体に占める 46 カ国の環境物品の輸出入総額の割合を算出し，その年平均を示している。輸入の方が数値は若干

21　以下の商品貿易データのソースは，日本貿易振興機構［2013］である。
22　PC-TAS を利用して計測した。

表 6-3：2003〜12 年の世界全体に占める 46 カ国
の環境物品貿易の割合の年平均（%）

輸出	輸入
95.1	92.3

（注）SUM で計算している。
（出所）図 6-1 と同じ。

図 6-2：先進国および途上国の上位 10 カ国の輸出入の比率の推移（%）

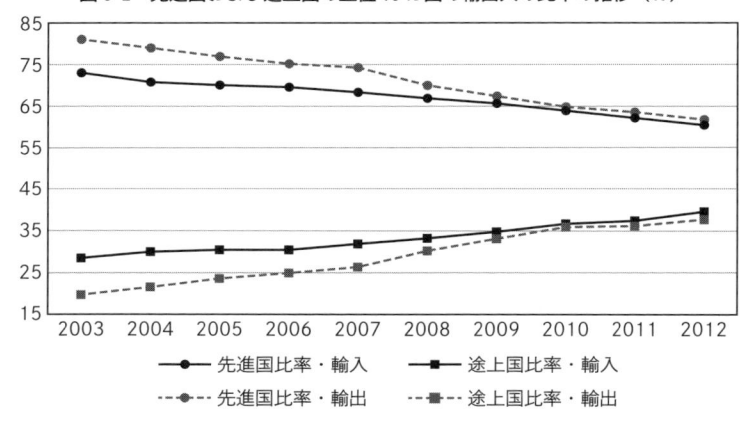

（注）数値は，5 つの品目リストで計測した比率の平均値である。
（出所）図 6-1 と同じ。

低くなるものの，輸出入ともに 90% を超えた値となっている。したがって，
46 カ国のデータ分析を通じて，世界全体の環境物品貿易の動向の把握は可能
であると考えられる。

　続いて，先進国グループおよび途上国グループ別の傾向をみておこう。図
6-2 は，先進国および途上国の貿易額上位 10 カ国で計算した輸出入の合計比
率の推移を示している。数値は，5 つのリストで計測した比率の平均値となっ
ている。本分析で取り上げる先進国と途上国の数は異なるため，双方の上位
10 カ国の合計比率を比較している。図にある通り，輸出入ともに比率は先進
国の方が多い。ただし，伸び率は輸出入ともに途上国の方が高く，比率が接近
している。とくに輸入は，2012 年の先進国合計の比率が 60.5% であり，途上
国合計の比率が 39.5% となっている。分野別でみると，両者の比率がとくに

接近しているのは，輸入では 2012 年の A2 リスト（先進国の比率が 54.5%，途上国の比率が 45.5%）であり，輸出では同年の WB リスト（先進国の比率が 54.9%，途上国の比率が 45.1%）である。要約すると，現状では先進国のシェアが高いものの途上国のシェアが接近しており，くわえて途上国のシェアは相対的に高い伸び率を示している。途上国市場の重要性と将来性を確認できる。

　続いて，国別の傾向をみておこう。表 6-4 は，TRA，IM そして EX に関する品目リストごとに計測した，分析期間内の取引額上位 10 カ国を示している。金額と伸び率は，年平均となっている。いずれのケースにおいても，一般的な傾向として上位国の多くは米国・ドイツ・日本・フランス・イギリスなどの先進国となっている。ただし EX に関しては，中国および韓国が上位に位置している。さらには，メキシコやシンガポールも一部の分野で上位 10 カ国内に入っている。IM に関しては，上位を先進国が占める傾向は変わらないものの，メキシコや中国が上位 10 カ国に位置しており，一部の分野では韓国・インドが入っている。先進国の上位占有率は，EX よりもむしろ IM の方が高い。日本は，輸出入ともにすべての分野において，上位 5 カ国以内に入っている。J リストの EX だけが，上位というわけではない。米国やドイツとともに，環境物品貿易を牽引する主要国の 1 つであるといえる。

　最後に，各国の比較優位を確認する。各国の比較優位は，一般的に，Balassa［1965］が提示した顕示比較優位（Revealed Comparative Advantage Index：RCA）指数を用いて分析される。Balassa 指数および RCA 指数に関しては，さまざまな議論がある。なかでも，基数的指標とみなすことことは，概念的にも実証的にも正しくないという見解が示されている（Yeats［1985］，熊倉［2009］）。比較優位の逆転が生じてしまうためであるが，熊倉［2009］は，国や品目によって統計的性質が異なることへの注意や，産業内貿易の比率が逆転現象の頻度と関連する傾向を確認している。くわえて，輸出統計と輸入統計の情報を同時に活用することの必要性に関する示唆を得ている[23]。

23　Balassa 指数は，周知の通り，輸出額のみを利用して算出する。バラッサは，1960 年代当時の輸入額が関税の保護主義的措置によって影響を受けていたため，輸入統計に問題があると判断していた。

表 6-4：2003〜12 年の取引額上位 10 カ国─年平均取引額と年平均伸び率（1 億ドル，％）

(1) TRA

SUM	OA1	WB	A2	J
米国：5214（4.43）	米国：1541（6.39）	ドイツ：422（8.08）	米国：776（6.12）	米国：3330（2.78）
ドイツ：4150（4.58）	ドイツ：1482（6.24）	米国：391（9.20）	ドイツ：720（8.46）	ドイツ：2517（-1.22）
日本：2602（0.33）	日本：853（2.63）	日本：224（4.44）	日本：514（1.20）	日本：1589（-3.09）
フランス：1536（1.03）	中国：600（9.43）	中国：178（11.45）	中国：369（7.10）	イギリス：1004（-0.13）
イギリス：1533（1.40）	イタリア：518（3.88）	イタリア：161（3.18）	イタリア：220（3.47）	フランス：934（-0.52）
中国：1468（1.49）	フランス：498（3.12）	フランス：130（4.26）	イギリス：205（5.03）	カナダ：890（1.24）
イタリア：1288（1.49）	イギリス：437（3.15）	インド：126（5.37）	フランス：196（3.50）	ベルギー：711（0.28）
カナダ：1282（2.72）	メキシコ：351（10.40）	イギリス：103（5.37）	メキシコ：170（11.41）	メキシコ：684（3.95）
メキシコ：1101（6.68）	オランダ：326（6.17）	メキシコ：96（16.17）	韓国：158（0.79）	スペイン：673（-4.85）
オランダ：1010（6.30）	カナダ：323（4.75）	カナダ：83（7.45）	オランダ：149（1.83）	イタリア：663（-1.30）

(2) IM

SUM	OA1	WB	A2	J
米国：3258（3.24）	米国：799（6.24）	米国：215（9.84）	中国：351（6.56）	米国：2557（1.82）
ドイツ：1366（4.93）	中国：546（8.95）	中国：160（11.96）	米国：338（6.37）	ドイツ：788（3.44）
中国：1150（13.15）	ドイツ：492（6.34）	ドイツ：159（6.84）	ドイツ：254（8.87）	イギリス：631（-0.62）
イギリス：894（0.88）	フランス：254（3.03）	イタリア：68（-26.64）	韓国：153（-0.24）	フランス：548（2.61）
フランス：847（2.94）	韓国：229（5.52）	フランス：59（4.40）	日本：115（3.98）	イタリア：485（16.73）
カナダ：685（4.81）	日本：229（5.52）	韓国：57（12.98）	フランス：93（3.42）	イタリア：453（-2.52）
イタリア：674（-0.66）	イギリス：217（3.19）	イギリス：55（6.23）	イタリア：93（-3.75）	カナダ：443（4.16）
日本：573（6.05）	カナダ：201（5.20）	日本：53（7.28）	イギリス：90（6.02）	オランダ：359（4.70）
オランダ：528（5.96）	メキシコ：188（6.49）	カナダ：50（8.29）	カナダ：82（3.75）	ベルギー：340（1.91）
ベルギー：486（2.99）	イタリア：186（0.29）	スペイン：49（2.59）	SGP：78（6.75）	スペイン：311（-10.87）

(3) EX

SUM	OA1	WB	A2	J
ドイツ：2783（4.22）	ドイツ：989（6.05）	ドイツ：262（7.90）	ドイツ：465（7.65）	ドイツ：1729（-4.78）
中国：2300（15.99）	米国：741（6.37）	中国：224（19.63）	米国：437（5.60）	中国：16268（14.82）
日本：2028（-2.10）	日本：623（1.15）	米国：175（8.20）	日本：398（-0.23）	日本：1280（-7.89）
米国：1685（6.87）	中国：545（18.06）	日本：170（3.20）	中国：235（21.38）	米国：771（5.55）
メキシコ：700（7.01）	イタリア：330（4.47）	SGP：111（15.92）	イタリア：125（4.44）	メキシコ：518（6.84）
フランス：688（-1.39）	フランス：243（3.12）	イタリア：92（5.59）	イギリス：114（4.19）	韓国：491（3.42）
韓国：684（7.17）	イギリス：220（3.04）	フランス：70（3.35）	フランス：102（3.09）	カナダ：445（-2.42）
イギリス：638（2.01）	オランダ：184（3.27）	韓国：58（22.18）	韓国：93（16.26）	フランス：445（-5.41）
イタリア：613（2.84）	韓国：161（15.18）	イギリス：47（4.20）	オランダ：91（-17.91）	イギリス：372（0.20）
カナダ：597（-0.06）	メキシコ：142（7.01）	メキシコ：46（8.54）	SGP：83（11.55）	ベルギー：369（-1.37）

（注）括弧内の数値は，年平均伸び率である。SGP はシンガポールを意味する。

（出所）図 6-1 と同じ。

　以上の内容を確認した上で，本書では，輸出額および輸入額を総合的に取り入れた指標である，Lafay［1992］が提示した RCA 指数を利用する[24]。主要国の状態に関する基本的な情報を得るためだけに，2012 年の RCA 指数だけを算出する。

　Lafty 指数は，以下の通りである。X および Y は，当該国の世界全体に対する輸出額おび輸入額[25] を表し，X_i および Y_i は，当該国の世界全体に対する環境物品の輸出額および輸入額を表す。そして B_i は，理論的収支を意味する。C_i の値が正である場合，当該国は比較優位となり，C_i の値が負である場合，当該国は比較劣位となる。

$$C_i = \frac{(X_i - M_i) - B_i}{X + M} \cdot 1000$$

$$= \left(\frac{X_i - M_i}{X_i + M_i} - \frac{X - M}{X + M} \right) \cdot \frac{X_i + M_i}{X + M} \cdot 1000$$

　表 6-5 は，46 カ国の RCA（Lafty）指数を示している。正の値の場合は，そのセルに色をつけている。左側の表は先進国グループを，右側の表は途上国グループを示している。それぞれに，(1)まず地域別に配置し，(2)地域内のなかで RCA の値が正となっている分野の多い順に並べ，(3)その後アルファベット順に国を並べている。考察点は次の 3 点である。

　第 1 に，全体的な傾向として，途上国よりも先進国の方が正の値になっている分野が多い。自由化を推進しようとする先進国とそれに反対する途上国という対立の構図の経済的背景を確認できる。

　第 2 に，先進国グループの特徴についである。日本やドイツ・イギリスなどの欧州 5 カ国は，すべての分野で比較優位となっている。米国やイタリア・チェコ・フランスなどの欧州諸国は，過半数の分野で比較優位となっている。他の国々は，ごく一部の分野で比較優位となっているが，オーストラリア・ニュージーランド，そしてギリシャ・アイルランド・スイスは，すべてで比較劣位となっている。まとめると，多くの分野で比較優位をもつ国々は，日本・米国・欧州諸国の 3 カ国・地域となっており，「自由貿易派」と「環境派」あ

24　Lafty 指数を用いた研究成果として，たとえば石田［2011］などがある。
25　輸入（CIF）価格を，FOB 価格に変換して計算している。

るいは「新しい自由貿易派」の国々・地域と符号する[26]。

表 6-5：46 カ国の RCA（Lafty）指数（2012 年）

	SUM	OA	WB	A2	J		SUM	OA	WB	A2	J
日本	91.35	26.11	7.04	17.62	58.95	韓国	43.73	0.43	1.98	0.07	43.88
AUS	-104.17	-209.97	-8.10	-11.96	-74.75	PHL	36.35	21.77	8.09	12.95	13.81
NZL	-80.56	-12.14	-4.61	-4.52	-65.00	中国	46.72	3.32	3.25	-2.06	41.85
米国	-19.91	7.56	0.73	6.80	-29.86	SGP	0.46	0.94	23.93	3.66	-2.20
カナダ	-19.60	-12.71	-3.20	-3.68	-5.15	MYS	10.41	-1.50	6.35	-0.28	11.23
ドイツ	49.85	17.26	3.94	8.37	28.39	インド	0.92	-3.50	-0.35	-4.23	4.92
スペイン	31.87	5.60	3.48	3.06	27.42	タイ	49.86	-17.38	-3.73	-9.61	12.51
イギリス	8.89	7.12	0.52	5.61	0.12	ベトナム	-12.94	-14.92	-2.74	-7.68	3.73
HUN	44.17	8.51	0.35	8.89	33.11	IDN	-92.15	-28.54	-8.09	-12.77	-55.55
PRT	18.19	5.33	3.20	1.40	7.89	メキシコ	61.67	-7.45	3.18	-3.28	66.40
チェコ	49.94	1.64	3.03	-0.66	44.65	ARG	-41.16	-24.13	-3.52	-9.41	-14.57
イタリア	7.53	17.85	3.65	3.79	-13.99	ブラジル	-42.93	-12.25	-6.09	-9.21	-26.57
AUT	-8.74	2.50	0.78	3.34	-11.71	チリ	-85.92	-17.05	-4.58	-7.34	-68.54
フランス	-9.79	3.30	1.94	2.47	-14.91	CRI	-41.21	-8.91	-1.45	-3.16	-31.60
LUX	-10.87	13.88	4.12	6.51	-27.21	URY	-65.02	-14.50	-3.82	-6.90	-47.00
POL	14.03	-7.86	1.59	-6.28	19.01	VEN	-57.29	-21.20	-13.74	-17.17	-12.54
FIN	-26.39	-24.71	-2.26	2.98	4.78	ROU	14.03	-7.86	1.59	-6.28	19.01
SWE	-8.05	-0.07	0.76	3.50	-10.43	トルコ	12.94	-3.94	-1.11	-4.45	18.03
ベルギー	-0.75	0.42	-0.36	-0.95	-1.42	ロシア	-92.15	-28.54	-8.09	-12.77	-55.55
オランダ	-1.75	4.09	-0.67	1.38	-17.52	ZAF	-25.42	-0.56	-7.02	2.88	-17.46
ギリシャ	-62.86	-9.23	-9.53	-8.73	-10.88	SAU	-94.41	-9.60	-7.93	-10.28	-67.65
IRL	-19.02	-2.93	0.52	-0.29	-16.59						
スイス	-22.92	7.02	-1.02	4.91	-29.38						
NOR	-73.25	-14.25	-5.39	-4.94	-54.36						
ISR	-30.43	4.63	0.37	-2.05	-33.44						

（注）AUS, NZL, HUN, PRT, AUT, LUX, POL, FIN, SWE, IRL, NOR, ISR, PHL, SGP, MYS, IDN, ARG, CRI, URY, VEN, ROU, ZAF, SAU は，オーストラリア，ニュージーランド，ハンガリー，ポルトガル，オーストリア，ルクセンブルク，ポーランド，フィンランド，スウェーデン，アイルランド，ノルウェー，イスラエル，フィリピン，シンガポール，マレーシア，インドネシア，アルゼンチン，コスタリカ，ウルグアイ，ベネゼエラ，ルーマニア，南アフリカ，サウジアラビアを，それぞれ意味する。指数が正の値の場合は，そのセルに色をつけている。メキシコは 2009 年の数値で，そしてベネゼエラは 2011 年の数値で，それぞれ計算している。

（出所）図 6-1 と同じ。

---

26 唯一の例外は，ニュージーランドである。「自由貿易派」に位置付けられる主張をしていたが，すべての品目リストで比較劣位になっている。ニュージーランドの主張の背景には，国内の政策的スタンスが大きく関与しているものと思われる。周知の通り，ニュージーランドは，80 年代に新自由主義政策を採用し，最も規制の少ない先進国となった。その際，貿易政策もより開放的なものに変更された。

　第3に，途上国グループの特徴についてである。全体的に比較劣位となっている。そうしたなかでも，アジアの国々は，比較優位となっている分野を比較的多くもつ。とくに，韓国・フィリピンはすべての分野で比較優位となっており，中国・シンガポールも大半が比較優位となっている。WTO 交渉で，先進国案に対して対案を示したアルゼンチンとブラジルは，すべての分野で比較劣位となっている。同じく対案を提出したインドは，一部に比較優位をもつものの，やはり多くの部門で比較劣位となっている。一方，WTO 交渉で自由化に積極的な姿勢を示していなかった中国が，多くの分野で比較優位になっていたのは意外な事実である。長い交渉期間中に，中国の貿易構造が変化したと考えられる。ただし，最新の品目リストである A2 リストに関しては，依然として比較劣位である。

　以上より，前節で示した 4 番目の仮説に関する裏付けを得られた。①として，「「自由貿易派（および新しい自由貿易派）」は輸出の増進というモチベーションをもち，「S&D 派」は比較劣位であり輸入の急増を懸念している」という仮説に関しては，事実，その通りであった。②として，「APEC 合意に達した背景要因として，機械的な貿易自由化に反発した「S&D 派」の国々が協議メンバーではなく，一方で，貿易の伸びているアジアの国々の多くが参加していたから」という仮説については，その背景的な事実を確認した。APEC での協議に参加した途上国（エコノミー）には，機械的な自由化に反発していた比較劣位の国々（アルゼンチン・ブラジル・インドなど）が加わっておらず，一方，多くの分野で比較優位をもつ国（フィリピン・韓国・シンガポールさらにメキシコなど）が参加していた。自由化への反発力よりも推進力の方がはるかに強かったことを，改めて確認できる。

2. 回帰分析

(1) 推定式について

　貿易をめぐる効果の推計に関しては，多くのモデルがある。大きな区分でいえば，本書の序章で取り上げた「貿易と環境」の分類に含まれる「貿易の自由化効果」に関する研究だけではなく，「貿易と環境」の分類には含まれないが「貿易障壁の削減の影響」に関する研究[27]もある。環境物品以外の財を対象と

する貿易の自由化効果に関する分析は，すばらしい知見を提供している[28]。ただし，そのモデル自体を，環境物品貿易の効果の推計に利用するのは困難である。その最大の理由は，本書の第1章でも言及した通り，「技術効果」が限定化されており，貿易を通じた技術移転効果を直接的に含んでいないためである。もちろん，こうした想定は，技術移転の数的把握が容易ではないためでもある[29]。さらに環境物品貿易の効果を考える場合，移転される技術は生産技術に限定されるものではなく，またその効果の広がりに期待が集まる。本書では，技術移転の経路として，貿易額に注目する。とくに輸入額に注目したい。その理由は，本書が示した抽象的な整理からの帰結である。輸入は，技術移転の経路である。学習の機会を提供しそして誘発を促し，やがて技術定着を導く効果が期待される。一方，輸出の位置づけは，やや複雑である。輸出は，輸入と異なり，（迂回輸出などを除けば原則的に）国内での生産活動をともなう現象である。環境物品の普及という経済活動の「質の改善」を促す現象と，生産活動の拡大という「量的拡大」現象が同時に発生する。環境物品の生産による技術効果が，規模効果（の一部）に勝るのか否かを判断できるものといえよう。貿易開放度は，環境物品貿易の効果がどのような経済活動に由来するのか曖昧なものにしてしまうが，より一般的な傾向を示すものとして把握できる[30]。

(2) 説明変数および説明変数

本書の関心事は貿易効果であり，被説明変数は環境結果となる[31]。環境結果の具体的な変数として，Zugravu-Soilita［2016］の分析にもあった通り，SO_2の濃度や排出量あるいはCO_2の排出量などが想定される。ただし，交渉の経

---

27 たとえば，RTAの自由化効果を検証したBaier and Bergstrand［2007］などである。

28 技術伝播（戸堂［2008］によると，技術伝播とは技術移転と技術導入に対して中立的な言葉）に注目した貿易の実証分析のサーベイに関しては，戸堂［2008］の第3章が詳しい。

29 環境効果の実証ではないが，Keller［2004］は国際技術移転の実証分析をしている。技術は生産技術に限定し，中間財を移転ルートと考えている。R&D，パテントそして生産性の上昇によって，技術の計測をしている。

30 念のため記しておくと，本書は貿易開放度を，Antweiler et al.［2001］などと異なり貿易障壁の程度を示すものとして位置付けていない。あくまで輸出と輸入の合計値を示すものである。

31 本書と同じく，環境結果を被説明変数とするものとして，Antweiler et al.［2001］の推計式がある。

緯を正しく把握すれば自明であるが，特定の環境問題対策を念頭にして交渉が
開始されたわけではなかった。さまざまな問題への対策品やクリーナー技術の
製品を一括して内包したものが OA リストであり，またそれにもとづき各国
リストが作成されていた（特定の環境問題を考慮した品目リストは，WB リス
ト以降に作られたに過ぎない）。したがって，特定の環境結果を被説明変数と
する場合は，品目リストの選択に注意しなければならない。OA リストやその
他のさまざまな品目リストを活用して分析する場合は，特定の環境結果を利用
しない方が良いだろう。そこで本書では，EPI（Environmental Performance
Index：環境パフォーマンス指数）を利用して，環境物品貿易が当該国の環境
パフォーマンスに及ぼす効果を総合的に把握する。

　EPI とは，イェール大学環境法・政策センターとコロンビア大学国際地球科
学情報ネットワークセンターが共同プロジェクトで作成したものである。当該
国の環境データを示す 20 前後の指標にもとづき作成されており，環境パ
フォーマンスを多角的に示す指数である。0 から 100 の値をとり，値が高いほ
どパフォーマンスが高いことを意味する。生産活動に限定されず消費活動の結
果・効果も判断できるため，当該国の環境技術の活用の程度を包括的に把握で
きる。データは，2006 年から 2 年おきに公開されている。各版によって，分
析対象となる指標が異なる場合があり，長期の動向の把握に難点がある。その
点，2014 年版に発表された "Back-casted" Scores は，2014 EPI のフレーム
を利用して 2002 年から 2012 年までのパフォーマンスを示す。本書では，この
数値を利用する。データは，HP（https://epi.envirocenter.yale.edu）から入手
した。図 6-3 は，46 カ国の EPI の平均値の推移を示している。先進国グルー
プと途上国グループの平均値には，ある適度の乖離がある。そして，46 カ国
全体の平均値も含めて，EPI の値は，非常に緩やかながら上昇傾向にある。

　続いて，説明変数について説明する。分析で扱う変数は次の 4 つである。第
1 は，環境物品の貿易額（TRADE）である。TRADE には，輸出額と輸入額
があり，両者を利用して算出する貿易開放度がある。数値は，貿易開放度に合
わせて，当該国の輸出入額ともに GDP で割った値を利用する。なお，分析で
は 1 期のラグを利用する。その理由は次の 2 点である。①として，学習効果が
生じる期間（学習期間）を考慮するためである。たとえば，環境物品の輸入あ

図 6-3：46 カ国の EPI の平均値の推移

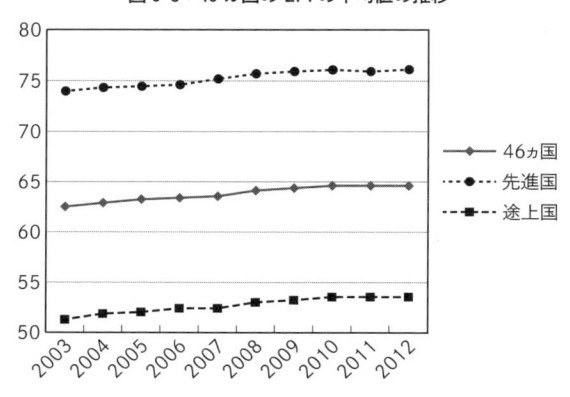

（出所）EPI の HP（https://epi.envirocenter.yale.edu）より
作成。

るいは輸出が増大して2次誘発が発生し，さらに続く誘発が生じるまでには一定の時間が必要であると考えられる。ラグの期間はどれが最も適切であるか，判断が難しい。長期間になるにつれて，貿易の役割と EPI の関連性を曖昧にしてしまう。また，ラグの期間を長くすればするほど，推計に利用できるサンプル数が減少してしまう。以上の点を考慮して，本書では1期にしている。②として内生性への対応のためである[32]。貿易によって EPI が改善するだけでなく，EPI の改善によって環境物品の利使用がますます盛んになり，その結果輸出入が増大する場合もありえる[33]。しかし，ラグの場合は時点がずれる。今期の EPI の改善によって，1年前の輸入および輸出が拡大するという状況は考えにくい。

　第2は，一人当たり実質 GDP（GDPper）である。これは，当該国民の平均的な所得水準を示している。本来であれば，所得を示す統計である GNIper の方がより適切であると考えられる。しかし，GNIper には欠損値が少なからずあること[34]，そして両者の相関値が 0.9854 であることを考慮して，GDPper

---

32　もちろん，完全な処置ではない。
33　そのような現象は，まさに誘発と理解できる。ただし，その誘発が，環境物品の輸入・輸出に由来するものかどうかは判然としないため考察の対象から外す。

を利用する。一般的に所得水準が高いほど，環境への意識が高いといわれる[35]。環境への意識の違いは，環境に関わる学習頻度の違いにも影響を及ぼしているかもしれない。したがって，この値が高い国・地域ほど EPI が高いと予想され，EPI とは正の相関を仮定できる。データは，2011 年を基準値とした購買力平価で測ったものを使用し，世界銀行の HP（http://data.worldbank.org/indicator）から入手した。

第 3 は，実質 GDP（GDP）である。これは，規模効果を把握できる変数である。EPI とは負の相関を想定できる。データは GDPper と同じく，2011 年を基準値した購買力平価で測ったものを使用し，世界銀行の HP（http://data.worldbank.org/indicator）から入手した。

第 4 は，環境に関連する税収（Environmentally related tax revenue：ET）である。これは，当該国の環境政策・制度を把握する変数である[36]。環境物品貿易と環境政策には，一定の関係性が想定される[37]。ET が高いほど，当該国の環境に関する制度が厳しいあるいは充実していると判断できる。そのような国々は，充実した政策・制度の影響を受けて，高い環境パフォーマンスを示すと想定される。ただし，逆の可能性も想定しうる。当該国の環境パフォーマンスが悪いため，環境規制を厳しくせざるをえないという状況である。したがって，EPI との関係性は不明である。データは，GDP に占める比率で表されており，OECD の HP（https://stats.oecd.org）から入手した。

最後に，欠損値について確認しておく。ET には，タイ・インドネシア・ベトナム・ブラジル・ロシア・サウジアラビアのすべての年，そして 2003 年と 2004 年のインド・シンガポールに，それぞれ欠損がある。データのソースが OECD であることもあり，非 OECD 加盟国のデータの利用には，そもそも限界がある。ただし，これらの国々のデータを除外すると，サンプルが先進国に極端に偏ってしまう。したがって次善の策であるが，データの入手が可能なす

34　GNIper には，2011 年以外のブラジル，2003〜06 年のコスタリカ，そして 2003〜09 年のインドネシアに欠損値がそれぞれある。

35　一人当たり実質 GDP と環境被害のタイプの関連性については，World Bank［1992］などが指摘していた。

36　ET を環境政策の代理変数として扱う方法は，Anderson［2018］などでも利用されている。

37　Sauvage［2014］は，両者の関係を丁寧に検証している。

表 6-6-1：貿易データの記述統計量（100 万ドル）

変数	平均	標準偏差	最小値	最大値
TRA_SUM	73318	113705	174	698681
TRA_OA	25369	38005	75	206292
TRA_WB	6902	11102	25	73006
TRA_A2	11719	19402	23	115828
TRA_J	44391	70843	78	447985
IM_SUM	35753	58114	148	459084
IM_OA	13068	19232	62	107908
IM_WB	3225	4757	17	32300
IM_A2	5590	8433	19	62518
IM_J	21805	40485	73	327512
EX_SUM	37565	64807	26	411176
EX_OA	12301	21899	9	133351
EX_WB	3677	6805	4	49116
EX_A2	6129	11723	3	67079
EX_J	22586	40892	4	287699

（出所）図 6-1 と同じ。

表 6-6-2：その他の記述統計量

変数	平均	標準偏差	最小値	最大値
EPI	65.49	13.57	29.59	88.79
GDP	1534665	2728441	30162	15863049
GDPper	30145	18046	2783	97864
ET	1.94	0.82	0.18	4.19

（注）GDP のみ単位は 100 万ドルである。
（出所）OECD の HP（https://stats.oecd.org），世銀の HP
　　　（http://data.worldbank.org/indicator），EPI の HP
　　　（https://epi.envirocenter.yale.edu）より作成。

べての非 OECD 加盟国の平均値を算出し，欠損値に充てている[38]。その他に
も，途上国の一部に欠損値がある。ET 以外の欠損値は，対象を削除する処置
を講じている。本来なら，46 カ国×10 年間で 460 のサンプル数があるはずで
あるが，実際のサンプル数は 451 である。表 6-6 は，分析で使用する変数の記
述統計量を示している。

38　その他では，環境政策指数（Stringency of Environmental Policy Index）などの変数もあるが，
　　本分析で使用する固定効果モデルとの相性が悪いので使用を控える。

（3）パネル単位根検定について

　時系列データには，一般的に単位根が存在すると考えられる。貿易データも
その例外ではない。しかし，環境物品貿易の実証研究では，パネル単位根に言
及するものはそう多くない。本書は見せかけの回帰を回避するために，パネル
単位根検定を行う。パネル単位検定には，数多くの方法が提案されている。そ
れぞれに一長一短があり，また検出力が弱いという共通の課題もある。本分析
は，多くの研究で採用されている方法に従い，複数の検定を行うことで各変数
の定常性を検証する。具体的には，Levine-Lin-Chu（LLC）テスト，Fisher
型 ADF テストそして Fisher 型 PP テストを行う。有意水準を5％として，1
つでも帰無仮説を棄却できなかった場合，非定常と判断する。本分析では，す
べての変数を対数変換して利用するため，対数値を検定する。なおラグ次数
は，シュワルツのベイジアン情報量基準に従って選択した。

　表6-7は，水準と1次の階差のパネル単位根検定の結果を，それぞれ示して
いる。表には，Fisher 型 ADF テストと PP テストの結果のみを示している
（LLC テストの結果は2つのテストの結果と同様であるため掲載を省略する）。
水準では，すべての変数が帰無仮説を棄却できていない。水準は非定常である
といえる。一方，1次の階差では，すべての変数がすべての検定を棄却できて
いる。したがって，本分析で扱うすべての変数は，$I(1)$ ということになる。以
下では，$I(1)$ を仮定して分析する。

　さて，以上の結果を受けて，推定方法にはいくつかの選択肢がある。代表的
な方法の①として，非定常な変数を定常化して推計する方法である。②とし
て，単位根をもつと判断された変数間のパネル共和分検定を行い，その結果に
もとづいて誤差修正項を利用して推計する方法である[39]。①に分類できる方法
の1つが，差分を取った回帰である。周知の通り，階差変数は短期の関係に焦
点をあてており，長期の関係に関する情報が無視されることになってしまう。
その点では，被説明変数と説明変数が共和分関係にある場合，FMOLS（Fully
Modified OLS）や DOLS（Dynamic OLS）などの推定方法を利用することで，
短期の関係のみならず長期の関係も分析することが可能になる（②に分類でき

39　西［2011］の説明を参考にした。

表6-7：各変数のパネル単位根検定

	ADF テスト				PP テスト			
	水準		1次の階差		水準		1次の階差	
	統計量	P 値	統計量	P 値	統計量	P 値	統計量	P 値
ln*EPI*								
トレンド・定数項	137.233	0.001	186.007	0.000	152.774	0.000	261.811	0.000
なし	8.463	1.000	335.215	0.000	5.697	1.000	361.027	0.000
ln*TRA_SUM*								
トレンド・定数項	97.006	0.288	154.979	0.000	173.294	0.000	292.428	0.000
なし	8.472	1.000	363.161	0.000	4.694	1.000	396.571	0.000
ln*TRA_OA*								
トレンド・定数項	99.032	0.241	189.429	0.000	157.454	0.000	284.785	0.000
なし	4.477	1.000	339.320	0.000	1.445	1.000	346.187	0.000
ln*TRA_WB*								
トレンド・定数項	99.273	0.236	197.759	0.000	128.826	0.004	326.170	0.000
なし	5.125	1.000	312.213	0.000	2.227	1.000	313.793	0.000
ln*TRA_A2*								
トレンド・定数項	100.329	0.214	189.027	0.000	135.425	0.001	301.032	0.000
なし	7.597	1.000	352.940	0.000	6.280	1.000	348.708	0.000
ln*TRA_J*								
トレンド・定数項	97.727	0.271	140.893	0.000	165.728	0.000	236.282	0.000
なし	17.161	1.000	369.763	0.000	12.356	1.000	418.131	0.000
ln*IM_SUM*								
トレンド・定数項	101.897	0.184	167.600	0.000	178.359	0.000	301.451	0.000
なし	8.603	1.000	354.083	0.000	5.898	1.000	381.643	0.000
ln*IM_OA*								
トレンド・定数項	115.602	0.035	200.402	0.000	160.508	0.000	314.349	0.000
なし	6.080	1.000	363.505	0.000	2.603	1.000	368.439	0.000
ln*IM_WB*								
トレンド・定数項	118.817	0.022	196.901	0.000	178.716	0.000	316.646	0.000
なし	5.840	1.000	310.253	0.000	4.819	1.000	324.699	0.000
ln*IM_A2*								
トレンド・定数項	138.742	0.000	208.110	0.000	199.499	0.000	333.076	0.000
なし	11.878	1.000	376.840	0.000	9.174	1.000	383.234	0.000
ln*IM_J*								
トレンド・定数項	88.125	0.536	168.899	0.000	145.177	0.000	266.796	0.000
なし	15.132	1.000	345.815	0.000	11.369	1.000	381.896	0.000
ln*EX_SUM*								
トレンド・定数項	85.861	0.603	173.786	0.000	151.207	0.000	272.072	0.000
なし	13.447	1.000	373.641	0.000	9.575	1.000	410.609	0.000
ln*EX_OA*								
トレンド・定数項	93.939	0.367	185.865	0.000	136.975	0.001	288.407	0.000
なし	9.449	1.000	360.696	0.000	7.598	1.000	363.830	0.000

ln*EX_WB*								
トレンド・定数項	57.888	0.996	180.633	0.000	8.783	1.000	285.179	0.000
なし	8.783	1.000	325.469	0.000	6.803	1.000	335.428	0.000
ln*EX_A2*								
トレンド・定数項	97.707	0.271	187.258	0.000	100.933	0.202	272.838	0.000
なし	11.729	1.000	339.168	0.000	11.592	1.000	347.374	0.000
ln*EX_J*								
トレンド・定数項	107.730	0.098	136.082	0.001	151.428	0.000	222.108	0.000
なし	22.712	1.000	387.036	0.000	19.9492	1.000	437.134	0.000
ln*GDPper*								
トレンド・定数項	66.471	0.970	125.205	0.008	78.0720	0.810	175.245	0.000
なし	13.838	1.000	234.197	0.000	10.214	1.000	234.197	0.000
ln*GDP*								
トレンド・定数項	67.234	0.965	119.335	0.021	93.217	0.387	168.947	0.000
なし	11.555	1.000	205.952	0.000	10.936	1.000	210.491	0.000
ln*ET*								
トレンド・定数項	112.011	0.058	183.478	0.000	106.064	0.118	236.708	0.000
なし	141.224	0.000	351.490	0.000	181.065	1.000	341.308	0.000

（注）ラグ次数は，シュワルツのベイジアン情報量基準に従って選択した。

る方法）。しかし，本分析では，紛れが少ない一番シンプルな推計方法であり，種々の制御に相対的に適する①を選び，階差変数を利用した推計を行う。

（4）推計モデル

　本分析で利用する推計モデルは，二元配置固定効果モデル（two-way fixed effects model）である。理由は次の2点である。第1に，この推計方法であれば，観測できない変数も含めて説明変数として欠落している各国の特有の効果を排除できる。国際経済の分析では，さまざまな変数が結果に影響すると想定される。欠落変数バイアスに対応できる推計モデルの選択は重要といえる。さらに，この推計方法であれば，世界価格の変動やリーマンショックの影響などの時系列で発生する各国共通の効果への対応が可能になる。第2に，ランダム効果モデルの利用が難しいと考えられるためである。本来的には，ランダム効果モデルも有力な推計方法の1つと考えられる。なぜなら各国特有の効果が，環境物品の利使用に何らかの影響を及ぼしていると考えられるからである。また，ダミー変数の使用が容易になるなどの利点もある。ただし，個体特有効果が説明変数と無相関であるという条件を満たしていると想定できるかどうか判

然としない[40]。

　さて，本分析では，被説明変数と説明変数間にシンプルな線形関係を仮定し，次の推計式を利用する。

$$\Delta lnEPI_{it} = a_0 + a_1 \Delta lnTRADE_{it-1} + a_2 \Delta lnGDPper_{it} + a_3 \Delta lnGDP_{it}$$
$$+ a_4 \Delta lnET_{it} + v_i + c_t + \varepsilon_{it}$$

$a_0 \cdots a_4$ の係数は推計されたものである。$i=1 \cdots N$ は国を，$t=1 \cdots T$ は時間，v_i は個体特有固定効果，c_t は時間固定効果，そして ε_{it}＝誤差項をそれぞれ表したものである。それぞれの予想される係数の符号は，$a_1 > 0$，$a_2 > 0$，$a_3 < 0$，a_4 は不明である。なお，不均一分散に対応するために，ロバスト標準誤差を用いて分析する。

(5) 推計結果

　表 6-8-1〜3 は，推計結果を示している。利用した貿易データの順番（TRA・IM・EX）に各表を配置している。そして，それぞれの表の（1）〜（5）は，利用した品目リストに対応して，SUM・OA・WB・A2・J の順番に並んでいる。

　結果について，特筆すべきは次の4点である。第1に，全体に共通する傾向についてである。階差変数を使っているため，① R^2 が低くなっていること，②有意でない変数が多い。

　第2に，環境物品貿易の効果である。TRA，IM そして，EX の順に取り上げていく。TRA の推計では有意となった変数はない。符号は，SUM においてはすべてのケース（46 カ国・先進国・途上国）ともに，プラスになっているものの，A2 リストにおいてはすべてのケースでマイナスになっている。仮説に最も適合的である IM においては，途上国の SUM が 10％有意となっており，J リストに至っては，すべてのケースで有意（5％および 10％有意）となっている。EX に関しては，先進国が OA リストのみ 10％有意となっている。生産活動の量的拡大がもたらすと考えられる負の影響を，質の改善である正の影響が勝るケースが一部ではあるものの確認できたといえる。OA リスト

40　ランダム効果モデルを利用した推計結果は，次項で示す。

表 6-8-1：TRA を利用した回帰分析（被説明変数 Δln*EPI*）

	[1]			[2]			[3]			[4]			[5]		
	46カ国	先進国	途上国	46カ国	先進国	途上国	46カ国	先進国	途上国	46カ国	先進国	途上国	46カ国	先進国	途上国
ΔLnTRA_SUM	0.00106	0.00058	0.0177												
	[0.00376]	[0.00336]	[0.00429]												
ΔLnTRA_OA				0.00006	0.00246	-0.00286									
				[0.00369]	[0.00422]	[0.00469]									
ΔLnTRA_WB							0.00140	-0.00095	0.00175						
							[0.00171]	[0.00267]	[0.00208]						
ΔLnTRA_A2										-0.00076	-0.00172	-0.00050			
										[0.00190]	[0.00186]	[0.00260]			
ΔLnTRA_J													0.00295	0.00195	0.00306
													[0.00273]	[0.00273]	[0.00345]
Δln*GDPper*	-0.00981	0.03465**	0.03626	-0.00933	0.03418**	0.04311	-0.00937	0.03510**	0.03918	-0.00960	0.03343**	0.03943	-0.01417	0.03281**	0.03040
	[0.02797]	[0.01263]	[0.04131]	[0.02759]	[0.01289]	[0.04182]	[0.02746]	[0.01256]	[0.03989]	[0.02771]	[0.01287]	[0.03985]	[0.02861]	[0.01216]	[0.04095]
Δln*GDP*	-0.00781***	-0.00672**	-0.10771**	-0.00758***	-0.00698***	-0.11138**	-0.00763***	-0.00654***	-0.10729**	-0.00756***	-0.00660***	-0.10868**	-0.00837***	-0.00706***	-0.10646**
	[0.00221]	[0.00164]	[0.04101]	[0.00210]	[0.00153]	[0.04276]	[0.00215]	[0.00119]	[0.04145]	[0.00217]	[0.00114]	[0.04106]	[0.00208]	[0.00139]	[0.03987]
Δln*ET*	-0.00024	-0.00342	0.00113	-0.00012	-0.00359	0.00132	-0.00016	-0.00341	0.00120	-0.00004	-0.00320	0.00134	-0.00059	-0.00265	0.00072
	[0.00341]	[0.00732]	[0.00334]	[0.00340]	[0.00744]	[0.00343]	[0.00333]	[0.00716]	[0.00327]	[0.00348]	[0.00725]	[0.00342]	[0.00339]	[0.00740]	[0.00337]
_cons	0.00495***	0.00190**	0.01092***	0.00512***	0.00165*	0.01173***	0.00495***	0.00211***	0.01093***	0.00521***	0.00213***	0.01127***	0.00469***	0.00175**	0.01066***
	[0.00156]	[0.00073]	[0.00345]	[0.0015]	[0.00087]	[0.00345]	[0.00138]	[0.00073]	[0.00326]	[0.00140]	[0.00063]	[0.00336]	[0.00148]	[0.00068]	[0.00420]
R-squared	0.15541	0.23596	0.22669	0.15512	0.23738	0.22689	0.1561	0.2363	0.22753	0.15542	0.23876	0.22613	0.15861	0.23748	0.22939
N	356	199	157	356	199	157	356	199	157	356	199	157	356	199	157
Group	46	25	21	46	25	21	46	25	21	46	25	21	46	25	21

（注）* p<0.1，** p<0.05，*** p<0.01。括弧内の数値は，ロバスト t 標準誤差。

表 6-8-2：IM を利用した回帰分析（被説明変数 $\Delta \ln EPI$）

	[1]			[2]			[3]			[4]			[5]		
	46カ国	先進国	途上国	46カ国	先進国	途上国	46カ国	先進国	途上国	46カ国	先進国	途上国	46カ国	先進国	途上国
ΔL.lnIM_SUM	0.00402	0.00089	0.00822*												
	[0.00365]	[0.00367]	[0.00457]												
ΔL.lnIM_OA				-0.00132	-0.00276	-0.00128									
				[0.00458]	[0.00742]	[0.00445]									
ΔL.lnIM_WB							0.00255	0.00038	0.00373						
							[0.00171]	[0.00168]	[0.00292]						
ΔL.lnIM_A2										-0.00038	-0.00222	0.00199			
										[0.00156]	[0.00180]	[0.00294]			
ΔL.lnIM_J													0.00618**	0.00538**	0.00759*
													[0.00295]	[0.00278]	[0.00413]
ΔlnGDPper	-0.01379	0.03461**	0.02397	-0.0090	0.03427**	0.04093	-0.00984	0.03389**	0.03990	-0.00959	0.03252**	0.03988	-0.02654	0.02654**	0.01522
	[0.02953]	[0.01277]	[0.04047]	[0.02781]	[0.01242]	[0.04114]	[0.02747]	[0.01245]	[0.04034]	[0.02758]	[0.01276]	[0.03986]	[0.03044]	[0.01161]	[0.03995]
ΔlnGDP	-0.00832***	-0.00674***	-0.11226***	-0.00745***	-0.00630***	-0.10956***	-0.00763***	-0.00658***	-0.10746***	-0.00757***	-0.00654***	-0.10776***	-0.00902***	-0.0075***	-0.11438***
	[0.00226]	[0.00151]	[0.03972]	[0.00219]	[0.00155]	[0.04174]	[0.00217]	[0.00115]	[0.04158]	[0.00218]	[0.00115]	[0.04146]	[0.00219]	[0.00123]	[0.03807]
ΔlnET	-0.00057	-0.00350	0.00061	-0.00012	-0.00331	0.00129	-0.00006	-0.00323	0.00128	-0.00008	-0.00311	0.00109	-0.00098	-0.00161	0.00014
	[0.00326]	[0.00740]	[0.00298]	[0.00345]	[0.00693]	[0.00341]	[0.00323]	[0.00716]	[0.00311]	[0.00346]	[0.00733]	[0.00325]	[0.00323]	[0.00745]	[0.00306]
_cons	0.00451***	0.00185**	0.01027***	0.00532***	0.00234***	0.01143***	0.00487***	0.00199***	0.01080***	0.00516***	0.00206***	0.01086***	0.00439***	0.00127*	0.01059***
	[0.00133]	[0.00077]	[0.00316]	[0.00144]	[0.00107]	[0.00332]	[0.00135]	[0.00068]	[0.00320]	[0.00138]	[0.00064]	[0.00336]	[0.00133]	[0.00066]	[0.00314]
R-squared	0.15931	0.2362	0.23803	0.15539	0.23835	0.2262	0.15892	0.23598	0.23244	0.15524	0.24562	0.2275	0.17063	0.24969	0.24636
N	356	199	157	356	199	157	356	199	157	356	199	157	356	199	157
Group	46	25	21	46	25	21	46	25	21	46	25	21	46	25	21

（注）* $p<0.1$，** $p<0.05$，*** $p<0.01$。括弧内の数値は、ロバスト標準誤差。

表 6-8-3：EX を利用した回帰分析（被説明変数 Δln*EPI*）

	[1]			[2]			[3]			[4]			[5]		
	46 カ国	先進国	途上国	46 カ国	先進国	途上国	46 カ国	先進国	途上国	46 カ国	先進国	途上国	46 カ国	先進国	途上国
ΔLln*EX_SUM*	-0.00238	0.00189	-0.00487												
	[0.00384]	[0.00186]	[0.00511]												
ΔLln*EX_OA*				0.00049	0.00461*	-0.00177									
				[0.00242]	[0.00249]	[0.00268]									
ΔLln*EX_WB*							-0.00153	-0.00249	-0.00165						
							[0.00179]	[0.00289]	[0.00197]						
ΔLln*EX_A2*										-0.00042	0.00161	-0.00075			
										[0.00175]	[0.00172]	[0.00195]			
ΔLln*EX_J*													-0.00093	-0.00009	-0.00271
													[0.00165]	[0.00093]	[0.00318]
Δln*GDPper*	-0.01049	0.03433**	0.04319	-0.00916	0.03358**	0.04051	-0.00900	0.03505**	0.03840	-0.00890	0.03420**	0.03965	-0.01020	0.03428**	0.03873
	[0.02777]	[0.01287]	[0.03903]	[0.02766]	[0.01330]	[0.03975]	[0.02761]	[0.01322]	[0.03864]	[0.02736]	[0.01261]	[0.03957]	[0.02772]	[0.01260]	[0.03818]
Δln*GDP*	-0.00683***	-0.00716***	-0.11584***	-0.0077***	-0.00774***	-0.11038**	-0.00737***	-0.00630***	-0.10691**	-0.00755***	-0.00659***	-0.10734***	-0.00724***	-0.00655***	-0.11112***
	[0.00248]	[0.00144]	[0.04068]	[0.00201]	[0.00131]	[0.04121]	[0.00218]	[0.00122]	[0.03920]	[0.00214]	[0.00116]	[0.04038]	[0.00227]	[0.00127]	[0.03886]
Δln*ET*	0.00016	-0.00319	0.00193	-0.00011	-0.00402	0.00123	0.00029	-0.00330	0.00175	-0.00007	-0.00318	0.00136	0.00008	-0.00335	0.00202
	[0.00358]	[0.00721]	[0.00363]	[0.00340]	[0.00708]	[0.00340]	[0.00358]	[0.00717]	[0.00358]	[0.00342]	[0.00715]	[0.00337]	[0.00353]	[0.00720]	[0.00362]
_cons	0.00557***	0.00170**	0.0124***	0.00504***	0.00130	0.01156***	0.00539***	0.00234***	0.01151***	0.00618***	0.00176**	0.01125***	0.00535***	0.00201***	0.01221***
	[0.00167]	[0.00065]	[0.00362]	[0.00153]	[0.00083]	[0.00340]	[0.00138]	[0.00071]	[0.00326]	[0.00142]	[0.00073]	[0.00323]	[0.00155]	[0.00063]	[0.00376]
R-squared	0.15752	0.23723	0.23564	0.15521	0.24414	0.22708	0.15687	0.23964	0.22814	0.15531	0.2379	0.22668	0.15609	0.23586	0.23163
N	356	199	157	356	199	157	356	199	157	356	199	157	356	199	157
Group	46	25	21	46	25	21	46	25	21	46	25	21	46	25	21

（注）* $p<0.1$，** $p<0.05$，*** $p<0.01$。括弧内の数値は，ロバスト標準誤差。

は初期のリストであり，CT/P（クリーナーまたは資源効率的技術および製品）を一部に含み，かつEPP-eをまったく含んでいなかった。「N字カーブのジレンマ」が生じにくいことがこのような結果につながった背景の1つと考えられよう。その他では有意となったケースはなく，また途上国の符号はすべてマイナスとなっている。ただし量的拡大が生じているにも関わらず，マイナスの符号で有意となったケースがなかった点を確認しておかなければならない。

　第3に，その他の変数についてである。①GDPは，仮説が実証された。どのケースにおいても符号はマイナスとなり，1〜5％有意となった。②GDPperは，符号が安定していない。先進国のケースでは，仮説通り，符号はプラスで5％有意となった。しかし，途上国では符号がすべてプラスであるものの有意とならず，46カ国では符号がすべてマイナスとなっている。③最後にETについて，である。符号がまったく安定しておらず，有意となったケースもなかった。先進国ではすべての符号がマイナスであり，途上国ではすべての符号がプラスになっている。46カ国では多くのケースで符号がマイナスになっているものの，符号が安定していない。

　以上の結果から，次の考察点が得られる。①環境技術の普及が進んでいないと考えられる途上国を対象にして，IM_SUMが有意となったことから，環境物品貿易が技術移転および定着の経路である，と考えられる。ただし，次の2点に留意が必要である。(1)IM_OAではすべてケースで符号がマイナスとなっており，そして(2)IM_A2でも，途上国以外のケースでは符号がマイナスとなっている。②有意になったJリストや，符号がプラスで安定しているWBリストがある一方で，芳しい結果を示さなかったA2リストがあるように，それぞれの品目リストがもつ環境効果は異なる，という傾向を読み取れる。したがって環境物品の特定化は，重要な事項であることが改めて確認できる。③IM_Jに関してはすべてのケースで有意になっていたが，IM_SUMは途上国のみで有意になっていたため，先進国と途上国では発生する環境効果が異なるという傾向がみられる。国内要因と国際要因によって，この違いは説明されうると考えられる。先進国においては，環境物品が国内である程度調達可能であり，輸入による技術移転の必要性がない（少ない）国々が多いと考えられる。事実，前節で確認した通り，先進国では多くの国々が多くのケースで比較優位

となっていた。しかし，途上国では国内での調達が難しいため，輸入が重要な技術移転の経路となっていると考えられる。そして，④誘発について，である。前章でJリストは誘発が生じやすい，という仮説を示していた。上記の通り，結果は仮説と適合的であった。もちろん，誘発そのものの検証はできていないが，Jリストがとくに誘発を生じさせやすいという傾向を示唆する結果を得た。そして最後に，⑤先進国の EX_OA にだけ，環境効果が例外的に確認された。

(6) 頑健性の確認

　続いて，頑健性について確認するために，4つの推計を試みる。頑健性の対象は，仮説を最も支持した IM のみに関して行う。第1は，IM に代えて，別の変数を利用した推計をする。① 46 カ国の輸入額，そして②対内直接投資（FDI）である。EPI は環境物品貿易だけでなく，輸入全般と関係性があるのかもしれない。その点を検証する。データは，Comtrade（https://comtrade.un.org/data）から入手した。そして FDI は貿易とともに，生産技術に限定されてしまうが技術移転の主要な経路である。FDI に付随して生産設備の移転だけでなく，技術者の移動による知識の伝播が生じる場合もある。本来なら，環境関連 FDI とそれ以外を区別することが望ましいが，データの制約があり困難である。しかし FDI は，国内投資よりも環境により優しい傾向をもつという指摘がある（UNCTAD［2003］）[41]。データは，UNCTAD［2006b, 2007, 2013］から入手した。両データとともに，GDP で割った値を対数変換し1期ラグの階差変数を用いて検証する[42]。第2に，ET の検証である。本分析では，欠損値をもつ国に対して，平均値を充てて計算していた。本推計では，インド・ベトナム・ブラジル・南アフリカ・シンガポール・インドネシア・ロシア・タイの欠損値をもつ国を分析対象から外して推計する。第3に，固定効果モデルに代えて，ランダム効果モデルで推計を試みる。本来的には，有力な推計方法の1つと考えられものである。第4に，国内要因および国際要因につい

41　Jha［2008］も，環境関連 FDI とそれ以外を区別することなく一括して扱っている。

42　輸入および FDI のデータともに，パネル単位根検定をした結果，$I(1)$ であった。検定結果については，付表 6-2 を参照されたい。

ての検証である。上記で述べた通り，先進国では IM の結果が芳しくなかった。その考えられる原因は，国内調達が相対的に容易であるためである。そこで国内調達が相対的に困難であると想定されうる，比較劣位分野の国だけを対象として推計を行い，効果を検証する。

表 6-9-1〜4 は，推計結果を示している。それぞれのデータには，個々に欠損値があるため，サンプル数が異なっている。輸入と FDI を利用した推計では，いずれも有意になっていない。とくに，輸入は 46 カ国および途上国で符号がマイナスになっている。輸入全般の推移と EPI の推移に，有意な関係性があるわけではないことが示唆される。したがって，IM に関する推計結果は，見せかけの結果とは考え難い。FDI は，符号がプラスになったものの，有意にはなっていない。国際経済活動の推移と EPI の推移には，有意な関係性があるわけではないことが示唆される。

続いて，ET の検証結果を確認する。符号は一部でマイナスになっており，やはり安定しているとはいえない。くわえて，有意となったケースもなかった。相違点は，IM にみられる。途上国のケースでは，SUM と J リストの有意が失われてしまっている。ただし，この結果は，ET の数値の変化に由来する結果というよりも，途上国グループのなかで輸入額が多い国々である，シンガポール・インドネシア・タイ，そしてブラジル・インド・南アフリカの BRICS 諸国が対象から外れたためと考えられる。

ランダム効果モデルの推計結果は，固定効果モデルの推計結果と同じく，SUM の途上国のケース，そして J リストのすべてのケースで有意となっている。さらに，WB リストの 46 カ国のケースも有意となっている。つまり，固定効果モデルの推計結果よりも，仮説をより多く支持している。

最後に，比較劣位国のみを対象とした推計結果についてみてみる。予想に反して，有意となったケースは，J リストの途上国のケースのみであり，より少なくなっている。OA リストや A2 リストだけでなく，SUM や WB リストまでも符号が安定していない。環境物品を国内調達することが相対的に困難であると考えられる国であるほど，IM と EPI には有意な関係性があるという仮説は支持されたとはいえない結果となった。

念のため，さらなる推計として，比較優位国のみを対象に推計する。表

表 6-9-1：輸入・FDI の回帰分析（被説明変数 Δln*EPI*）

	[1. 輸入]			[2. FDI]		
	46カ国	先進国	途上国	46カ国	先進国	途上国
ΔL.ln*M*	-0.00049	0.00614	-0.00145			
	[0.00589]	[0.00404]	[0.00941]			
ΔL.ln*FDI*				0.00058	0.00039	0.00208
				[0.00049]	[0.00051]	[0.00190]
Δln*GDPper*	-0.01247	0.03433**	0.03536	-0.00592	0.05274***	0.04988
	[0.02779]	[0.01245]	[0.04662]	[0.03224]	[0.01810]	[0.04848]
Δln*GDP*	-0.00662**	-0.00880***	-0.10514**	-0.00758***	-0.00657***	-0.12453**
	[0.00247]	[0.00203]	[0.04434]	[0.00247]	[0.00151]	[0.04456]
Δln*ET*	-0.00068	-0.00330	0.00078	-0.00014	-0.00120	0.00082
	[0.00350]	[0.00724]	[0.00362]	[0.00460]	[0.00719]	[0.00503]
_cons	0.00478***	0.00107	0.01063***	0.00505***	0.00196*	0.01044***
	[0.00150]	[0.00089]	[0.00348]	[0.00166]	[0.00096]	[0.00365]
R-squared	0.16235	0.24188	0.22987	0.16925	0.26315	0.24861
N	349	199	150	316	166	150
Group	46	25	21	46	25	21

（注）* $p<0.1$，** $p<0.05$，*** $p<0.01$。括弧内の数値は，ロバスト標準誤差。

表 6-9-2：ET 実数値国のみの回帰分析（被説明変数 Δln*EPI*）

	[1]		[2]		[3]		[4]		[5]	
	46カ国	途上国	46カ国	途上国	46カ国	途上国	46カ国	途上国	46カ国	途上国
ΔL.ln*IM_SUM*	0.00383	0.00844								
	[0.00398]	[0.00556]								
ΔL.ln*IM_OA*			-0.00002	-0.00105						
			[0.00517]	[0.00700]						
ΔL.ln*IM_WB*					0.00259	0.00339				
					[0.00160]	[0.00229]				
ΔL.ln*IM_A2*							-0.00053	0.00025		
							[0.00157]	[0.00339]		
ΔL.ln*IM_J*									0.00556*	0.00665
									[0.00302]	[0.00461]
Δln*GDPper*	-0.00695	-0.02135	-0.00346	-0.00345	-0.00364	-0.00312	-0.00412	-0.00441	-0.01952	-0.02851
	[0.02950]	[0.04221]	[0.02765]	[0.03783]	[0.02702]	[0.03859]	[0.02750]	[0.04079]	[0.03104]	[0.04656]
Δln*GDP*	-0.00592**	-0.07298**	-0.00523**	-0.07060*	-0.00528**	-0.06624*	-0.00522**	-0.06909*	-0.00642***	-0.07619**
	[0.00220]	[0.03088]	[0.00224]	[0.03503]	[0.00211]	[0.03352]	[0.00215]	[0.03328]	[0.00191]	[0.02981]
Δln*ET*	0.00010	0.00189	0.00074	0.00266	0.00079	0.00244	0.00086	0.00257	-0.00014	0.00177
	[0.00452]	[0.00400]	[0.00459]	[0.00415]	[0.00434]	[0.00390]	[0.00470]	[0.00415]	[0.00451]	[0.00412]
_cons	0.00464***	0.01273**	0.00524***	0.01409**	0.00492***	0.01320**	0.00530***	0.01380**	0.00456***	0.01344**
	[0.00148]	[0.00496]	[0.00159]	[0.00543]	[0.00141]	[0.00477]	[0.00144]	[0.00519]	[0.00149]	[0.00480]
R-squared	0.165	0.25816	0.16043	0.24463	0.16487	0.24979	0.16071	0.24453	0.17417	0.26046
N	292	93	292	93	292	93	292	93	292	93
Group	38	13	38	13	38	13	38	13	38	13

（注）* $p<0.1$，** $p<0.05$，*** $p<0.01$。括弧内の数値は，ロバスト標準誤差。

表6-9-3：ランダム効果モデルの回帰分析（被説明変数 $\Delta \ln EPI$）

	[1]			[2]			[3]			[4]			[5]		
	46カ国	先進国	途上国	46カ国	先進国	途上国	46カ国	先進国	途上国	46カ国	先進国	途上国	46カ国	先進国	途上国
$\Delta L.\ln IM\_SUM$	0.00667	0.00158	0.00877*												
	[0.00411]	[0.00396]	[0.00520]												
$\Delta L.\ln IM\_OA$				0.00350	-0.00048	0.00410									
				[0.00453]	[0.00718]	[0.00449]									
$\Delta L.\ln IM\_WB$							0.00363*	0.00132	0.00461						
							[0.00192]	[0.00164]	[0.00319]						
$\Delta L.\ln IM\_A2$										0.00097	-0.00120	0.00199			
										[0.00148]	[0.00169]	[0.00294]			
$\Delta L.\ln IM\_J$													0.00702**	0.00526*	0.00711*
													[0.00312]	[0.00277]	[0.0040]
$\Delta \ln GDPper$	0.01675	0.02537***	0.03317	0.02340	0.02544***	0.04546	0.02401	0.02450***	0.05220	0.02531	0.02463***	0.03988	0.00815	0.01716*	0.02818
	[0.01614]	[0.00921]	[0.04448]	[0.01671]	[0.00939]	[0.04664]	[0.01669]	[0.00918]	[0.04757]	[0.01679]	[0.00951]	[0.03986]	[0.01571]	[0.00997]	[0.04380]
$\Delta \ln GDP$	-0.01252***	-0.01157***	-0.08096	-0.01215***	-0.01155***	-0.08316*	-0.01204***	-0.01138***	-0.08657*	-0.01239***	-0.01163***	-0.10776***	-0.01256***	-0.01166***	-0.08152*
	[0.00291]	[0.00153]	[0.05028]	[0.00308]	[0.00158]	[0.04982]	[0.00316]	[0.00157]	[0.05113]	[0.00319]	[0.00156]	[0.04146]	[0.00289]	[0.00159]	[0.04862]
$\Delta \ln ET$	0.00217	-0.00160	0.00356	0.00291	-0.00141	0.00442	0.00296	-0.00114	0.00434	0.00290	-0.00131	0.00109	0.00203	0.00073	0.00337
	[0.00352]	[0.00585]	[0.00372]	[0.00350]	[0.00542]	[0.00373]	[0.00341]	[0.00560]	[0.00366]	[0.00356]	[0.00560]	[0.00325]	[0.00364]	[0.00597]	[0.00393]
_cons	0.00277**	0.00211**	0.00686**	0.00328***	0.00242**	0.00767***	0.00340***	0.00220**	0.00792***	0.00370***	0.00239***	0.01086***	0.00276**	0.00164**	0.00715***
	[0.00124]	[0.00082]	[0.00282]	[0.00120]	[0.00108]	[0.00274]	[0.00111]	[0.00072]	[0.00266]	[0.00110]	[0.00072]	[0.00336]	[0.00120]	[0.00070]	[0.00275]
R-squared	0.1517	0.2261	0.2091	0.1421	0.2250	0.1966	0.1473	0.2266	0.2039	0.1409	0.2280	0.1984	0.1604	0.2386	0.2134
N	356	199	157	356	199	157	356	199	157	356	199	157	356	199	157
Group	46	25	21	46	25	21	46	25	21	46	25	21	46	25	21

（注）* $p<0.1$，** $p<0.05$，*** $p<0.01$。括弧内の数値は，ロバスト標準誤差。

表 6-9-4：比較劣位国のみの回帰分析（被説明変数 $\Delta \ln EPI$）

	[1]			[2]			[3]			[4]			[5]		
	46カ国	先進国	途上国	46カ国	先進国	途上国	46カ国	先進国	途上国	46カ国	先進国	途上国	46カ国	先進国	途上国
ΔL.lnIM_SUM	0.00308	-0.00258	0.01156												
	[0.00505]	[0.00429]	[0.00685]												
ΔL.lnIM_OA				-0.00205	0.00514	-0.00187									
				[0.00385]	[0.01130]	[0.00499]									
ΔL.lnIM_WB							0.00284	-0.00175	0.00495						
							[0.00259]	[0.00472]	[0.00392]						
ΔL.lnIM_A2										-0.00008	-0.00146	0.00136			
										[0.00139]	[0.00097]	[0.00313]			
ΔL.lnIM_J													0.00756	0.00309	0.01316*
													[0.00444]	[0.00397]	[0.00612]
$\Delta \ln GDPper$	0.00912	0.02551	-0.00121	0.02229	0.11958	0.02582	0.01018	-0.03824	0.02664	0.02099	0.06634	0.02875	-0.00550	0.05372	-0.02973
	[0.01995]	[0.14275]	[0.03778]	[0.02923]	[0.11885]	[0.03641]	[0.02370]	[0.15422]	[0.03784]	[0.02074]	[0.10511]	[0.03017]	[0.02714]	[0.13371]	[0.04173]
$\Delta \ln GDP$	-0.01009	0.01098	-0.08373***	-0.09562**	-0.11254	-0.12347**	-0.0789**	0.04399	-0.14379**	-0.07425**	-0.06244	-0.11314**	-0.01721	-0.02245	-0.08395***
	[0.02362]	[0.13495]	[0.01837]	[0.03538]	[0.11739]	[0.04247]	[0.03573]	[0.14611]	[0.04892]	[0.03071]	[0.08744]	[0.04321]	[0.02813]	[0.13118]	[0.02489]
$\Delta \ln ET$	-0.00121	-0.00020	-0.00028	0.00096	-0.00199	0.00143	0.00095	0.00555	0.00156	0.00306	0.00332	0.00322	-0.00223	-0.00163	-0.00140
	[0.00420]	[0.00756]	[0.00369]	[0.00344]	[0.00960]	[0.00348]	[0.00317]	[0.01376]	[0.00332]	[0.00258]	[0.00951]	[0.00265]	[0.00409]	[0.00883]	[0.00390]
_cons	0.00352**	0.00085	0.01008***	0.00913***	0.00065	0.01360***	0.00813***	0.00059	0.01477***	0.00744***	0.00141	0.01170***	0.00328**	0.00041	0.01035***
	[0.00135]	[0.00084]	[0.00251]	[0.00244]	[0.00236]	[0.00345]	[0.00235]	[0.00161]	[0.00364]	[0.00213]	[0.00126]	[0.00340]	[0.00123]	[0.00070]	[0.00203]
R-squared	0.15652	0.30146	0.26999	0.19229	0.30517	0.23332	0.15047	0.16788	0.26658	0.17192	0.37594	0.20141	0.18112	0.30757	0.29295
N	211	127	84	204	72	132	196	80	116	219	87	132	204	127	77
Group	27	16	11	26	9	17	25	10	15	28	11	17	27	16	11

（注）* p＜0.1，** p＜0.05，*** p＜0.01。括弧内の数値は，ロバスト標準誤差。

表6-9-5：比較優位国のみの回帰分析（被説明変数 △ln *EPI*）

	[1]			[2]			[3]			[4]			[5]		
	46ヵ国	先進国	途上国	46ヵ国	先進国	途上国	46ヵ国	先進国	途上国	46ヵ国	先進国	途上国	46ヵ国	先進国	途上国
ΔLnIM_SUM	0.00609	0.01113***	0.0424												
	[0.00420]	[0.00236]	[0.00633]												
ΔLnIM_OA				-0.00058	-0.00388	0.01586*									
				[0.00753]	[0.00848]	[0.00602]									
ΔLnIM_WB							0.00187	0.00203	0.00030						
							[0.00261]	[0.00192]	[0.00719]						
ΔLnIM_A2										-0.00258	-0.00675	0.00575			
										[0.0060]	[0.00434]	[0.00344]			
ΔLnIM_J													0.00593	0.01166***	0.00462
													[0.00404]	[0.00263]	[0.00501]
ΔlnGDPper	-0.06566	-0.03797	0.61647	0.04813	0.04430***	1.00419*	0.03541	0.03923**	0.52071	0.01193	0.05327***	1.33162	-0.05836	-0.03340	0.53981
	[0.07766]	[0.03856]	[0.67954]	[0.02784]	[0.01369]	[0.42115]	[0.02626]	[0.01582]	[0.67762]	[0.03701]	[0.01541]	[0.58051]	[0.07175]	[0.02486]	[0.73085]
ΔlnGDP	-0.0100***	-0.00759***	-0.72722	-0.00646***	-0.00563***	-0.98002	-0.00750***	-0.00599***	-0.50157	-0.00719***	-0.00632***	-1.3643*	-0.01054***	-0.00770***	-0.64315
	[0.00227]	[0.00138]	[0.70020]	[0.00187]	[0.00190]	[0.42750]	[0.00199]	[0.00140]	[0.68790]	[0.00187]	[0.00138]	[0.54210]	[0.00232]	[0.00157]	[0.73750]
ΔlnET	0.00119	-0.02003*	0.00048	-0.00080	-0.00198	-0.00182	-0.00646	-0.00574	-0.00365	-0.02880	-0.00468	-0.04388*	0.00065	-0.01287	-0.00121
	[0.00395]	[0.01028]	[0.00553]	[0.00634]	[0.00818]	[0.01224]	[0.00675]	[0.00847]	[0.00723]	[0.01766]	[0.00958]	[0.01584]	[0.00390]	[0.00904]	[0.00496]
_cons	0.00640*	0.00301**	0.01700	0.0291**	0.00332***	0.00312	0.00290**	0.00291***	0.00528	0.00387**	0.00353***	0.01172**	0.00605*	0.00263**	0.01551
	[0.00308]	[0.00111]	[0.00934]	[0.00118]	[0.00101]	[0.00509]	[0.00103]	[0.00077]	[0.00557]	[0.00137]	[0.00063]	[0.00098]	[0.00301]	[0.00109]	[0.00858]
R-squared	0.20178	0.35811	0.33266	0.28589	0.23802	0.78936	0.37404	0.36479	0.53635	0.26813	0.23064	0.71892	0.18926	0.4367	0.29893
N	145	72	73	152	127	25	160	119	41	137	112	25	152	72	80
Group	19	10	19	20	16	4	21	15	6	18	14	4	19	9	10

（注）* $p＜0.1$, ** $p＜0.05$, *** $p＜0.01$。括弧内の数値は、ロバスト標準誤差。

6-9-5 は，その結果を示している。比較優位国の数は限られるため，サンプル数がかなり少ないケースもある。結果の解釈はより慎重にならなければならないが，驚くべき内容となった。SUM の先進国のケース，OA リストの途上国のケースが新たに有意となった。J リストに関してはすべてのケースではなく，先進国のみが有意となり，SUM の途上国のケースが有意ではなくなった。上記の分析の結果，環境物品の輸入が途上国を対象にして，やはり一般的に環境効果を生じさせると考えられるが，国内調達が相対的に困難な国だからこそ，その効果が発生するあるいはしやすいというわけではないことが示唆される。むしろ，国内で生産・調達でき，環境物品の利使用の機会に恵まれる国ほど，輸入によって入手した環境物品をより有効に活用できているのかもしれない。もし，そのような関係性があると仮定すれば，その関係性を成り立たせる要因の 1 つに，誘発に関する仮説が関与していると考えられる。ただし，現代の貿易構造を考慮した場合，比較優位をもつ分野の国といえども（途上国ではその傾向が顕著であるが），財の生産に関わるすべての工程を自国でしているとは限らない。したがって，国内での普及率が高いとは限らない。その場合，輸入は国内での利使用の頻度を高める貴重な経路であると考えられる。

　以上の考察結果と前節の考察結果も踏まえると，以下の結論を得られる。第 1 に，環境物品貿易と環境効果には有意な関係性がある。ただし第 2 に，品目リストごとに効果の違いがある。J リストが最も多くのケースで効果を確認でき，OA リストそして SUM でも効果を確認した。ただし，残念ながら最新の品目リストである A2 リストは，いずれのケースでも効果を確認できず，符号も必ずしも安定していなかった。そして第 3 に，国別の影響に関しても，やはり効果は一様ではなかった。大きく分けると，途上国の方がより効果を確認できた。途上国にとって環境物品貿易は，環境技術にアクセスする貴重なチャネルなのである。ただし，予想に反して先進国および途上国を問わず，環境物品に比較優位をもち環境物品の利使用の機会に恵まれる国ほど，環境効果を確認できた。前章で提示した誘発に関する仮説の関与が示唆される結果といえる。つまり，利使用の頻度の高さが学習機会の多さをもたらし，高い環境効果につながっていると考えられる。

　以上の通り，環境物品貿易には，確かに環境効果はあるものの，その効果は

決して高いものではないといえる。比較優位国の事例，そして効果の高かった
Jリストの事例を考慮すれば，誘発のより発生しやすい環境物品（ただし，「N
字カーブのジレンマ」が発生しにくいもの）の普及を目指し，くわえて学習機
会を積極的に提供できる環境教育・技術協力という補完的措置も講じること
で，環境効果をより高められると考えられる。

Ⅲ．技術的な補足

　環境物品貿易の効果は，前節の推計によって確認された。ただし，A2リス
トが顕著だったように，有意にならないだけでなく，仮説と異なる符号を示す
ものもあった。このような結果が生じた技術的な要因を考えることが本節の目
的である。なぜ，A2リストは有意にならず，予想に反する符号を示したの
か。考えられる技術的な要因は6つであり，そして最後に残る点が本質的な唯
一の問題なのかもしれない。

　第1の技術的な要因は，推計モデルの問題である。これに関しては，前節で
も述べた。階差変数を利用した本分析では，変数間の長期の関係に関する情報
が欠損している。FMOLSなどで推計すれば，検出力は高まると考えられる。
また，Zugravu-Soilita［2016］のように，規模効果や構造効果を通じた間接
効果を含めた検証も，有力な推計方法であろう。

　第2の技術的な要因は，被説明変数の問題である。本分析では，繰り返しに
なるが，一般的な傾向を把握するためにEPIを利用した。被説明変数として，
環境物品の品目案（あるいはカテゴリー）に対応した，環境結果を選ぶ方法は
有効であると思われる。たとえば，WBリストは気候変動問題に対応した品目
案であるため，気候変動問題と関連する環境結果を被説明変数として推計する
方法などである。ただし，サンプル数の確保がより難しくなる場合がある。本
書は，それが原因でこの方法を控えた。

　第3の要因として，貿易に由来する問題を指定できる。①として，前節でも
指摘した通り，品目リストを利用した貿易データの集計には貿易額の過大評価
の問題が生じていた。過大評価は，正確な情報量の把握を困難にするノイズで

ある。過大評価が最も生じにくい WB は，EX 以外の TRA および IM の 46 カ国のケースで符号がプラスになっていた。②として，貿易構造の問題を指摘できる。現代の貿易の典型的なパターンは，最終財の取引ではない[43]。アジアの途上国に比較優位をもつ国々があったが，これらの国々は先進国から中間財・資本財を輸入し，現地で組み立てて輸出している。環境物品貿易に関しても同様の傾向を想定できる。その場合，比較優位をもつ国々だからといって国内で当該品目が普及しているとは限らない。

　第 4 の要因は，環境効果の反映に関わる問題である。本分析では 1 期ラグの説明変数を利用したが，誘発に関する適切な期間の設定は明確でない。正直なところケースバイケースであり，人によって，品目によっても異なると考えられる。前節でも述べた通り，ラグの期間を長くすれば，環境物品貿易との関連性が曖昧になってしまうが，効果にはより長期間を要する可能性も否定できない。またその効果が，環境結果である被説明変数に的確に反映されるかどうかも考慮しなければならない。効果があることと，数量的把握ができることは別問題である。環境問題の数量的把握には，一定の限界を認識することと慎重さが求められる。問題によっては，環境被害の減少傾向を肯定的にとらえることが許されず，環境被害がゼロになってはじめて肯定的に評価できるものもある。その点で EPI は，解釈という点において扱いが比較的容易なデータである。

　第 5 の要因として，先の要因と関連するが，タイミングの問題がある。本書ですでに何度か指摘した通り，環境物品は一定の期間内で，新しい財が開発されると考えられる。4 つの品目リストのうち，最古のリストである OA リストの結果が出づらかった原因として，品目がすでに陳腐化してしまったことを指摘できるかもしれない。一方，A2 リストに関しては，作成された時点が 2012 年だった事を考慮すれば，分析のタイミングが早すぎたといえるかもしれない。ただし HS6 桁分類では，新しい財の有無を考慮することは分類上難しく，そして日進月歩の技術進歩を期待できるものは，むしろ EPP 関連の品目を多くノミネートしている J リストである。

43　詳しくは，石田［2011］を参照されたい。

　第6の要因は，貿易分析の多くに共通する点であるが，分析視点のずれである。本章の冒頭で言及した通り，環境物品の利使用による種々の効果およびその発生は，本来はミクロ的な現象である。それをマクロ的な視野から検討しているところに，一定の技術的な限界がある。もちろん，本分析では「企業の異質性」を考慮していない。誘発の有無およびその効果にのみ焦点をあてるより詳細な検討のうち，とくに生産に関連する側面だけに焦点をあてるのであれば，企業データ（あるいは施設データ）を活用した統計処理もありえるだろう。

　以上のような技術的な問題点が，回帰分析の結果に一定の影響を及ぼしたことは間違いないと考えられる。これらの要因を考慮および確認した上で，はじめて次の問題点に踏み込むことができる。それは，品目リストに示された候補品目の妥当性の有無についての検討である。IM_SUM の途上国ケースは，有意な関係性を示していた。したがって，本分析で取り上げたリストには，（少なくとも途上国にとっては）何らかの環境効果があるといえよう。ただし，前節で述べた通り，その効果は残念ながら同一ではない。J リストが最も高いと考えられ，その対極にあるものが A2 リストである。A2 リストは他のリストと違って，各国の協議のなかで作成された。錯綜する利害対立の過程は，環境効果という優先すべき選定事項を曖昧なものにしてしまったのかもしれない。合意的知識に分類できるリストは，当然ながら，その社会意義を必ず約束できるものではないと考えられる。各国の利害対立の過程を経ていない J リストなどの方が，環境効果という優先すべき選定事項に，より忠実だったと想定することは不自然なことではないのかもしれない。

IV．政策的インプリケーション

　さて，技術的な注意点を確認したうえで，以上の検討内容から次の3点の政策的インプリケーションを得られる。その新規性は決して高いものではない。むしろ，回帰分析の結果を根拠材料として，実際の交渉のなかで提議されたものを再評価しようとするものである。

　第1に，自由化に関して，である。自由化がより効果的な国は，先進国より

もむしろ途上国であった。さらに先進国と同等の一律の自由化に関して，一部の国々に根強い反発があったことを考慮して，「先進国は途上国の反発を避けるために，タリフライン数を途上国の平均よりも大きくすべき」である。環境効果が確認されたため，自由化を進めることに意味があるのであって，one-size-fit-all にこだわるあまりに合意を難しくすることは建設的な発想といえない。また途上国が抱える固有の環境問題にも，対応しやすい。提案された案でいえば，「共通リスト・開発リスト方式」を支持する。

　自由化の範囲が不十分であると判断されたとしても，まずはこの方式で合意を取るべきである。そして将来的に，タリフラインを少しずつ拡大させていき，自由化枠を拡大させていけば良いだろう。また，この案を補完する措置として（あるいは論争のある品目に対して），ex-out アプローチを積極的に活用すべきである。ただし ex-out アプローチは，自由化を進める措置であるが，環境目的に資する措置であることを必ずしも担保しない。見直しの機会あるいはレビューの機会を設け，審査・確認できると良いと考えられる。その点で「計画アプローチ」は，コミットメントの期間を限定にするため，予めレビューの機会を設ける余地がある。

　第 2 に，特定化に関して，である。今までの経緯を振り返ると，自由化以上に，政治的争点となっていた。A2 リストが，自由化目標の 1 年後に妥結されたことがそれを示す。前節までの分析結果である，途上国に関しては SUM が有効であったこと，そして最新の妥結したリストである A2 リストの効果が確認されなかったこと考慮して，「自由化の対象品目は，すでに提案された品目リスト（つまり，「基準領域」）のなかから，自由に選べるようにすること（各国の裁量に委ねること）」である。単一リストにこだわるあまり特定化に妥結できず，したがって自由化にも着手できず時間をいたずらに浪費し続けることは，避けるべきである。また環境物品の種類であるが，環境対策品および資源節約型 EPP の特定化を優先するべきである。基準領域のなかで，対象を予め絞り込むことが望ましい。そして段階的に，環境物品のリストの見直しを行い，（技術変化および環境変化に対応して）より効果の高い品目とそうでない品目を分けて，基準領域を見直すべきである。資源節約型 EPP 以外の EPP については慎重に取り扱うべきであり，見直しの具体的なルールの確立ととも

に，取り扱いを始めるべきであろう。特定化の具体的な基準については，外部基準の活用と言いたいところであるがそれが難しいのであれば，本書のような検証を経たエビデンスを用いて審査・判断する作業を追加することも検討すべきであろう。なお，ex-out アプローチが採用されている品目に関しては，「計画アプローチ」の運用ルールに従うようにすれば良い。

　そして，今後確実に必要になる見直しと更新について，さらに付言しておこう。本来は，その手続きの際に，なんらかの抽象的な基準や概念を必要とする[44]。しかし，この期に及んで，概念的アプローチによる今後の議論の進展を期待しても，率直に言って無駄であろう。また，単なる願望を表現しただけの具体的な基準は，それに関連する同じ方向性の投資を誘発する可能性はあるものの，将来の議論の障害・足枷になる懸念もある。したがって，最低限必要なことは見直しを必要とする旨の確認・ルールを設けることである。ここに，フレンズリストおよびニュージーランドリストの提案を，消極的ではあるが結果的に肯定することになる。

　ただし，以下の点を付け加えておきたい。見直し（更新）の議論は，上記で触れたレビューの議論とも親和性がある。しかし，ITA（情報技術協定）の見直しがそうであったように，見直しの議論は，1つの方向性を志向するだけの議論に終始する可能性が高い。もちろん，ITA の議論はそれで特段の問題はないだろう。しかし，環境物品の場合，新たな環境問題の発生そして技術の進歩によって，従来は環境物品として認定できたものが出来なくなってしまう可能性がある。対象の除外も検討すべきである。その際，撤廃されてしまっているかもしれない関税率をどうするのか，真剣に議論して欲しいと願う。そのような議論は，自由貿易と環境保全の両立という目標に向けた取り組みを，より確実なものするための新しい役割の扉を開くものになろう。

　第3に，自由化だけでは，取り組みとして不十分といえる。第4章のキューバの提案にあった通り，技術援助・協力は市場を介した環境物品の普及を，補

44　たとえば，日野［2008］では，①リストアプローチに傾斜する現状の問題点として判断基準に関する議論がなおざりになっていること，そして②各国リストに採用された特定化の方法を材料にした，概念的アプローチに関する提案の必要性を指摘していた。その他では，Xinqiang［2012］はリスト作成の前にフレームワークを定義する必要があると述べ，Tao at al.［2010］は環境物品（および環境サービス）の判断基準のための定義・分類に関する検討を行っている。

完する機会を提供するものである。またこのような取り組みは，途上国が求めるキャパシティビルディングや自由化への誤解を解消する役割も期待できる。そして，EX の結果にあった通り，環境物品といえども，その際限のない生産量の拡大は環境効果を約束するものではない。

　環境物品を有効に活用する，あるいは環境物品の消費・生産の工程をよりクリーンにするものは，人々の行動である。そのような行動を促し得る知識およびそれらの知識に裏打ちされた制度やルールは，人々の行動を介して，知識の効果と伝播をより確実なものにする。もちろんその結果，新しい知識を形成する土壌が作られていき，やがて新しい知識が形成されていくであろう。

V．小括

　本章は，データ分析および回帰分析を通じて，種々の仮説の検証を行った。本書は，結果として多くの仮説を提示することに貢献するものになった。検証の結果，環境物品の普及と各国の環境パフォーマンスの改善に，有意な正の関係があることを確認した。ただしその効果は，先進国と途上国で異なり，また品目リストによっても異なることが確認された。その一方で，環境物品の量的拡大をともなう輸出に関しては，正の環境効果が一般的には確認されなかった（一部に関してのみ，例外的に確認された）。

　自由化の推進による環境物品の普及は，正しい政策であり，正しい方向性である。とくに，途上国の輸入が期待・奨励される。ただし，曖昧な表現になるが，自由化の推進は，漸進的にそして節度のある方法で実現されることが望ましいといえるだろう。際限のない量的拡大を導かないように，そして途上国の環境の取り組みに資するように one-size-fit-all は避け ex-out アプローチを適宜活用し，かつまずは環境対策品や資源節約型 EPP を中心に自由化をすべきである。そして，その他の EPP は社会の変化に対応して（既存のリストの見直しの方法の明確化とともに），時間をかけてゆっくりと進められるべきであろう。

付表 6-1：46 カ国一覧

先進国グループ		途上国グループ	
オーストラリア	スペイン	インド	コスタリカ
日本	チェコ	インドネシア	チリ
ニュージーランド	ドイツ	韓国	ブラジル
カナダ	ノルウェー	シンガポール	ベネゼエラ
米国	ハンガリー	タイ	メキシコ
アイルランド	フィンランド	中国	ルーマニア
イギリス	フランス	フィリピン	トルコ
イタリア	ベルギー	ベトナム	ロシア
オーストリア	ポーランド	マレーシア	サウジアラビア
オランダ	ポルトガル	アルゼンチン	南アフリカ
ギリシャ	ルクセンブルク	ウルグアイ	
スイス	イスラエル		
スウェーデン			

（出所）筆者作成。

付図 6-1：品目リスト別の HS コード数比率の内訳（％）

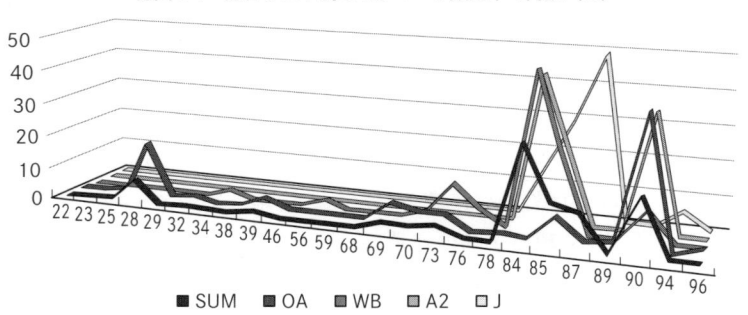

（注）HS2 桁で計測した HS コード数の比率である。

（出所）表 6-2 と同じ。

付表 6-2：輸入と FDI のパネル単位根検定

	ADF テスト				PP テスト			
	水準		1 次の階差		水準		1 次の階差	
	統計量	P 値	統計量	P 値	統計量	P 値	統計量	P 値
ln*IM*								
トレンド・定数項	83.388	0.675	125.343	0.008	157.383	0.000	301.677	0.000
なし	4.985	1.000	351.890	0.000	2.245	1.000	361.606	0.000
ln*FDI*								
トレンド・定数項	116.450	0.022	178.577	0.000	161.644	0.000	304.393	0.000
なし	30.226	1.000	420.445	0.000	34.800	1.000	463.132	0.000

（出所）Comtrade および UNCTAD［2006b, 2007, 2013］より作成。

第7章
市場の活用に関する覚書

　環境問題に対処するために，国際的な市場が活用される。一見すると矛盾するような政策の展開と意義について，本書では考察してきた。本章では，経済活動の制約の発生と国際経済活動の関係性を題材にして，環境問題に対処する歴史的な歩みのなかに環境物品貿易を位置づけてみたい。そして，その活用の意義と限界を改めて考察したい。なお，ここでいう制約とは，ミクロ経済学で出てくる予算制約や資源[1]制約などを包括するものと考えてもらって構わない。

　このような作業は，前章までと論理の次元が異なる。「覚書」とした理由，はその点にある[2]。

Ⅰ．考察の手掛かり

　本節では，代表的な研究成果を取り上げて，考察の手掛かりを得たい。いずれの研究成果も，環境問題そのものを分析したものではない。しかし，前者はいわゆる資源問題に関して，後者はいわゆる汚染問題に関して，重大な示唆を含んでいる。また，一方はより理論的であり，また一方はより歴史的である。そして両研究ともに懐が深く，さまざまな問題意識からの接近を可能にしてくれるものである。ここでの課題はあくまで，経済活動の制約の発生と国際経済活動の「自然な関係」を読み取るだけであり，新説の解釈を示すことでは断じてない（もちろん，既存の解釈を批判・否定するものでもない）。たとえるな

　1　本章における資源とは，本書の第5章で論じた広義の資源ではなく，狭義の資源をさす。

　2　なお前章までと同様に，金融面の考察は分析の対象外とする。

ら，定義から導かれた定理の解釈の１つの可能性を示すだけである。

1．蓄積の停止と克服するもの

　経済活動には，元来，制約がある。経済活動の量的拡大は，その制約を明確化させ，あるいは顕在化させる。産業革命以降の経済活動の量的拡大が，現代の地球温暖化の原因である CO_2 の大気中の蓄積のきっかけとなったことは周知の事実である。また経済活動の量的拡大は，当然ながらアウトプットに関する問題を発生させるだけでなく，インプットの問題も発生させる。

　経済発展における制約の発生と国際経済活動の関係性を暗に示した最初の研究として，リカードを指摘できるかもしれない。古典派が，無限の資源を想定していたことは周知の事実であるが，古典派の代表格の一人であるリカードの議論（Ricardo［1819］）はその卓越した現実感覚から，種々の一般法則を示すとともに一時的および例外的な事項や傾向についても言及していた。なかでも，土地という資源が原因となり，現代でいうところの経済発展に相当する資本蓄積の停止の可能性を示していたのである。

　複雑な論理を内包する Ricardo［1819］の議論を，念のため，確認しておこう[3]。古典派にとって一般的な前提である古典派価値論[4]と生存賃金説に依拠し，基本的な論理の骨格を第１章から第６章までで示している。資本蓄積は，①「収入（すなわち利潤）の増加」，②「消費の減少」の２つの方法によって行われ，「消費の減少」は労働者の食料などの生活必需品の下落による賃金の低下によってのみ可能である。したがって，利潤率は賃金の低下による以外には決して上昇するはずがないと述べる。

　その食料の価格は，生産に投入される労働量に依存する。人口が増えればそれに対応して，食料の生産量は増大せざるをえない。収穫逓減が作用する農業

　3　リカードの論理のすべてを整理・検討することは，本書の課題を超えてしまう。リカード研究に関する優れた成果は，数多くある。なかでも代表的な成果として，①比較生産費説の原型理解を一早く示した行澤健三氏の一連の成果を収めている森田［1988］，②近年の注目すべき成果である塩沢［2014］，③近年の研究動向を総括・整理した田淵・久松［2018］などを指摘できる。

　4　ここでいう価値論とは，希少性や交換条件に関連付けて説明されない価値説を広く指している。一般的に，リカードは投下労働価値説に依拠すると考えられてきたが，近年では生産費説の方がより適切であるとする見解が示されている（たとえば，塩沢［2014］）。本書の課題を超えてしまうため，価値論の問題には踏み込まない。確認に留めておく。

分野では，より多くの生産量を確保するために，より劣等地での生産を余儀なくされる。土地の肥沃度に応じて投下される労働量に差が生じ，劣等地での生産物と優等地の生産物には労働力の差だけ差額が生まれ，それが地代となる。人口のさらなる増加は，地代のさらなる高騰を招き利潤を減少させていく。地代の高騰はやがて利潤をゼロにし，資本蓄積は停止する（定常状態に達する）。

　第7章では，外国貿易の役割がさらに説明される。まずリカードは，貿易が利潤率を高めるものではないと論じる。貿易における超過利潤は，あくまで一時的なものに留まると考える[5]。

　リカードは，貿易が上記でも触れた「消費の低下」を可能にする食料などを，低減した価格でもたらす場合に限って，例外的に利潤の増大を導くと説明する。貿易の一般的な利益は，あくまで商品数量の増加に強く貢献するものであるとされる。これが，あの有名な比較生産費説で説明される利益である。一般的な利益ではない例外的な利益は，彼の政策提言と直接関連する。つまり，その利益を根拠として，農業が高度に発展した当時のイギリスであっても穀物法を廃止することが，社会的な便益をもたらすと説明される。

　さて，以上の議論から何を読み取るか。まずは，その現実感覚の鋭いリカードの論理展開と繊細さである。一般的傾向と一時的および例外的傾向を併用することで，広がりのある視野と論理を提示している。それは発展のメカニズムを示すと同時にその停止の可能性を示し，そして政策提言につながる。

　リカードの論理展開の問題点を指摘する意見は，もちろんある。古典派の自然の認識について論じた Immler［1985］は，その代表例である。Immler［1985］は，リカードの議論のなかに「分裂した自然」という想定を読み取る。リカードが依拠する古典派価値論は，周知の通り，「希少性」という鍵概念を利用せずに，供給量に限界のない再生産可能な財に限定して価値を説明するものである。需給曲線でいえば，供給曲線は水平となり，需要は価格に影響を及

5　貿易による利潤率上昇を指摘する Smith［1920（1776）］とは，対照的である。スミスの議論は，分業の進展による国内市場の拡大，そしてそれを基盤とした外国貿易（国外市場）の拡大という歴史的な視角にもとづくものである。それに対して，リカードの議論は市場の拡大およびその過程に関する視角はない。川尻［1970］は，スミスとの貿易把握の相違を整理し，リカードの議論は歴史的視角の欠如と結びついている，と述べている。この相違は，現実を観察した時間のずれに起因すると考えられる。

ほさないという想定である。

　しかし，リカードの地代論では，供給量に有限性のある異なった質の等級が存在する現実の自然が想定される。この場合の需給曲線は，収穫逓減が仮定されるため，供給曲線は右上がりの一般的なものとなり，需要量にもとづいて価格が決定されることになる。したがって，「分裂した一方の自然を他の自然と自由に入れ替えることができる」（Immler［1985］邦訳 p. 275）という措置により，リカードは議論の体系を保っていると結論付ける。

　果たしてそうなのか。そして，「異なった質の等級が存在する現実の自然」は，リカードの論理にとって，重大な問題なのであろうか。リカードは，次のように述べる。

　「ヨーロッパでもっとも富裕な国ですら，いまだこれほどの発達状態からははるかに遠い，しかしもしもいずれかの国が，こうした発達状態に到達したとしても，そうした国でも外国貿易の助けによって，富と人口とをなお無制限に増大してゆくことができるだろう。というのは，こうした増加の唯一の障害物は，食糧およびその他の原生産物の不足とその結果としてのそれらの価格上昇といった時代だけにすぎないからである」（Sraffa［1951］邦訳 p. 219）

古典派価値論の自然観と地代論の自然観が自由に入れ替え可能なのではなく，地代論で示された自然観は国内に限定された時だけに浮上する問題に過ぎず，外国貿易を追加した国際的な視角に立つと途端に消失する問題に過ぎないのである[6]。

　本書が読み取ろうとするものは，第1に，まさに上記の関係性である。「貿易が資源価格の上昇を抑える作用をもつ」という点である。貿易が資源制約の問題を解決する，と解釈しているわけでは当然ながらない。結果を約束するものではなく，効果をもたらすものである，と解釈する。もちろん，リカードは

　6　前田［2006］は，リカードの国際分業論を検討し，「自然」は，市場＝外国貿易によって乗り越えられるべき従属変数として設定されていたことを示し，これが今日の「暴走する市場」・「拡大する市場」の論理的支柱であったと述べる。

輸入による食料の価格下落にのみに関心をもつわけではなく，食料以外にもその他の原生産物も考慮している。輸入される資源の考察範囲はわりと広いと考えられる[7]。第2に，貿易の効果と技術の効果の関係性である。リカードは，「もしも外国貿易の拡張によって，あるいは機械の拡張によって，労働者の食料と必需品を低減した価格で市場にもたらしうるならば，利潤は上昇するだろう」（Ricardo［1819］邦訳 p. 188）と述べる。つまり，「外国貿易による市場の拡大」および「技術の進歩」には，ともに「資源価格の上昇を抑える作用をもつ」と指摘している。

2. 制限克服の場としての創造された市場

　空間的拡張の必要性と必然性をより明確に示す議論が，本山［1976］のなかにある。本山［1976］は，卓抜した論理的思考力と独自の着想によって書かれた大著である。注目すべき点は「異質性」を鍵概念にして，生産活動の進展にともない世界市場が必然的に創造されうると論じている点と，世界市場を「制限を克服する場」であるととらえている点である。一般的な研究が前提とする，「所与（前提）として市場」とは異なる発想がある。

　さて，そもそも異質性とは何か。本議論の射程と性質を確認するためにも，現代の経済学の用語に置き換えながら，まずはこの点を確認しておく。その内容は，①実証分析では確認されるものの，（当時の）一般的な理論のなかで説明の対象とされていないもの（理論が安易に捨象するもの）を理論の説明範囲内にとらえようとするための用語であり，②市場メカニズムの浸透が新たに生み出す矛盾であると同時に，発展の契機となる克服しなければいけないものである，とされる。つまり，異質性とは，現実を考察するための概念や実証された概念ではなく，理論的なあるいは観念的な概念である。

　より詳しく見ていこう。生産活動の量的拡大にともなう市場メカニズムの浸透は，制約に直面する。まずは，労働量の制約であり，続いて増大した生産量の販売先（需要の制約）と生産に必要な原材料の仕入れ先（供給の制約）である。市場メカニズムの浸透は自給的な生活様式や伝統的な生産様式の破壊をと

7　ただし，リカードの資源そのものに関する分析・言及は，今日から見れば十分な内容とはいえない。問題意識が異なるため，当然ではあるが。

もなうものであり，初期の段階では，一国内で上記の要素を賄えた。しかし，生産量の継続的でかつ飛躍的拡大は，一層の労働量と販売および原材料の仕入先を必要とする。本山［1976］がその典型例として注目したのは，農業である。農業は，確かに工業と違い，労働投入だけでは生産活動を行えない。時に，自然に合わせて，労働量の調整が必要となる。本山［1976］は，古典派にとって親和的な単位である時間に注目し，農業のその性質を，生物的成長といった自然的時間を資本時間に転換させえない点にあると説明する。輸入を通じるにしろ，それ以外の手段を利用するにせよ，国外にその調達先を求める必要性が生じ，そのために国家という市場メカニズムにとって異質な媒介を経て，制約を克服する場である世界市場が創造される，と述べる。以上の論考を通じて，1980年代前半までにみられた工業に特化する先進国と農業に特化する途上国という国際分業体制の状況と，自立した国民経済の基盤を欠いた途上国という当時の状態がさらに説明されていく。

　Ricardo［1819］との比較を通じて，本山［1976］の特徴を確認しておきたい。本山［1976］は，Ricardo［1819］と異なり，第1に，費用／利潤の観点から制約の発生を理解していない。時間に注目していた。これは，市場メカニズムとは，異質の原理であることを強調するための措置でもあるともいえよう。第2に，本山［1976］は，農業に注目して制約を論じていたが，「工業的原料の制限として措置される」（本山［1976］p. 43）という文言にもある通り，農作物を生産する，いわゆる農業だけを対象としたものと考えることはできない。有機的法則に従う原材料一般を対象としていると考えられるため，Ricardo［1819］よりも，制約の対象は広いといえる。ただし，Ricardo［1819］と同じく，生産活動の量的な拡大によってもたらされる制約でしかなく，その制約の範囲は生産活動だけに限定される。このような認識は，当時の経済学に広く一般的にみられたものである点も明記しておこう。第3に，Ricardo［1819］は経済発展に向けた前向きな現象として国際的な市場の拡大をとらえていたが，本山［1976］は，発展の契機であると認識している点は共通しているものの，深刻な問題でありかつその負担を途上国にますます強いるメカニズムをとらえようとしている。つまり，負の側面がより強調されている。さらにいえば，本山［1976］のいう克服とは，本来，自己展開できないはずのものを自己展開し

ているかのような論理構成となっている[8]。木下［1976］は，この克服とは，「できもしないものをできるかのように，見せかけるだけの克服」（p. 22）であるとし，その論理展開に関して批判的に論じている。さらに付け加えると，Ricardo［1819］の指摘にもあった通り，技術の進歩が合成原料を提供しうるため，制約の克服として空間的拡張だけが求められるわけではない。

　しかし，（潜在的には，価格という普遍的な情報を媒介にするため世界的な性質をもつ）市場がその性質を顕在化させる（＝世界市場が創造される）契機を論じている点，そして制限を克服するための措置が同時に国外に負担を転化するための措置として作用する，という指摘は傾聴に値するものである。事実，後述する環境問題の歴史的展開に対して，本山［1976］の議論は，1つの分析視角を提供するものであると積極的に解釈できよう。空間的拡張が，国内での経済活動が直面する資源制約を見えづらくし，問題を克服していないにも関わらず克服したかのような錯覚を与えてしまい，その一方で，途上国への負担をますます強めてしまう傾向は現実にある[9]。そもそも，異質性は抽象的な用語であり，具体的でかつ個別の現象をとらえようとするものではない。この異質性のなかに，一例として現代の環境問題を当てはめることはさほど困難なことではない。市場メカニズムの浸透が，国内に環境問題を発生させ，経済活動に一定の制約を課す。もちろんその制約は，生産活動の制約としてだけでなく，健康的な社会生活の基盤を危うくするものでもある。そのような制約を回避するために，国外にその問題の空間的な転化を可能にするための（制約の克服は，観念上のものかもしれないが）市場を，市場メカニズムとは異なるメカニズムによって創造しようとする。本書が注目する市場の役割とは，別の側面を浮き彫りにする議論である。

　以上の議論を受けてまとめると，①制約を克服するものとして空間的拡張が（安易に）求められる傾向にある。とくに，国境を越える空間的拡張は，未使用の資源へのアクセスという，いわばフロンティアの利用を可能にさせる。それを，より一般的な表現に直せば，資源の利用費が国内のそれよりも低いとい

8　文中では，「可動的（観点的）克服」（本山［1976］p. 51）と表現している。
9　山川［2017］は，貿易を通じた資源の収奪という視角から，そのような現象およびメカニズムについて鋭い考察をしている。

える。もちろん，単純な費用の削減効果だけを目的にするだけではなく，資源の継続的な確保を目的とするケースもある。それは問題の解決よりも，問題そのものを見えにくくするものであり，問題の延命・転化策かもしれない。したがって，②空間的拡張の作用は，正負の効果をともなうものである，といえる。そして，③そのような空間的拡張は，市場メカニズムに依るというよりも，それ以外の要素，つまり本書の用語でいえば制度を作り出す「発言」と，その成果物である制度と密接に絡んでいる[10]。

Ⅱ．制約と空間的拡張の史的段階

　続いて，歴史的な時間のなかで，制約と国際経済活動の関係を考察したい。

　経済活動の量的拡大にまず成功した先進国が，資源制約に直面した。より正確にいえば，その問題を社会的に認識した。認識のきっかけは，①費用の増大／利潤の減少であり，②「発言」および「発言」の社会的成果である制度の整備である。後者の要因の影響力の獲得には，長い年月を要した。

　資源制約に遭遇した先進国では，Ricard［1819］の指摘の通り，まずは国内で調達にあたる。しかし，経済活動（主として生産活動）の持続的かつ飛躍的な拡大によって生じた資源制約は，技術的進歩の必要性を高めるとともに「発言」の影響力を増加させ，経済活動の空間的拡張を志向させた。とくに，本書では空間的拡張に注目して，実際に発生した3種類の資源制約に対する措置として生じた国際経済活動を考察する。それらの活動は制度的要因と絡み合って発生していった[11]。

1．古典的資源問題

　リカードも生きていたであろう，ナポレオン戦争終結後のイギリスは，急速

10　本山［1976］について付言しておこう。本山［1976］は，本書の内容を超えた，世界経済を考察する上で必要となる重要な包括的課題についても検討を加えている。

11　もちろん国際経済活動は，多様な作用をもたらすものである。ただしここでは，便宜上，論点の明確化のために考察の対象を絞っている。

な生産力の上昇の結果，食料および原錦などの不足を経験する。食糧などを生
産するための土地および自然資源の供給不足が生じ，資源の継続的かつ大量の
供給が緊急の課題となった。このような産業革命以降の急激な生産力の上昇に
よって生じた資源制約を，他の資源制約と区別するために，「古典的資源問題」
と呼んでおこう。

　比較生産費説は，貿易の本質として生産活動の経済合理性を理論的に証明し
たものである。ただし，貿易は資源の大量かつ継続的な供給の可能な外国の存
在なしには，成立しない。ところが資源の調達/生産は自然条件に左右されや
すく，安定的な供給の確保は容易でない。したがって，安定供給を可能にする
貿易の実現の背後には，本山 [1976] の指摘にもあった通り，資源の供給地が
市場メカニズムと相反する公的介入によって創造されなければならなかった。
相手国の閉鎖性が強固である場合，または現地での資源調達の生産活動を組織
化し定着させることが困難な場合であればあるほど，当時の世界システムを事
実上担っていた帝国主義が，それらを強制したのである。

　資源の供給先となった国々は，再生不可能資源と再生可能資源で若干の相違
をもつ[12]。再生不可能資源に関しては，欧州域内から鉱物資源が豊かな米国，
メキシコ，南アフリカ，ラテンアメリカへと拡大していった。再生可能資源に
関しては，土地が廉価であった米国や，ラテンアメリカやアジアの植民地で組
織化されていった。資源の供給先となった国々の多くは世界中の後発国であ
り，これらの国々は世界市場に統合される過程で，自給自足的生活様式，さら
に伝統的生産様式を破壊されていったのである。

2.　自由財の調達問題

　第2の資源制約は，1960年代後半から急速な経済発展を遂げる先進国で生
じた，汚染物質を排出先としての資源の調達問題である。この時期の先進国
は，公害被害の深刻化と世間の関心の高まりに後押しされて，国内の環境規制
を強化していった。その結果，従来，自由財であったはずの汚染物質の排出先
としての資源調達の費用が，突然発生したのである。

12　以下の内容は，Jones [2005] の Chapter 3 を参考にした。

　ここでいう資源とは，市場取引が成立しない自由財を指している。具体的には，安全な大気や水などである。この自由財は，人類の生活・活動にとって不可欠なものである。通常，資源は経済活動に必要なインプットであり，汚染物質はその活動の結果生じるアウトプットである。アウトプットである汚染物質が公害の原因であるため，そちらに関心が集まりやすい。アウトプットは，自由財に内在する人類にとって効用を与える一定の配列を破壊（消費）することで，問題を生じさせる。自然の機能には浄化作用があるが，このようなアウトプットは，短期的にあるいは中長期的に，浄化作用を超える影響をもつ。その結果，有害物質が残存し，安全な環境を損なう（自由財の喪失が発生する）ことになる。以上の通り，生産活動は，人類の生活・活動にとって必要な自由財を破壊し消費してしまったのである。生産活動が自由財を消費したのであり，その意味では，この場合自由財を生産活動に必要な広義のインプットとして把握できる。

　通常の財であれば，市場メカニズムによる需給の変化にあわせて，その調達費用は上下する。しかし自由財であるため，そのメカニズムが働かない。公的介入が，費用ゼロだった調達に，突如として費用を発生させたのである。国内の厳しい環境規制あるいは環境費用を回避し，現存する生産活動を改めることと拒んだ先進国の企業は FDI（海外直接投資）を行い，汚染産業または汚染集約的工程を海外に移転させた。技術進歩は，時間と費用を要する。その意味では，表面的には空間的拡張の方が安上がりであろう。こうして，公害輸出問題が発生したのである。

　公害輸出に関しては，多くの研究蓄積が存在する。なかでも，汚染逃避仮説という分野で，理論的および実証的に研究されている。汚染逃避仮説には，さまざまなバリエーションがあり多くの議論との接点をもつが，本書の主要な関心事は「貿易との選択問題」である。「国内の同じ消費者に対して，当該財（＝汚染集約財）を国内生産して届けるのか，それとも環境規制の低い国で生産を行い逆輸入によって届けるのか」を問う問題である。

　汚染逃避仮説は実証分析において，支持されない傾向がある[13]。その背景と

13　詳しくは，Eskeland and Harrison［1997］などを参照されたい。

して，多国籍企業は，受入国企業に比べて，優れた環境技術を所有し環境の質や職場における安全性の確保を考慮しているためであると考えられる。たしかに，近年では，CSR（企業の社会的責任）の観点から，多国籍企業は環境取り組みを積極的に行う傾向がある[14]。くわえて，多国籍企業にとって環境対策費用は，生産費に占める割合が必ずしも高くないため，生産拠点移転の決定要因にはならないとされる。

ただし，汚染逃避効果までが否定されているわけではない[15]。Broner et al. ［2015］は，2005 年に 101 カ国の 85 の産業を対象として米国への輸出に環境規制が及ぼした影響について検証し，強い汚染逃避効果を確認している[16]。また，汚染逃避仮説は，事例研究ではもちろん明確に支持される。たとえば，1970 年代にはマレーシアで起きた「ARE 事件[17]」，フィリピンの「ミンダナオ島事件[18]」そしてカナダの「水銀中毒事件[19]」などがあり，さらに 80 年代にはインドで起きた有名な「ボパール事件」やフィリピンの「パサール銅精錬所事件[20]」などがあり，枚挙にいとまがない[21]。

約言すると，世界的に環境問題への関心が高まり，企業の CSR が盛んな近年は除外するとしても，くわえて環境対策費用がたとえ生産費に占め割合がわずかであったとしても，環境規制の費用による利潤の圧縮を回避するため，少なくとも 1970 年前後から 80 年代にかけて先進国の一定の企業は，公害輸出を行ったのである。

14　多国籍企業は，環境に関するイノベーションの主要な担い手としても注目される存在である（OECD［2007］）。

15　汚染逃避効果は，汚染逃避仮説の必要条件である。この効果が強い場合，汚染逃避仮説が現実化する。

16　汚染逃避効果に関する近年の研究成果のサーベイは，Cherniwchan et al.［2017］が詳しい。

17　同社が，放射廃棄物を施設で適切に処理せず，野ざらしにしていたため生じた問題である。

18　川崎製鉄が，千葉の住民の反対運動を受けて，汚染物質を発生させる工程をミンダナオ島に移転させたことによる問題である。移転の結果，現地で大気汚染が発生した。

19　イギリス系の多国籍企業であるリード・インターナショナルによる事件である。母国以下の費用で汚染物質の排出先としての資源調達が可能な国であればよいため，先進国がその対象となるケースもあった。

20　ODA（政府開発援助）資金が利用された公害輸出の事例である。

21　以上の事例は，寺西［1992］の第 2 章と宮本［1995］の第 2 章を参考にした。

3. 人工資源と世界環境市場の創造

第 3 の資源制約は，1990 年代後半以降から生じた，人工的な資源の調達問題である。人工的な資源とは，「経済活動を行うための権利を得るため資源」である。端的な事例は，温室効果ガス（Greenhouse Gas：GHG）の排出先としての資源調達問題である。世界的な関心事となっているため，以下では，とくに GHG を対象にして検討していく。

GHG のケースは，第 2 の資源制約と同じく排出先としての資源の調達問題であるが，排出される物質の性質が異なる。第 2 の資源問題は，排出される物質それ自体に有害性があったが，第 3 の資源問題である GHG はそれ自体が有害性をもたない。その大気中の濃度が，環境変異を引き起こす。公害輸出問題と異なり，自由財の消費過程がより間接的である。その意味では，資源の国際調達それ自体は公害問題と違い，本来的に問題性をもちにくい。したがって国際調達によって，母国の負担が現地国に転化されるという状況は想定しにくく，国際調達に適した問題といえる。しかしその反面，それ自体に有害性がないため，社会的関心がよほど高まらない限り，国際調達の必要性は生じない。もちろん，必要性を高めるための要因は，環境問題の深刻化およびその認識の高まりや環境意識の高まりから生じる「発言」だけではない。新たな経済活動（経済活動の変化）に利殖機会を見出す経済的要因も働いている。

周知のように，京都議定書は，主として先進国および移行国を対象とした附属書Ⅰ国に，排出削減の義務を課した。その一方で，GHG の排出先としての資源の国際調達を可能にする制度である，京都メカニズムを制定した。こうして公的介入によって，世界規模の炭素市場が創造され[22]，GHG の排出先としての資源に市場価値が与えられた[23]。このような市場が整備されたことで，企業は調達費用以下で GHG の排出先としての資源の生産が可能である場合，その資源の生産を行う誘因をもつ。つまり，その資源の生産活動を拡大させる，あるいは新しい技術を採用し現存する生産活動を改変する契機をもつ。しか

22　もちろん，このような世界大の取り組みに誘発されて，地域大および民間主導の GHG の排出権取引市場も創造された。

23　調達の範囲を国内に限定した場合，市場メカニズムを活用した取り組み（排出権制度）には，先例がある。岡 [2006] の第 5 章が詳しい。

し，そうでない場合は，京都メカニズムを利用して国際調達することが可能であり，当該企業は現存する生産活動を温存できる。このように，世界的な環境市場を創造する政策は，資源調達の空間的拡張を可能にするものであるが，その効果の源泉は空間的拡張そのものにあるというよりも，資源調達を可能にする技術の利用（およびその普及）にあるといえる[24]。念のため付言しておくと，京都議定書の第1約束期間の終了後も，取り組みは継続している。

　そして，ほぼ時を同じくして，本書が分析対象とした環境物品交渉が始まる。詳細は，本書の前半で詳しく述べているため，ここでは繰り返さない。まずは，上記の京都メカニズムと比較して環境物品貿易の役割を考えてみたい。

　環境問題に対する作用は，京都メカニズムと比較すると間接的であり，京都メカニズムを円滑化する手段として位置付けられる。たとえば，CDMのプロジェクトに必要な環境物品を現地で入手できない場合などが，それに該当する。環境物品貿易の自由化は，CDMなどのプロジェクトの実施費用を下げて，プロジェクトを後押しする役割をもつ。京都メカニズム自体も，数値目標を達成するための補助手段に過ぎなかった。その意味では，環境物品貿易は二重の意味で役割が間接的である。もちろん，環境物品貿易の役割はそれに止まらない。

　環境物品を取引する市場は，京都メカニズムによって創造された世界市場と性格を異にする。公的介入によって一から創造された市場と対比すると，「環境ビジネス市場」と呼べるだろう。政策（公的介入）は，その市場の拡大を促進するものである。直接「使用」に特徴をもつ環境対策品の市場の拡大は，環境対策プロジェクトの実施費用を削減し，取り組みを誘発する。一方，EPPは，代替財の市場を奪うことによって，その市場を拡大し環境効果を現実化していく。その過程は，既存の市場を内側から破壊し，「環境ビジネス市場」を拡大させ既存の市場との区別をあいまいなものにしていく。さらには，双方の取引の拡大は，新しい財の開発を誘発していく。

　環境物品貿易は，環境問題の発生という制約を，緩和させるための資源の調

24　もっともJI（共同実施）では，削減目標値の設定に問題があったため，移行国は何ら取り組みをしなくても売却可能な排出枠が予めあるという事態が生じた。しかし，この現象は，あくまで例外である。

達を可能にさせるものであり，またその費用を引き下げるものでもある。ただしこれらの性質は，一方では，環境問題という制約に対処するものであるが，他方では，見せかけの対応なのかもしれない。

Ⅲ．あるべき姿について

1．自然な関係のメカニズム

　前節の検討の結果から，環境問題という制約に対処するために市場の活用が志向されることは，自然な現象であるといえる。市場メカニズムの活用が志向されるのは，結局それが利殖の機会を保持し，そして拡大させるものだからである。もちろん，公的介入がそのきっかけやその前提条件となるものを与えることもしばしばである。結局，経済活動および発展の制約という現象にさえも，市場という手段が利殖機会のきっかけを提供しているのである。

　このような現象のメカニズムを説明する議論が，Schumpeter［1926］の「新結合の遂行」に関する論考のなかにある。新結合の遂行は，改めて言うまでもなく非常に有名な研究成果であり，経済学に限らず経営学や社会学などで広く利用されている。古典派および新古典派の双方の成果を継承し，正負の影響をもつ経済発展のメカニズムをとらえたその内容は，有用性に富むものである。以下では，この議論を利用して，前節でとらえたメカニズムとその可能性についてさらに検討したい。

　「新結合の遂行」と類似の用語に，「イノベーション」がある。両者は実質的にほぼ同じ意味であり，本書では両者の厳密な使い分けをしないため，以下では「イノベーション」という用語を利用して考察することにする[25]。イノベー

25　Schumpeter［1926］では，両者を，着眼点の違いによって区別していた。「新結合の遂行」とは生産要素の転用をさし，「イノベーション」とは新結合の遂行という現象をその実施主体に注目して理解するものであった。さらに Schumpeter［1939］では，「イノベーション」とは大規模な投資が必要になる「新生産関数の設定（＝生産関数の変化）」を意味し，「新結合」とは「新生産関数の設定」にくわえて「同一生産関数内での生産係数の変化（＝同じ生産関数における要素の数量変化）」をも含むと説明された。イノベーションは，新結合の遂行をより限定化したものとなっている。

ションの意味を確認しておくと，イノベーションとは，①循環軌道からの非連続的な変化であり均衡への収束過程でなく均衡中心点の推移であり，②経済発展の形態と内容を定義付けるものである。以上の内容をもつイノベーションを，本書では，経済発展をより広い意味から解釈して「人間社会の法則を更新していくもの」であるととらえることにする。人間社会の法則とは，人間社会に貫徹する諸法則をさす。その端的な例としてはマルサスが示した「人口法則」を指摘できる。周知の通り，人口の増加は幾何級数だが，食糧の増加は算術級数的であるため食料危機の発生を警告する，というものであった。人間は自然のなかで昔も今も生きている。食料危機という自然がもたらす資源制約との戦いは，人間社会の発展をある段階まで規定する重要な要素であった。ただし，序章でも述べた通り，マルサスの議論には欠点があった。人間社会の法則を固定的にとらえ，その更新の可能性を考慮に入れていなかったのである。緑の革命が，そして途絶えることのない新種改良が，人間社会の法則を更新していった。もちろん，食料の充足だけをもって，人間社会は成り立たない。食料を購入する原資の確保，生産人口の確保，生産面積の確保などが必要であり，そのための社会的なルールや制度が整備されなければならない。改めて述べるまでもなく，農業だけを切り取って，人間社会の法則として理解することはできず，経済活動一般のなかで把握しなければならない。その経済活動を前進させ，発展の形態と内容を与えるものがイノベーションである。

　もちろんイノベーションが，持続性を担保するものであるとは限らない。周知の通り，経済発展が，環境破壊を促進し，深刻な公害や健康被害を発生させてきてしまった。イノベーションが，そのようなマイナスの作用をもたらすことを否定できず，人間社会の法則を改悪してしまうこともありうる。そのような正負の作用を併せもつ性格も含めて，ここではイノベーションの作用を理解して，「人間社会の法則」の更新の歩みを確認していきたい。

　イノベーションには，有名な5類型がある。①新製品・新品質製品，②新しい生産方法の導入，③新市場の開拓，④原料や半製品の新しい供給源，⑤新しい組織の実現（＝独占的地位の形成や打破）である。このうち，③と④は空間軸に関連するものであり，①と②は時間軸に関連するもの，であると整理できる[26]。まとめるとイノベーションには，フロンティアを開拓し，その量的な拡

張を志向する「空間的性質」と，人間社会の法則を内部から破壊していき質的な変革を志向する「時間的性質」の両面がある。前者は貿易や投資などの国際経済活動と密接に関連し，そして後者は技術の更新・変革とその伝播に関連する。

　前節で確認した，制約に対処するために空間的拡張が志向されることは，イノベーションに関する種々の考察が正しいと仮定すれば，当然の帰結といえよう。また，リカードの指摘にあった技術の更新が利用されることも，同様に，当然の帰結といえよう。そして環境物品交渉は，この双方の性質を志向するものであることが改めて理解できる。第一義的に空間的拡張を志向し，環境技術の伝播を促進する。もちろん取引市場の拡大は，利殖機会の拡大を関係主体に知らしめ，新しい財の開発インセンティブを提供する。その結果，新商品の開発を通じた技術の更新・変革が期待される。ただし，本書で何度も指定した通り，更新の手続きに関する審議は十分ではなかった。その意味では，現行の交渉は環境物品貿易が本来的にもつ作用を十分に活かしているとは言い難い。

　イノベーションは，より高い要素報酬を約束することで新しい経済活動を生じさせ，そしてその量的拡大を実現していく。そして，その量的拡大に比例して生じる創造的破壊が調整の機会をもたらす。そうした過程を経て，人間社会の法則はやがて更新されていく。更新の具体的な内容は多様であり，また計画通りに発生するわけではなく，かつ社会に予定調和的な影響を及ぼすわけでもない。

　多様な内容であっても，その結末はいつも同様である。利殖機会に恵まれない活動が，より恵まれる新しい活動に代替されるか，従来誰も気づいていなかった新しい利殖機会に恵まれた活動が量的に拡大するのである。

　イノベーションが発生したものの，まだ法則の更新に至っていない段階に注目したい。あるタイプのイノベーションは，イノベーション以外の活動を後押しする。ただし多くのケースは，後者が前者を牽引しているのである。一例を

26　このような整理は，岩田健治氏の「松永達氏「ヨーロッパ：統合がもたらした分裂」へのコメント」（日本国際経済学会 2017 年度第 1 回九州・山口地区研究会シンポジウム「反グローバリゼーションの中の世界経済：米国と欧州の動向を踏まえて」）の内容にもとづく。なお，⑤は，空間軸と時間軸の双方に関連するものといえるが，本書の考察の対象外とする。

あげれば，「レジ袋の利用を控えるべき」という環境への取り組みは，「エコバッグの普及」を後押しした，というよりも「エコバッグの普及」が牽引した。イノベーションである限り，ある一面では，経済活動の環境負荷の削減に貢献したとしても（＝ある環境負荷の高い経済活動を減少させたとしても），別の利殖機会の拡大を期待できる活動の量的拡大を導く。イノベーションに関連する経済活動を広範にとらえられる「n 商品（群）の帰結」という視点に立てば，環境問題の転化（ある環境問題への対応の結果，別の環境問題が発生してしまう）は，特殊な事例であると考えにくい。量的拡大をともなわない質の改善だけを導く「環境に優しいイノベーション」は，通常のイノベーションからは起こり難いといえよう。

　そもそも，シュンペーターは，イノベーションが生産の側からしか起きないと述べていた。

　「経済における革新は，新しい欲望がまず消費者の間に自発的に現れ，その圧力によって生産機構の方向が変えられるというふうにおこなわれるのではなく——われわれはこのような因果関係の出現を否定するものではないが，ただそれはわれわれになんら問題を提起するものではない——，むしろ新しい欲望が生産の側から消費者に教え込まれ，したがってイニシアティヴは生産の側にあるというふうにおこなわれるのがつねである」（Schumpeter［1926］邦訳 p. 181）

イノベーションという現象の本質は，シュンペーターの言う通りかもしれない。車や飛行機の開発およびその利用による生活スタイルの変化を，それらを見た事もない触れたこともない消費者がイメージすることは不可能であったろう。新しい欲望を喚起し，あるいは教え込むことで，生産者は利殖機会を拡大していく。

　しかし，画期的な発明を利用した「新商品の開発」である「根本的イノベーション（radical innovation）」ではない，「増分的イノベーション（incremental innovation）」になると話は変わってくる[27]。イノベーションの発生に関して，需要（空間的要素）の重要性を指摘した Vernon［1979］の議論は，今日に

おいても色褪せていない[28]。企業は，現地市場に立地して現地のニーズを汲み取り，現地のニーズに合致した新商品を現地で開発するのである。つまり生産の側が教え込むだけでなく，教えられるのである。さらにいえば，後方連関を生み出す動因であるとして，Keynes［1936］に強い影響を受けた Hirschman［1958］がその役割を強調していた需要が，市場を作り出す（既存の市場を変化させる）決定的な刺激を提供するのである。発端である「根本的イノベーション」ではなく，増分的イノベーションおよびイノベーションによる新しい活動の量的拡大および継続を支えるものは，紛れもなく消費の側にある。

　イノベーションは，新しい商品を社会に提供し，市場に新しい知識や選択肢を提供する。しかし今日においては，その多くが生産の側による自発的な活動の結果として発生しているわけではない。市場に提供された商品のより良い活用を，社会があるいは市場の参加者も交えて見つけていく。その過程で新しい

27　これらの用語は，Freeman［1987］が示したものである。Freeman［1987］は，「商品の開発」と「生産工程の改良」を区別した。しかし，本書では画期的な発明を利用した「新商品の開発」を「根本的イノベーション」とし，それ以外のイノベーション（典型的には，既存の商品の生産および消費方法の改善・修正をするもの）を「増分的イノベーション」と把握している。

28　周知の通り，プロダクトライフサイクル仮説（以下，PL 仮説と記す）は，Vernon［1966］によって示された。PL 仮説は，多様で広範な内容を含むため，さまざまな分野で利用されている。企業活動と国際収支の関係，貿易と投資の関係，あるいは新製品の開発戦略などである。もともとは，米国のイノベーション企業の行動を分析し，米国企業の海外進出について説明するための枠組みであった。その後，現実の推移に対応して，バーノンは，2 本の論文（Vernon［1974, 1979］）で PL 仮説の読み替えをしている。Vernon［1974］では，対象を「米国企業」から「日米欧の多国籍企業」に広げ，「FDI を通じた海外進出」を「立地」と改め，日米欧の多国籍企業の競争戦略（とくに立地戦略）を説明するための枠組みに変更している。さらに Vernon［1979］では，日米欧の多国籍企業が国境を超えたネットワークをすでに作り上げている状況を鑑み，プロダクトサイクルに関する論考を放棄し，PL 仮説の現代的な意義を，現地市場に立地して現地で新製品を開発する活動（つまり，多国籍企業のイノベーション活動＝新製品の開発）を説明できる一点に求めた。強力な Global scanning の能力（＝世界経済をコストレスでスキャンし，当該企業にとって必要かつ有益な情報を的確に把握する能力）をもつ企業がいないため，刺激を提供するあらゆる市場動向を現地に赴き調査する必要があるためである。しかし，Cantwell［1995］は，強力な Global scanning の能力をもつ企業の出現を確認し，PL 仮説の歴史的な役割は終焉したと結論付けた。しかし，2000 年代以降，その重要性がますます高まっている新興国市場をめぐって，Cantwell［1995］の結論の反例となる事例が多く確認されている。一例をあげれば，GE はインドの現地でリサーチした結果にもとづいて開発した携帯型心電計を大ヒットさせ，一方，パナソニックは国際基準（60 m 幅）の冷蔵庫の廉価版を中国に売り込もうとして失敗した事例などである。カントウェルがとらえた強力な Global scanning の能力とは，先進国市場向けのものであり，性質の異なる新興国市場では現段階では通用しないといえよう。イノベーションの空間的要素の重要性を指摘した PL 仮説は，今も色褪せていない。

方法や知識が発見され，不足している知識・商品が見つかれば（新たな利殖機会が発見されれば）供給されていく。利殖機会の担保が続く限り（あるいはより良い利殖機会が発見されない限り）取引は，継続するあるいは拡大していく。そのような性質を利用して，市場メカニズムを応用した貧困対策や経済的支援策が実施されている。善意ではなく自己の利益に根ざす動機であるため，その活動には確かな継続性と拡散性がある。

　ところで経済発展のあくなき追求は，とどまることのないイノベーションによって実現されていくことになる。自然条件という制約を考慮した場合，イノベーションの際限のない追求は，イノベーションの必要性をますます切実なものとし，そしてより困難なものにすると考えられる。

　本書が分析対象とした環境物品も，上記の通り，こうした流れのなかで解釈できるものである。自然条件の深刻化は，環境への配慮・効果をより全面的に押し出す商品および経済活動をますます増大させていくと考えられる（その需要がますます高まるためである）。その結果，嫌が応でも環境に関する情報や知識が社会のなかに増えていくことになる。第5章で述べた通り，市場は価格という情報を利用するため，受信主体を選ばない。拡大する市場は，情報の受け手をますます拡大させていく，あるいはますます多くの主体を関与させる。もちろん，そうした状況は，さらなる誘発を促進していく土壌を用意していく。消費者にとっては，知識を活用する可能性が広がり，結果，学習を通じて選択肢（潜在的なものも含めて）の幅が広がる。もちろんその傍らでは，環境負荷の改善を導く経済活動は促進されることになるだろう。そのような過程は，徐々にではあるだろうが，誘発による消費活動ではなく，自発的な消費活動をする主体を増やしていくと考えられる。そのような活動をする主体には，時代とともにさまざまな名称が与えられるだろう。しかしその名称自体には，あまり意味があるわけではない。というのも，環境に優しい消費活動を自発的に行う主体数が増えれば，その他の消費者との区別の必要性が低下していくことになるからである。快楽的効用ではなく社会的意義に幸福度を感じる主体の消費活動は，金銭的な制約条件を別にすれば，自己の利益に根ざす動機であるため，その活動に継続性を期待できる。もちろん，市場の外から利殖活動とは独立して供給される知識があれば，その継続性とそれにくわえて拡散性が促進

されることはいうまでもない。

　以上は，本書の分析結果を総合的に活用した結果であり，ある可能性の萌芽を読み取ろうとする指摘である。

2．WTO の機能と関連付けて

　最後に，WTO の機能とも関連付けて，環境物品交渉に求められるものをまとめておこう。環境物品交渉は，WTO の機能でいえばボックス 3 の役割を顕在化させるものであるといえる。「自由貿易派」の主張のなかには，環境を口実にするかのような言い回しがあったことは否定できない事実であるが，本書で分析した通り，環境物品の普及と環境効果には有意な正の関係がある。自由貿易の推進による環境目的への貢献は，偽りではない。WTO（および RTA）が推進する市場メカニズムの浸透は，経済的目的だけでなく，利殖機会の確保・拡大と親和的である限り，非経済的目的の達成に貢献していく。しかし問題解決の本質が市場メカニズムの管理にある場合，ボックス 1 と 3 の機能の顕在化だけでは問題の対処にならない。それは前節で確認した通りである。

　経済活動の量的拡大をともなわない環境問題の解決のためには，ボックス 4 の役割の顕在化が求められる。それは市場を否定するものではない。もちろん市場の放任を意図するものでもない[29]。市場メカニズムを有効に活用するものである。

　GATT/WTO 体制の発展と強化が導いた市場メカニズムの浸透は，かつて Polanyi［1957（1944）］が指摘したような状況，すなわち「経済が社会的諸関係の中に埋め込まれているのではなく，反対に社会的諸関係が経済システムの中に埋め込まれている」（邦訳 p. 100）という状況を，現代に再び出現させている。弊害の多いこのシステムの暴走を防ぎつつ，有効に活用することが現実

29　Marshall［1903（1926）］は，「急速な経済の変化にもかかわらず，60 年前にイギリスで採用された政策が最善のままであり，おそらく最善のままである可能性がある。なぜなら，それ（<u>自由貿易</u>）は，工夫ではなく，一切の工夫をしないことなのである。何らかの条件のセットを処理するように考案された工夫は，それらが変化した時に無用になる。自由貿易の単純さと自然さ（すなわち工夫の欠如）は，科学的で巧妙な関税操作によって得られる，一連の異なるわずかな利益を上回り続ける可能性がある」（p. 394。なお，下線は筆者による）と述べて自由貿易を肯定する。本書が示す見解とは相容れない。

的な発想であり，かつ現代社会が抱える根本的な課題である。合理的経済人の仮定とは全く異なる情報処理能力をもつ担当者と支持層を背景にし，公益よりも私益・国益を優先してしまう傾向にある国際交渉が，市場の活用を正しく実践する保証はもちろんない。しかし，さまざまな知見を提供している高名な経済学者といえども，アポステリオリにしか知識を得ていない状況を鑑みれば，知識とは，歴史的時間のなかで，意図的にあるいは偶然に発見され，そして多くの人の手を介しながら試行錯誤のなかで，より確実な知識へと不規則に変化していくものでしかないといえよう。人は社会に広まる知識に影響される受け身の主体であるが，しかしその一方で，行動によって新たな知識を形成する創造の主体でもある。市場それ自体も人類にとって，大きな発見の1つであった。

　WTOルールには，そのような経済的・非経済的目的を達成するために，市場を活用する機能が潜在的に備わっており，またそのような活動を保証するというあるべき姿がある。あるべき姿は，時代とともに変遷する。それは，経済的要因を別にすれば，中身が必ずしも判然としない倫理に依存するからであり，しかし別の見方をすれば，多くの人たちが共有する知識に依存するからである。知識の形成および伝播は，社会の変化を遅々としているかもしれないが確かに導くものである。WTOルールおよびそれに基礎付けられた通商ルールの下，市場の機能を活用することで，紆余曲折および試行錯誤を経ながら知識が形成されそして伝播し，それがまた新しい知識を形成する土壌を提供していく。そのような人類の尊い営みを肯定することは，決して難しいことではない。

Ⅳ．小括

　本章では，環境問題に対処する歴史的な歩みのなかに環境物品貿易を位置づけることで，その活用の意義と限界を改めて考察した。

　念のため記しておくと，本章で示した帰結は，未来の方向性を示すためのものというよりも，本書がとらえたものを明瞭化するための措置である。「明日

になって初めて知ることを今日予知することはできない」（Popper［1957］邦
訳 p. 5）のだから。一経済学者として，そして一学者として，出来ることは限
られているといえよう。

終章

　本書は，環境物品交渉の開始地点から APEC 合意とその履行時点までを分析対象として，環境物品交渉・貿易の実態と意義について検討した。分析の結果得た結論は，次の通りである。

　まず，環境物品交渉について，である。その実態とは，環境物品の特定化と自由化をめぐる各国の利害対立の錯綜であり，結局のところ，「新しい自由貿易派」と「S&D 派」の対立という南北対立の様相を呈した。論点は多岐にわたるがとくに注目に値する点は，貿易ルールのあり方を問う点であり，そしてWTO ルール（および通商ルール）の現代に適した活用のあり方を問う点である。前者の論点は途中で後退したものの，後者の論点は生きている。WTOルールの変化あるいは解釈の変化は，市場のより良い活用方法あるいは社会との関わり方を示しうるものであり，またその状態を判断できる一材料でもある。

　一方，その意義は，種々の論点を示したことそれ自体にもあるわけであるが，もちろん自由化および特定化の妥結に達した事実とその履行に求められる。ただし，その舞台は WTO ではなかった。したがって，妥結した内容の法的根拠や適用範囲は，WTO 交渉と比較すると明らかに見劣りする。しかし，自由化目標は無事達成された。つまり，環境物品交渉は紆余曲折を経ながらも，環境物品貿易の促進に多少不十分な点もあるが確かに貢献したのである。

　続いて，環境物品貿易について，である。その意義とは，（正の）環境効果をもつ財の普及を意味し，と同時に環境への取り組みに関する情報・知識を増大させるものである。環境への取り組みの費用を削減し，またその行動を誘発し実現するための選択肢を社会に増やし広める。そのような過程は，環境に優

しい消費活動を自発的に行う主体を増やしていく可能性をもつものである。

　その実態とは，比較優位国が先進国の一部に限られるもの，取引規模には著しい偏りがなく，その伸び率は途上国の方が高い数値を示していた。そして，その貿易効果が環境効果をもつことを確認した。しかし，対象国そして品目群によってその効果は一様ではなく，したがって特定化および自由化の重要性が改めて浮き彫りになった。以上の分析結果を用いて，主として自由化および特定化に関する政策的インプリケーションを示した。環境物品の普及には確かな可能性があるものの，その有効な活用は市場の拡大にくわえて社会の成熟とともに達成される。本書が示した帰結は，「野心的」というよりは「慎ましやか」という形容の方が適切な内容かもしれない。とくに政策面に限定すると，本書の内容を現実が早々に超えていくことを願ってやまない。

　以上の通り，本書は，環境物品交渉・貿易を包括的に分析し，環境物品貿易の意義と限界に関する知見および政策的インプリケーションを示した。本書は，数理的分析はないものの，古典派から始まる概念や分析視角を利用・継承し，もちろん最新の経済学の研究成果も踏まえて，環境物品貿易の効果および市場の活用に関する知見を示した。環境物品研究に貢献するとともに，より大きな分類の学問に対して，新たな分析材料を提供するものとなろう。

　交渉は，あたかも生き物のようである。本書の分析でも取り上げた通り，各国の主張や姿勢は固定的ではない。したがって，本書の分析内容を覆すような進展が，今後生じる可能性を否定できない。しかし，それは本書の内容の意義を奪うものではない。意義の中身が変化するだけである。最新の動向の把握および今後の推移の展望や政策提言のための検討材料から，事実を積み上げた記録と論点の推移の把握を可能にする材料に変わる。ある時点までの事実にもとづく考察である限り，その内容が多少なりとも色褪せることはあっても，荒唐無稽になることは決してないのである。

　最後に，本書の残された課題として，次の4点を指摘しておきたい。第1に，その後の取り組みの実態解明である。本書は，環境物品交渉・貿易研究の始まりの成果である。今後も，EGA交渉の進展に併せて分析を進める。第2に，本書の第6章で示した仮説の検証のさらなる展開である。本書が示した成果は，1つの積み石に過ぎない。本書が示した種々の新しい仮説を利用した成

果や拡張による成果が期待されるし，また取り組まなければならない。第3に，環境サービス交渉・貿易の分析である。本書が対象とした分析期間内では，交渉に芳しい進展はなかった。しかし本来的には，多くの箇所で指摘した通り，環境物品と不可分の関係にある。本書の第5章で示した抽象的な整理と関連付ければ，環境サービス貿易とは「器具的技術」の貿易に相当し，環境物品を活用するための知識の伝播を後押しするものとであるといえる[1]。期待される効果を実現するには，現状のサービス貿易の分類の見直しが必要であり，新しい分類の整備はより良いデータ分析を可能にするだろう。第4に，投資に関するより詳細な分析である。第6章の実証分析の際に少しだけ取り上げたが，詳細な検討までには至っていない。「貿易と環境」とともに，より一層の研究の進展が期待される「投資と環境」の成果の一部になる。そして，その内容は生産の側の分析であり，かつ貿易構造の変化の分析と関連するものとなる。したがって，本書の内容を補完する成果になると期待される。

1　環境サービスには，環境物品の活用を促進しかつ最適化していく役割が期待される（OECD［2001］）。

あとがき

　WTO とは，そもそも不思議な機関である。その主導国である米国や EC（EU）は，民主主義の体現国であり，また米国はそのすばらしさを日本に教えてくれた国でもある。WTO は，確かに，建前として 1 国 1 票制を採用しているが，実際の意思決定は民主主義とかけ離れている（UNDP［2005］）。なぜ，すばらしいはずの原理が貫徹されていないのか，なんとも妙であるが，歴史的な経緯とその存在意義を理解すれば当然のことと解釈できる。WTO で時折示される，美しい言葉には多様な意味が込められている。錯覚して解釈すれば，実態や機能の本質を見誤る危険性がある。

　本書は，まず先入観なく，交渉の動向を把握・分析するところから始まる。バラ色の理想論でも負の側面ばかりを強調したがる悲観論でもなく，ただ冷静に事実を積み上げていった。その作業を終えてから，後半の分析が始まる。遅々として結論を出さない交渉には何度もやきもきさせられた。しかし，本書を書くにあたって結論を示さなければならない。本書の分析内容および結論は理想論かそれとも現実論か，その正否の判断は読者に委ねたい。

　本書は，博士論文をベースにし，以下 3 点の外部資金の成果を付け加えて成り立つものである。第 1 に，日本生命財団研究助成（平成 23 年度環境問題研究助成）「非関税障壁への対応をめぐる環境物品交渉の新たなる展開の研究」，第 2 に，科学研究費補助金若手研究（B）（平成 24 年度〜平成 25 年度）「環境技術移転と学習作用をもつ環境物品貿易の交渉実態に関する研究— APEC を中心に」（科研課題番号：24730246），第 3 に，日本生命財団研究助成（平成 26 年度環境問題研究助成）「環境物品貿易による環境技術の国際的普及に関する実証研究」である。

　当初は，もっと早く完成する予定だった。学内の改組関連の用務に追われて，研究時間の確保が困難になったことが遅延の原因の 1 つである。しかし，それだけではなかった。まったくの結果論であるが，研究が現実を追い越せな

いなか，諸々の検討材料が揃うには時間が必要だったのかもしれない。結局，博士論文をベースにした内容は，新しい分析材料を活用するなかで大幅な加筆・修正を繰り返したため，本書のわずか一部を構成するのみになった。念のため，以下の通り，初出の諸論文を示しておく。

序章…書き下ろし

第1章…日野道啓［2007］「WTO 体制の多様化する原理原則と環境物品交渉─「管理派」台頭の意味をめぐって」『日本貿易学会年報』44：81-88 の一部のみを利用し，新たな考察・分析をして作成

第2章…日野道啓［2005］「環境物品の自由化交渉の争点の構造と WTO の位置づけ」『九州経済学会年報』43：139-144，および日野道啓［2007］「WTO 体制の多様化する原理原則と環境物品交渉─「管理派」台頭の意味をめぐって」『日本貿易学会年報』44：81-88 をもとに大幅な加筆・修正

第3章…日野道啓［2011］「環境物品交渉の性質と構図─気候変動問題への貢献をめぐって」『日本貿易学会』48：91-99，および日野道啓［2013］「環境物品貿易と非市場的手段の意義─非関税障壁への対応をめぐる提案に注目して」『九州地区国立大学教育系・文系研究論文集』1（1）：1-14 をもとに大幅な加筆・修正

第4章…日野道啓［2014］「APEC 合意の意義と「総合的アプローチ」による環境物品の特定化に関する考察」『経済学論集（鹿児島大学）』83：85-104 の第Ⅱ節をもとに，新たな資料・データを加えて大幅な加筆・修正

第5章…日野道啓［2012］「環境物品貿易の自由化効果に関する再考─諸概念の整理と仮説的検討」『九州経済学会年報』50：113-118，および日野道啓［2014］「APEC 合意の意義と「総合的アプローチ」による環境物品の特定化に関する考察」『経済学論集（鹿児島大学）』83：85-104 の第Ⅲおよび Ⅳ節をもとに大幅な加筆・修正

第6章…書き下ろし

第7章…Hino, M.［2010］"Creation of a World Environmental Market and the Latecomer's Advantage," *Journal of Novel Carbon Resource Science*, 1: 6-13 の Section Ⅱ の一部のみを大幅な加筆・修正して利用し，新たな考

　　察・分析をして作成

　　終章…書き下ろし

　本書の完成には，多くの先生方からの指導や助言が必要であった。まずは，学部生の頃から今日に至るまでお世話になりご指導いただいた，石田修先生である。編入試験を経てやっと大学生になった私が，今日曲がりなりにも研究者・教育者を続けられているのは，一重に先生のご指導のおかげである。心より感謝申し上げる。本書の上梓をもって，先生からいただいた学恩を少しでも返すことができたら僥倖である。続いて，修士・博士の副査をご担当いただいた，清水一史先生である。研究および研究者に求められるものは何かなど，様々な有益でかつ温かいアドバイスを数多くいただいたことに，改めて感謝申し上げる。さらに，院生時代の私の至らぬ全国大会の報告を2度も聞いていただき，貴重なコメントと激励を頂戴した木下悦二先生にも，深く感謝申し上げたい。研究で壁にぶつかり，進退を含めて思い悩んでいた当時の私を，先生のお言葉が鼓舞して下さった。九大在籍中に様々な場面でお世話になった，大坂仁先生，藤田敏之先生，吉岡英美先生にも感謝申し上げる。そして，岩田伸人，内田真輔，尾上修悟，金川徹，櫻井公人，佐々木隆生，佐藤秀夫，島本美保子，立石剛，張韓模，鶴田仁，外川健一，西田勝喜，西道彦，平川均，前田芳人，松永達，皆村武一，山浦広海，山川俊和，渡邉智明の諸先生方からの有益なご助言や学問的な刺激がなければ本書の完成はなかった，記して感謝申し上げたい。院生時代に研究会を立ち上げて知的な交流の場をいただいた，宇土至心先生，西洋先生，小樋昌孝先生にも感謝申し上げたい。また，岡本次郎氏とMr. Ronald Steenblikには，本書の元論文となった論文作成時に有益なご助言をいただいた，記して感謝申し上げる。人員補充がままならず日々のルーティーンと新たな取り組みに追われる多忙な状況下にも関わらず，サバティカルの機会をいただき本書の執筆に集中できる環境を与えて下さった，石塚孔信先生，山本一哉先生をはじめとした鹿児島大学法文学部法経社会学科経済コースの先生方にも感謝申し上げたい。さらに同門の先輩であり，本書の推敲に快くご協力いただいた中原裕美子先生にも感謝申し上げる。そして，研究者としての歩みのきっかけを私に与えて下さった，加藤巌先生，村橋哲也先生に深く

感謝申し上げる。

　厳しい出版情勢のなか，本書の出版をご承諾いただいた文眞堂の前野隆氏には，厚くお礼を申し上げる。そして本書の刊行にあたって，公益財団法人日本証券奨学財団（Japan Securities Scholarship Foundation）から出版助成金をいただいている。深く感謝申し上げる。

　本書の執筆を支えてくれた妻佳代に感謝して，本書を綴じる。

2019 年 7 月

日野道啓

参考文献

〈英語〉

Anderson, F.N.G. [2018] "International trade and carbon emissions: the role of institutional and policy reforms," *Journal of Environmental Management*, 20: 29-39.

Antweiler, W., Brian, R., Copeland, M. and Taylor S. [2001] "Is Free Trade Good for the Environment," *The American Economic Review,* 91(4): 877-908.

Araya, M. [2003] "WTO Negotiations on Environmental Goods and Services: Maximizing Opportunities?" (http://www.ong-omcmexico.org.mx/WebPage/web/doctos/GETS4.pdf).

Arrow, K.J. [1974] *The Limits of Organization*, W.W. Norton, New York (村上泰亮訳 [1976]『組織の限界』岩波書店).

Avery, B. and Boadu, F.O. [2002] "Import Demand for Environmental Goods and Services in the Asia-Pacific Region," *ASEAN Economic Bulletin*, 19(3): 280-289.

Baier, S.L. and Bergstrand, J.H. [2007] "I Do free trade agreements actually increase members' international trade?" *Journal of International Economics*, 71: 72-95.

Balassa, B. [1965] "Trade Liberalization and Revealed Comparative Advantage," *Manchester School of Economics and Social Studies*, 33(2): 92-123.

Baldwin, R. [2016] *The Great Convergence: Information Technology and the New Globalization*, Harvard University Press, Cambridge (遠藤真美訳 [2018]『世界経済大いなる収斂』日本経済新聞社).

Balineau, G. and de Melo, J. [2011] "Stalemate at the Negotiations on Envronmental Goods and Services at the Doha Round," FERDI Working Paper, 28.

Balineau, G. and de Melo, J. [2013] "Removing Barriers to Trade on Environmental Goods: An Appraisal," *World Trade Review*, 12(4): 693-718.

Barton, J.B. [2007] "Intellectual Property and Access to Clean Energy Technologies in Developing Countries," ICTSD Issue Paper, 2.

Bhagwati, J. [2000] "On thinking clearly about the linkage between trade and the environment," *Environment and Development Economics*, 5(4): 485-496.

Bhagwati, J. [2002] *Free Trade Today*, Princeton University Press, Princeton (北村行伸・妹尾美起訳 [2004]『自由貿易への道』ダイヤモンド社).

Boulding, K.E. [1966] "The Economics of the Coming Spaceship Earth," in Jarrett, H. (ed.) *Environmental Quality in a Growing Economy: essays from the Sixth RFF Forum*, Johns Hopkins University Press, Baltimore (公文俊平訳 [1975]「来るべき宇宙船地球号の経済学」『経済学を超えて(改訂版)』学習研究社).

Broner, F., Bustos, P. and Carvalho, V. [2015] "Sources of comparative advantage in polluting industries," Unpublished manuscript.

Caldwell, L. [1991] "International responses to environmental issues," *International Studies Notes*, 16(1): 3-7.

Cantore, N. and Cheng, C.F.C. [2018] "International trade of environmental goods in gravity models,"

Journal of Environmental Management, 223: 1047-1060.

Cantwell, J. [1995] "The globalisation of techonology: what remains of the product cycle model?" *Cambridge Journal of Economics*, 19(1): 155-174.

Carpemtier, C.L., Gallagher, K.P. and Vaughan, S. [2005] "Environmental Goods and Services in the World Trade Organization," *Journal of Environment & Development*, 14 (2): 225-251.

Carrere, C. and de Melo, J. [2009] "Non-Tariff Measure: What Do We Know, What Should Be Done?" *CERDI Etudes et Documents*, E2009.33.

Casson, M. [2000] *Economics of International Business: A New Research Agenda*, Edward Elgar, Cheltenham (江夏健一・桑名義晴・大東和武司監訳 [2004] 『国際ビジネス・エコノミクス―新しい研究課題とその方向性』文眞堂).

Chase, K. [2006] "Multilateralism compromised: the mysterious origins of GATT Article XXIV," *World Trade Review*, 5(1): 1-30.

Chaytor, B. [2002] "Negotiating Further Libezalization of Environmental Goods and Services: An Exploration of the Terms of Art," *Review of European Community & International Environmental law*, 11(3): 287-297.

Chaytor, B. [2003] "A Primer on Environmental Goods and Services: Definitional Challenges to the Negotiation of Further Liberalisation, Study commissioned by Royal Society for the Protection of Birds," (http://www.field.org.uk/PDF/RSPB.pdf).

Cherniwchan, J. B., Copeland, M.S. and Taylor, M.S. [2017] "Trade and the Environment: New Methods, Measurement and Results," *Annual Review of Economics*, 9: 59-85.

Cole, M.A. and Elliottm, R.J.R. [2003] "Determining the Trade-Environment Composition Effect: The Role of Capital, Labor and Environmental Regulations," *Journal of Environmental Economics and Management*, 46 (3): 363-383.

Copeland, B.R. and Taylor, M.S. [1994] "North-South Trade and the Environment," *Quarterly Journal of Economics*, 109(3): 755-787.

Daly, H.E. [1996] *Beyond Growth: The Economics of Sustainable Development*, Beacon Press, Boston (新田功・藏本忍・大森正之訳 [2005] 『持続可能な発展の経済学』みすず書房).

de Alwis J. M. D. D. J. [2015] "Environmental Consequence of Trade Openness for Environmental Goods," *Sri Lankan Journal of Agricultural Economics*, 16(1): 79-98.

Deardorff, A.V. [2001] "Fragmentation in simple trade models," *North American Journal of Economics & Finance*, 12: 121-137.

Deardorff, A.V. and Stern, R. [1997] "Measurement of Non-Tariff Barriers," OECD Economics Department Working Paper, 179.

de Melo, J. and Balineau, G. [2011] "Stalemate at the Negotiations on Environmental Goods and Services at the Doha Round," FERDI Working Paper, 28.

de Melo, J. and Vijil, M. [2015] "The Critical Mass Approach to Achieve a Deal on Green Goods and Services, what is on the Table? How Much to Expect?" in GGKP Green Growth Knowledge Platform-Third Annual Conference Fiscal Policies and the Green Economy Transition: Generating Knowledge-Creating Impact, Venice (Italy), 29-30 January 2015.

Dewey, J. [1929] *The quest for certainty: a study of the relation of knowledge and action*, G.P. Putnam, New York (河村望訳 [1996] 『デューイ＝ミード著作集 5―確実性の探求』人間の科学社).

Elliott, L. [1998] *The Global Politics of the Environment*, New York University Press, New York (片野淳彦・高橋一・仲野修・平木隆之訳 [2001] 『環境の地球政治学』法律文化社).

Eskeland, G. and Harrison, A. [1997] "Moving to Greener Pastures? Multinationals and the Pollution

Haven Hypothesis," NBER Working Paper, 8888.

Freeman, C. [1987] *Technology Policy and Economic Performance: Lessons from Japan*, Pinter Publishers, London（大野喜久之輔監訳［1989］『技術政策と経済パフォーマンス―日本の教訓』晃洋書房）.

Gerschenkron, A. [1962] *Economic Backwardness in Historical Perspective*, Harvard University Press, Cambridge（絵所秀紀・雨宮昭彦・峯陽一・鈴木義一訳［2005］『後発工業国の経済史―キャッチアップ型工業化論』ミネルヴァ書房，所収）.

Grossman, G.M. and Krueger, A.B. [1993] "Environmental impact of a North American Free Trade Agreement," in Garber, P. M. *The U.S.-Mexico free trade agreement*, MIT Press, Cambridge.

Harris, J.M. [2001] "Economic of Sustainability: The Environmental Dimension," in Harris, J. M., Wise, T.A., Gallagher, K.P. and Goodwin, N.R. [2001] *A Survey of Sustainable Development: Social and Economic Dimensions*, Island Press, Washington DC.

Hartwick, J. [1977] "International Equity and Investing of Rents from Exhaustible Resources," *American Economic Review,* 66: 972-974.

Hayek, F. [1949] *Individualism and Economic Order*, Routledge & Kegan Paul, London（嘉治元郎・嘉治佐代訳［1990］『ハイエク全集 3 ―個人主義と経済秩序』春秋社）.

Helfat, C.E., Finkelstein, S., Mitchell, W., Peteraf, M., Singh, H., Teece, D. and Winter, S.G. (eds.) [2007] *Dynamic Capabilities: Understanding Strategic Change in Organizations*, Blackwell, Oxford（谷口和弘・蜂巣旭・川西章弘訳［2010］『ダイナミック・ケイパビリティ―組織の戦略変化』勁草書房）.

Hino, M. [2010] "Creation of a World Environmental Market and the Latecomer's Advantage," *Journal of Novel Carbon Resource Science*, 1: 6-13.

Hirschman, A.O. [1958] *The Strategy of Economic Development*, Yale University Press, new Haven（小島清監修・麻田四郎訳［1961］『経済発展の戦略』巌松堂出版）.

Hirschman, A.O. [1970] *Exit, Voice, and Loyalty: Responses to Decline in Firms, Organizations, and States*, Harvard University Press, Cambridge（矢野修一訳［2005］『離脱・発言・忠誠―企業・組織・国家における衰退への反応』ミネルヴァ書房）.

Immler, H. [1985] *Natur in der ökonomischen Theorie*, Westdeutscher Verlag, Opladen（栗原純訳［1993］『経済学は自然をどうとらえてきたか』農山漁村文化協会）.

Jacob, A. and Møller, A.K. [2017] "Policy landscape of trade in environmental goods and services," Asia-Pacific Research and Training Network on Trade Working Paper, 166.

Jänicke, M. [1979] *Wie das Industriesystem von seinen Mißständen profitiert*, Westdeutscher Verlag, Opladen.

Jänicke, M. [2004] "Industrial Transformation Between Ecological Modernisation and Structural Change," in Jacob, K., Binder, M. and Wieczorek, A. (eds.) *Governance for Industrial Transformation. Proceedings of the 2003 Berlin Conference on the Human Dimensions of Global Environmental Change*, Environmental Policy Research Centre, Berlin.

Jha, V. [2008] "Environmental Priorities and Trade Policy for Environmental Goods: A Reality Check," ICTSD Environmental Goods and Services, Issue Paper, 7.

Jones, G. [2005] *Multinationals and Global Capitalism from the Nineteenth to the Twenty First Century*, Oxford University Press（安室憲一・梅野巨利訳［2007］『国際経営講義―多国籍企業とグローバル資本主義』有斐閣）.

Kapp, W.K. [1950] *The Social Costs of Private Enterprise*, Harvard University Press, Cambridge（篠原泰三訳［1959］『私的企業と社会的費用』岩波新書）.

Keller, W. [2004] "International technology diffusion," *Journal of Economic Literature*, 42(3): 752-782.

Keynes, J.M. [1936] *The General Theory of Employment, Interest and Money*, Macmillan, London（間宮陽介訳 [2008]『雇用，利子および貨幣の一般理論（上・下）』岩波文庫）.

Kuriyama, C. [2012] "A Snapshot of Current Trade Trends in Potential Environmental Goods and Service," APEC Policy Support Unit Policy Brief 3, 2012/SOM2/CTI/010.

Lafay, G. [1992] "The measurement of revealed comparative advantages," in Dagenais, M. G. and Muet, P.A. (eds.) *International Trade Modeling*, Chapman and Hall, London.

LaFleur, M. [2011] "The Liberalization of environmental goods and services: Overview and implication for Latin America and the Caribbean," Serie Comercion Internionl, 111.

Leonard, J.H. [1988] *Pollution and the struggle for the World Product: Multinational Corporations, Environment, and International Comparative Advantage*, Cambridge University Press, New York.

Linder, S.B. [1961] *An Essay on Trade and Transformation*, John Wiley and Sons, New York（小島清・山澤逸平訳 [1964]『国際貿易の新理論』ダイヤモンド社）.

List, F. [1841] *The National System of Political Economy*, Dent, London（小林昇訳 [1970]『経済学の国民的体系』岩波書店）.

Low, P. and Yeats, A. [1992] "Do 'Dirty' Industries Migrate," in Low, P. (ed.) International trade and environment, World Bank Discussion Paper, 159.

Managi, S., Hibiki, A. and Tsurumi, T. [2009] "Does Trade openness improve environmental quality?" *Journal of Environmental Economy and Management*, 58(3): 346-363.

Mani, M. and Wheeler, D. [1998] "In Search of Pollution Havens? Dirty Industry Migration in the World Economy, 1960-1995," *Journal of Environment & Development*, 7(3): 215-247.

Marshall, A. [1903(1926)] "Memorandum on Fiscal Policy of International Trade," in Keynes, K.M. (ed.) [1926] *Official Papers by Alfred Marshall*, Macmillan, London.

Maskus, K.E. [2000] *Intellectual Property Rights in the Global Economy*, Institute for International Economies, Washington DC.

Maskus, K.E. [2004] "Encouraging International Technology Transfer," UNCTAD-ICTSD on IPRs and Sustainable Development, Issue Paper, 7.

Matsumura, A. [2016] "Regional Trade Integration by Environmental Goods," *Journal of Economic Integration*, 31(1): 1-40.

McMillan, J. [2002] *Reinventing the Bazaar: A Natural History of Markets*, W W Norton & Co Inc, New York（瀧澤弘和・木村友二訳 [2007]『市場を創る―バザールからネット取引まで』NTT 出版）.

Melitz, M.J. [2003] "The Impact of Trade on Intra-Indusry Reallocations and Aggregate Industry Productivity," *Econometrica*, 71(6): 1695-1725.

Mill, J.S. [1909(1848)] *Principles of Political Economy, with some of their Applications to Social Philosophy*, Longmans, Green and Co., London（末永茂喜訳 [1959-1963]『経済学原理（全5巻）』岩波文庫）.

Neumayer, E. [2001] *Greening Trade and Investment: Environmental Protection Without Protectionsim*, Earthscan Publications Ltd, London.

Nicolas, Georgescu-Roegen [1971] *The Entropy Law and the Economic Process*, Harvard University Press, Cambridge（高橋正立・神里公訳『エントロピー法則と経済過程』みすず出版）.

Nurkse, R. [1953] *Problems of Capital Formation in Undeveloped Countries*, Basil Blackwell, Oxford（土屋六郎訳 [1966]『後発諸国の資本形成（改訂版）』巌松堂出版）.

OECD [1992] *The OECD Environment Industry: Situation, Prospects and Government Policy*, Paris.

OECD [1996] *The Global Environmental Goods and Services Industry*, Paris.

OECD [1997a] "Foreign Direct Investment and the Environment: An Overview of the literature," DAFFE/MAI(97)33/REV1.

OECD [1997b] "Processes and Production Methods: Conceptual framework and Considerations on USE of PPM-Based Trade Measures," OCDE/GD(97)137.

OECD [1999] *Foreign Direct Investment and the Environment: from pollution havens to Sustainable Development*, Paris.

OECD [2001] *Environmental Goods and Services: The Benefit of Further Global Trade Liberalization*, Paris.

OECD [2002a] *Towards Sustainable Household Consumption? Trends and Policies in OECD Countries*, Paris.

OECD [2002b] "Environmental Benefits of Foreign Direct Investment: A Literature Review," ENV/EPOC/GSP(2001)10/FINAL.

OECD [2004a] *Sustainable Development in OECD Countries: Getting the Policies Right*, Paris.

OECD [2004b] "Liberalizing Trade in 'Environmental Goods': Some Practical Considerations," COM/ENV/TD(2003)34/FINAL.

OECD [2007] *Business and the Environment: Policy Incentives and Corporate Responses*, Paris.

OECD/Eurostat [1999] *The Environmental Goods and Services Industry: Manual on Data Collection and Analysis*, OECD Publications, Paris.

Ohlin, B. [1967(1933)] *Interregional and International Trade*, revised edition, Harvard University Press, Cambridge（木村安重訳 [1970]『貿易理論—域際および国際貿易』ダイヤモンド社）.

Ostry, S. [2001] "The multilateral trading system," in Rugman, A.M. and Brewer, T. L. [2001].

Pasinetti, L.L. [1993] *Structural Economic Dynamics: A Theory of the Economic Consequences of Human Learning*, Cambridge University Press, Cambridge（佐々木隆生監訳 [1998]『構造変化の経済動学—学習の経済的帰結についての理論』日本経済評論社）.

Pigou, A.C. [1932] *The Economics of Welfare*, 4th.ed., Macmillan & CoLtd, London（気賀健三・千種義人・鈴木諒一・福岡正夫・大熊一郎訳 [1953]『厚生経済学』東洋経済新報社）.

Polanyi, K. [1957(1944)] *The Great Transformation: the Political and Economic Origins of Our Time*, Beacon Press, Boston（野口健彦・栖原学訳 [2009]『(新訳) 大転換—市場社会の形成と崩壊』東洋経済新報社）.

Polanyi, M. [1966] *The Tacit Dimension*, Routledge & Kegan Paul, London（高橋勇夫訳 [2003]『暗黙知の次元』ちくま学芸文庫）.

Popper, K. [1957] *The Poverty of Historicism*, Routledge & Kegan Paul, London（久野収・市井三郎訳 [1961]『歴史主義の貧困』中央公論社）.

Porter, M.E. and van der Linde, C. [1995] "Towards a New Conception of the Environment-Competitiveness Relationship," *Journal of Economic Perspectives*, 9(4): 97-118.

Ratnayaka, R., Proksch, M. and Mikic, M. (eds.) [2011] *Climate-smart Trade and Investment in Asia and the Pacific: Towards a Triple-win Outcome, Studies in Trade and Investment 73*, Bangkok.

Reibang, R. [2014] "The APEC List of Environmental Goods: An Analysis of Content and Precision Level," Vista Analysis AS, Report 2014/08.

Ricardo, D. [1819] *One the Principle of Political Economy, and Taxation*, 2nd ed., John Murray, London（羽鳥卓也・吉澤芳樹訳 [1987]『経済学および課税の原理 (上・下)』岩波文庫）.

Rugman, A.M. and Brewer, T. L. (eds.) [2001] *The Oxford Handbook of International Business*, Oxford University Press, New York.

Rugman, A.M. and Verbeke, A. [2001] "Environmental Policy and International Business," in Rugman,

A.M. and Brewer, T. L. [2001].

Sampson, G.P. [2005] *The WTO and Sustainable Development*, United Nations University Press, Tokyo.

Sauvage, J. [2014] "The Stringency of environmental Regulations and Trade in Environmental Goods," OECD Trade and Environment Working Paper, 2014/03.

Schmid, G. [2012] "Technology transfer in the CDM: the role of host-country characteristics," *Climate Policy*, 12(6): 722-740.

Schumpeter, J.K. [1926] *Theorie der wirtschaftlichen Entwicklung*, 2$^{th\ ed.}$ Duncker & Humblot, München（塩野屋祐一・中山伊知郎・東畑精一訳［1977］『経済発展の理論（上・下）』岩波文庫）.

Schumpeter, J.K. [1939] *Business Cycles, a theoretical, historical, and statistical analysis of the capitalist process*, McGraw-Hill, New York（金融経済研究所訳［1958-1964］『景気循環論—資本主義過程の理論的・歴史的・統計的分析』有斐閣）.

Shannon, C.E. and Weaver, W. [1949] *The mathematical theory of communication*, University of Illinois Press, Urbana（長谷川淳・井上光洋訳［1969］『コミュニケーションの数学的理論—情報理論の基礎』明治図書）.

Shapiro, J.S. and Walker, R. [2015] "Why is Pollution from U.S. Manufacturing Declining? The Roles of Environmental Regulation, Productivity, and Trade," NBER Working Paper Series, 20879.

Sifonios, D. [2018] *Environmental Process and Production Methods（PPMs）in WTO law*, Springer, Berlin.

Smith, A. [1759] *The theory of moral sentiments,* with considerable additions and corrections, 2 vols. London & Edinburgh （水田洋訳［2003］『道徳感情論（上・下）』岩波文庫）.

Smith, A. [1920(1776)] *An Inquiry into the Nature and Causes of the Wealth of Nations, Methuen*, London（大内兵衛・松川七郎訳［1969］『諸国民の富（全2冊）』岩波書店）.

Smith, P.J. [2001] "How do foreign patent rights affect U.S. exports, affiliate sales, and Licenses?" *Journal of International Economics*, 55: 411-439.

Sombart, W. [1935] *Die Zähmung der Technik*, Buchholz & Weißwange, Berlin（阿閉吉男訳［1941]『技術論』科学主義工業社）.

Sraffa, P. (ed.) [1951] *The Works and Correspondence of David Ricardo, Vol.IV, Pamphlets and Papers 1815-1823*, Cambridge University Press, Cambridge（玉野井芳郎監訳［1970］『後期論文集・1815-1823年ディビット・リカードウ全集第4巻』雄松堂書店）.

Steenblik, R. [2005] "Environmental Goods: A Comparison of the APEC and OECD Lists," in OECD [2005] *Trade that Benefits the Environment and Development: Opening Markets for Environmental Goods and Services*, Paris.

Stern, N. [2007] *The Economics of Climate Change: The Stern Review*, Cambridge University Press, Cambridge.

Stigliz, J. [1987] "The causes and consequences of the dependence of quality of price," *Journal of Economic Literature*, 25: 1-48.

Sugathan, M. [2013] "List of Environmental Goods: An Overview," ICTSD Information Note.

Tamini, L.D. and Sorgho, Z. [2018] "Trade in environmental goods: how important are trade costs elasticites?" *Environmental and Resource Economics*, 70(1): 53-75.

Tao, H. and Liping, L., Xiaoyue, S., Xiangang Z., Zhuoni, W. and Huiting, W. [2010] "Survey on APEC Trade Liberalization in Environmental Services," APEC Group on Services APEC Committee on Trade and Investment 2010.

Taylor, S. M. [2006] "Unbundling the Pollution Haven Hypothesis," in Fullerton, D. (ed.) *The Economics of Pollution Havens*, Edward Elgar, Cheltenham.

Turner, R.K. (ed.) [1993] *Sustainable Environmental Economics and Management: Principles and Practice*, Belhaven Press, London.

UNCTAD [1995] "Environmentally Preferable Products (EPPs) as a Trade Opportunity for Developing Countries," UNCTAD/COM/70.

UNCTAD [1999] *World Investment Report 1999*, Geneva.

UNCTAD [2003] "Environmental Good: Trade Statistics of Developing Countries," UNCTAD/TD/B/COM1/EM.21/CRP.1.

UNCTAD [2004] *Trade and Environment Review 2003*, UNCTAD/DITC/TED/2003/4, Geneva.

UNCTAD [2006a] *Trade and Environmental Review 2006*, UNCTAD/DITC/TED/2005/12, Geneva.

UNCTAD [2006b] *World Investment Report 2006*, Geneva.

UNCTAD [2007] *World Investment Report 2007*, Geneva.

UNCTAD [2010] *Non-Tariff Measures: Evidence from Selected Developing Countries and Future Research Agenda*, Geneva.

UNCTAD [2013] *World Investment Report 2013*, Geneva.

UNDP [2005] *Human Development Report 2005*, Oxford University Press, New York（横田洋三・二宮正人・秋月弘子訳『人間開発報告書 2005―岐路に立つ国際協力：不平等な世界での援助，貿易，安全保障』国際協力出版会）.

UN Millennium Ecosystem Assessment (ed.) [2007] *Ecosystem and Human Well-being: Synthesis*, Island Press, Washington DC（横浜国立大学 21 世紀 COE 翻訳委員会監訳 [2007]『生態系サービスと人類の将来』オーム社）.

Yeats, A.J. [1985] "On the appropriate interpretation of the revealed comparative advantage index: Implication of a methodology based on industrial sector analysis," *Weltwirtschaftlinches Archiv*, 121(1): 61-75.

Yoo, S.H. and Kim, J. [2011] "Trade Liberalization in Environmental Goods: Major Issues and Impacts," *Korea and the World Economy*, 12(3): 579-610.

Venhoeven, L.A., Bolderdijk, J.W. and Steg, L. [2013] "Explaining the Paradox: How Pro-Environmental Behaviour can both Thwart and Foster Well-Being," *Sustainability*, 5(4): 1372-1386.

Vernon, R. [1966] "International Investment and International Trade in the Product Cycle," *Quarterly Journal of Economics*, 80(2): 190-207.

Vernon, R. [1974] "The Location of Economic Activity," in Dunning, J.H. (ed.) *Economic Analysis and the Multinational Enterprise*, George Allen & Unwin, London.

Vernon, R. [1979] "The Product Cycle Hypothesis in a New International Environment," *Oxford Bulletin of Economics & Statistics*, 41(4): 255-267.

Vossenaar, R. [2013] "The APEC List of Environmental Goods: An Analysis of the Outcome & Expected Impact," ICTSD Issue Paper, 18.

Vossenaar, R. [2016] "Reducing Import Tariffs for Environmental Goods: The APEC Experience," ICTSD Issue Paper, 22.

Vossenaar, R. and Jha, V. [2011] "Technology Mapping of the Renewable Energy, Buildings, and Transport Sectors: Policy Drivers and International Trade Aspects," ICTSD Issue Paper, 12.

Wind, I. [2008] "HS Codes and the Renewable Energy Sector," ICTSD Programme on Trade and Environment.

World Bank [1992] *World Development Report 1992: development and Environment*, Oxford University Press, New York.

World Bank [2008] *International Trade and Climate Change: Economic, legal and institutional Per-*

spective, Washington DC.

World Commission on Environment on Development [1987] *Our Common Future*, Oxford University Press, New York（大来佐武郎訳 [1987]『地球の未来を守るために』福武書店）.

WTO [2004a] "The Future of the WTO: Addressing Institutional Challenges in the New Millennium," Report by the Consultative Board to the Director-General Supachai Panitchpakdi, by Peter Sutherland（Chairman）, Jagdish Bhagwati, Kwesi Botchwey, Niall FitzGerald, Koichi Hamada, John H. Jackson, Celso Iaferm and Thierry de Montbrial.

WTO [2004b] "Trade and Environment at WTO,"（http://www.wto.org/english/tratop_e/envir_e/envir_backgrnd_e/trade_env_e.pdf）.

WTO [2005] *World Trade Report*, Geneva.

WTO and IDE-JETRO [2011] *Trade patterns and Global value chains in East Asia: From trade in goods to trade in tasks*, Geneva（エスカット，H.・猪俣哲史（編著）『東アジアの貿易構造と国際価値連鎖モノの貿易から「価値」の貿易へ』日本貿易振興会機構アジア経済研究所）.

Wu, M. [2016] "WTO Environmental Goods Agreement: from multilateralism to plurilateralism," in Delimatsis, P.（ed.）[2016] *Research Handbook on Climate Change and Trade Law*, Edward Elgar, Cheltenham.

Xinqiang, M. [2012] "Some Consideration for the APEC List of Environmental Goods," 2012/SOM1/CTI/TPD2/010.

Zugravu-Soilita, N. [2016] "Trade in Environmental Goods and Sustainable Development: What are we Learning from the transition economies' experience?" FAERE Working Papers, 2016.16.

〈日本語〉

吾郷健二 [2003]『グローバリゼーションと発展途上国』コモンズ。

朝倉弘教 [2004]「環境と関税行政を考える―環境にやさしい物品の関税撤廃を急げ」日本関税協会（編）『貿易と関税』52(1)：14-23。

天野明弘 [2003]『環境経済研究』有斐閣。

安藤哲生 [2003]「国際技術移転の実現過程に関する一考察―企業間技術取引を中心に」『立命館経営学』41(6)：63-82。

飯尾要 [1984]「技術と社会構造の連関について」『経済理論（和歌山大学）』200：1-24。

石田修 [1999]「国際市場の構造」『経済学研究（九州大学）』66(4)：185-210。

石田修 [2011]『グローバリゼーションと貿易構造』文眞堂。

岩田伸人 [1999]「貿易と環境サービスの問題」『青山経営論集』34(3)：149-166。

岡敏弘 [2006]『環境経済学』岩波書店。

岡本次郎（編）[2001]『APEC 早期自由化協議の政治過程』アジア経済研究所。

尾島明 [1999]『逐条解説 TRIPS 協定― WTO 知的財産権協定のコンメンタールー』日本機械輸出組合。

科学技術庁資源調査会 [1961]『日本の資源問題』資源協会。

川尻武 [1970]「貿易理論の歴史」木下悦二（編著）『貿易論入門（新版）』有斐閣双書。

環境庁 [1995]『環境白書』ぎょうせい。

木下悦二 [1976]「『資本の文明化作用』について」『商学論纂（中央大学）』18（2・3）：3-29。

木下悦二 [1978]『現代世界経済論』新評論。

木村福成 [2005]「ドーハ開発アジェンダと WTO 体制の危機」馬田啓一・浦田秀次郎・木村福成（編著）[2005]『日本の新通商戦略― WTO と FTA の対応』文眞堂。

熊倉正修 [2009]「顕示比較優位指数と比較優位の逆転」『経済学雑誌（大阪市立大学）』110(2)：1-

38。

経済産業省［2014］『通商白書』ぎょうせい。

国際知財制度研究会［2012］「『国際知財制度研究会』報告書（平成23年度）』特許庁。

小寺彰［2003］「WTO体制における「非貿易的関心事項」の位置―その鳥瞰図」小寺彰（編著）『転換期のWTO―非貿易的関心事項の分析』東洋経済新報社。

菰田文男［1987］『国際技術移転の理論』有斐閣。

作山巧［2015］「もう一つの「貿易自由化」― APECにおける「貿易自由化」の意味」林正徳・弦間正彦（編著）『『ポスト貿易自由化』時代の貿易ルール―その枠組みと影響分析』農林統計出版。

佐々木隆生［2010］『国際公共財の政治経済学―危機・構造変化・国際協力』岩波書店。

塩沢由典［2014］『リカード貿易問題の最終解決―国際価値論の復権』岩波書店。

柴田鎮毅［2017］「GATT第24条の作成プロセルを巡って―関税同盟及び自由貿易地域に関する規定の導入（1943年～1948年）」福岡大学博士学位論文。

清水一史［2019］「世界経済における保護主義拡大下のメガFTAと日本」国際貿易投資研究所『アジア太平洋経済と通商秩序―過去，現在，将来（山澤逸平先生追悼論叢）』ITI調査研究シリーズ88-1：34-41。

下田充・叶作義・渡邉隆徹・藤川清史［2009］「東アジアの環境負荷の相互依存― CO_2 の帰属排出量・水と土地の間接使用量」森晶寿（編）『東アジアの経済発展と環境政策』ミネルヴァ書房。

立石剛［2000］『米国経済再生と通商政策―ポスト冷戦における国際競争』同文館。

田淵太一・久松太郎［2018］「リカードはリカード・モデルを提示したのか」『日本国際経済学会研究年報』69：1-31。

寺西俊一［1986］「環境経済論の諸系譜に関する覚書（2）」『経済学研究（一橋大学研究年報）』27：165-194。

寺西俊一［1992］『地球環境問題の政治経済学』東洋経済新報社。

戸堂康之［2008］『技術伝播と経済成長―グローバル時代の途上国経済分析』勁草書房。

中本悟［1999］『現代アメリカの通商政策』有斐閣。

鳴瀬成洋［1989］「背骨なきGATT」『商経論叢（神奈川大学）』25(1)：33-104

西田勝喜［2002］『GATT/WTO体制研究序説―アメリカ資本主義の論理と対外展開』文眞堂。

西洋［2011］「構造VARモデルによる日本経済の資本蓄積，所得分配，負債の動態分析―ポスト・ケインジアン・パースペクティブ」『季刊経済理論』47(4)：53-64。

日本貿易振興機構［2013］『ジェトロ世界貿易投資報告』日本貿易振興機構。

根本志保子［2018］「倫理的消費―消費者による自発的かつ能動的な社会関与の意義と課題」『一橋経済学』11(2)：127-143。

羽田翔［2019］「輸入国の知的財産権保護が環境関連貿易に与える影響」『日本貿易学会リサーチペーパー』8：30-45。

馬場敬治［1936］『技術と社会』日本評論社。

原光雄［1960］『技術論』弘文堂。

日野道啓［2004］「EGSの自由化交渉に関する一考察―環境物品を中心に」『経済論究（九州大学大学院）』120：149-164。

日野道啓［2005］「環境物品の自由化交渉の争点の構造とWTOの位置付け」『九州経済学会年報』43：139-144。

日野道啓［2007］「WTO体制の多様化する原理原則と環境物品交渉―「管理派」台頭の意味をめぐって」『日本貿易学会年報』44：81-88。

日野道啓［2008］「現代の環境問題と国際的な環境政策―「市場創造および拡大」政策の意義と成果」九州大学博士学位論文。

日野道啓［2009］「現代の環境問題と市場的手段の意義―普遍的環境問題とその対策」『経済学研究（九州大学）』76(1)：147-170。

日野道啓［2011］「環境物品交渉の性質と構図―気候変動問題への貢献をめぐって」『日本貿易学会』48：91-99。

日野道啓［2012］「環境物品貿易の自由化効果に関する再考―諸概念の整理と仮説的検討」『九州経済学会年報』50：113-118。

日野道啓［2013］「環境物品貿易と非市場的手段の意義―非関税障壁への対応をめぐる提案に注目して」『九州地区国立大学教育系・文系研究論文集』1(1)：1-14。

日野道啓［2014］「APEC 合意の意義と「総合的アプローチ」による環境物品の特定化に関する考察」『経済学論集（鹿児島大学）』83：85-104。

日野道啓［2015］「環境物品貿易による環境技術の国際的普及に関する一考察」『Discussion papers in economics and sociology』1502。

前田芳人［2006］『国際分業論と現代世界―蓄積論から環境論・文化論』ミネルヴァ書房。

宮本憲一［1989］『環境経済学（第 1 版）』岩波新書。

宮本憲一［1995］『環境政策の国際化』実教出版。

宮本憲一［2007］『環境経済学（第 2 版）』岩波書店。

本山美彦［1976］『世界経済論』同文館。

森田桐郎（編著）［1988］『国際貿易の古典理論』同文舘。

森田恒幸・川島康子［1993］「『持続可能な発展論』の現状と課題」『三田学会雑誌』85(4)：4-33。

矢野修一［2004］『可能性の政治経済学―ハーシュマン研究序説』法政大学出版局。

山川俊和［2017］「貿易を通じた資源収奪と環境破壊」の政治経済学―経済のグローバル化へのオルタナティブな視点」『一橋経済学』11(1)：93-104。

山口光恒［1994］「自由貿易と環境保護― WTO と環境問題」『国際問題』410：44-61。

山下一仁［2011］『環境と貿易― WTO と多国間環境協定の法と経済学』日本評論社。

渡邉智明［2006］「地球環境政治の制度化―枠組み条約の「フレーム」と「規範」」『政治研究』53：31-60。

渡辺光［1977］『環境論の展開』環境情報科学センター。

参考資料

〈英語〉

APEC [2009a] "Australia and Japan Proposed Activities on Environmental Goods".

APEC [2009b] "Singapore, Proposal for Initiating an Environmental Goods and Services Work Programme Framework".

APEC [2012a] "United States, Environmental Goods Trade Policy Dialog".

APEC [2012b] "2012 Leaders' Declaration, Vladivostok Declaration-Integrate to Grow, Innovate to Prosper,"(http://www.apec.org/Meeting-Papers/Leaders-Declarations/2012/2012_aelm.aspx).

APEC [2012c] "China, Development and Demand of Environmental Technology in China".

APEC PSU [2010] "Progressing towards the APEC Bogor Goals Perspectives of the APEC Policy Support Unit".

ICTSD [2008] "Liberalization of Trade in Environmental Goods for Climate Change Mitigation: The Sustainable Development Context," Trade and Climate Change Seminar, June 18-20, 2008, Copenhagen, Denmark.

ICTSD [2010] "Environmental Goods Attract Renewed Engagement at WTO," BRIDGES, 14(7).

ICTSD [2012] "APEC Push to Liberalise Environmental Goods Spurs Debate at WTO," BRIDGES, 16 (39).

Kulaçoğlu, V. [2010] "Contribution of Trade Opening to Aceess to Climate-Friendly Goods and Services," WTO Side Event at COP 16.

Lamy, P. [2008] "A Consensual International Accord on Climate Change Is Needed, Presented to the Temporary Committee on Climate Change," The European Parliament, Brussels.

WTO [26 January 1999] "Preparations for the 1999 Ministerial Conference, APEC's "Accelerated Tariff Liberalization" (ATL) Initiative. Communication from New Zealand," WT/GC/W/138.

WTO [22 April 1999] "Preparations for the 1999 Ministerial Conference, APEC's "Accelerated Tariff Liberalization" (ATL) Initiative. Communication from New Zealand. Accelerated Tariff Liberalization Initiative: An Outline of the Proposals Developed in the Eight ATL Product Areas," WT/GC/W/138/Add.1.

WTO [28 September 1999] "Communication from the European Communities and their Member States, Classification Issues in the Environmental Sector," S/CSC/W/25.

WTO [22 December 2000] "Communication from the European Communities and their Member States, GATS2000: Environmental Services," S/CSS/W/38.

WTO [24 June 2002] "Communication from the European Communities," TN/MA/W/1.

WTO [10 September 2002] "Communication from Singapore," TN/MA/W/8.

WTO [15 October 2002] "Communication from Canada," TN/MA/W/9.

WTO [22 October 2002] "Submission by India," TN/MA/W/10.

WTO [31 October 2002] "Summary report on the third meeting of the Committee on trade and environment special session, 10-11 October 2002," TN/TE/R/3.

WTO [20 November 2002] "Communication from Japan," TN/MA/W/15, TN/TE/W/17.

WTO [28 November 2002] "Communication from Switzerland," TN/MA/W/16.

WTO [2 December 2002] "The Views of Chile," TN/MA/W/17.

WTO [7 January 2003] "Contribution Paper from Korea, Addendum," TN/MA/W/6/Add.1.

WTO [8 January 2003] "Communication from India, Addendum," TN/MA/W/10/Add.1.

WTO [28 January 2003] "Negotiations on Environmental Goods: Efficient, Low-Carbon and Pollutant-Emitting Fuels and Technologies, Submission by State of Qatar, Paragraph 31 (iii)," TN/TE/W/19, TN/MA/W/24.

WTO [18 February 2003] "Communication from Ghana, Kenya, Nigeria, Tanzania, Uganda, Zambia and Zimbabwe," TN/MA/W/27.

WTO [28 February 2003] "Communication from Bolivia," TN/MA/W/28.

WTO [25 April 2003] "Harmonized System (HS) Classification Codes of Gas-Related Goods, Submission by the State of Qatar, Paragraph 31 (iii)," TN/TE/W/27, TN/MA/W/33.

WTO [19 June 2003] "Liberalizing Environmental Goods in the WTO: Approaching the Definition Issue. Submission by the United States, Paragraph31 (iii)," TN/TE/W/34, TN/MA/W/18/Add.4.

WTO [7 July 2003a] "APEC Trade and Environment Workshop, 19-20 May 2003, Bangkok. Submission by Australia," TN/TE/W/37.

WTO [7 July 2003b] "Market Access for Non-Agricultural Products, U.S. Contribution on an Environmental Goods Modality, Addendum," TN/MA/W/18/Add.5, TN/TE/W/38.

WTO [11 August 2003] "Joint Statement by Ghana, Kenya, Madagascar, Mauritius, Nigeria, Rwanda, Tanzania, Tunisia, Uganda, Zambia, and Zimbabwe on Draft Elements of Modalities for Negotiations on Market Access for Non-Agricultural Products," TN/MA/W/40.

WTO [20 April 2004] "Report by the Chairperson of the Special Session of the Committee on Trade and Environment to the Trade Negotiations Committee," TN/TE/8.

WTO [6 July 2004] "Statement by China on Environmental Goods At the Committee on Trade and Environment Special Session (CTESS) Meeting of 22 June 2004, Paragraph 31 (iii)," TN/TE/W/42.

WTO [16 July 2004] "Summary Report on the Ninth Meeting of the Committee on Trade and Environment in Special Session, Note by the Secretariat," TN/TE/R/9.

WTO [3 December 2004a] "Proposed Initial List of Environmental Goods Submitted by the Separate Customs Territory of Taiwan, Penghu, Kinmen and Matsu, Paragraph 31 (iii)," TN/TE/W/44.

WTO [3 December 2004b] "Summary Report on the Ninth Meeting of the Committee on Trade and Environment in Special Session, Note by the Secretariat," TN/TE/R/10.

WTO [10 February 2005] "Environmental Goods, Submission by New Zealand, Paragraph 31 (iii)," TN/TE/W/46.

WTO [17 February 2005] "Market Access for Environmental Goods, Communication from the European Communities, Paragraph 31 (iii)," TN/TE/W/47.

WTO [18 February 2005] "Initial List of Environmental Goods Proposed, Submission by the Republic of Korea, Paragraph 31 (iii)," TN/TE/W/48.

WTO [26 May 2005] "Environmental Goods, Submission by New Zealand, Paragraph 31 (iii)," TN/TE/W/49.

WTO [30 May 2005] "Summary Report on the Fourteenth Meeting of the Committee on Trade and Environment in Special Session," TN/TE/R/11.

WTO [2 June 2005] "Canada's Initial List of Environmental Goods, Submission by Canada , Paragraph 31 (iii)," TN/TE/W/50.

WTO [3 June 2005] "An Alternative Approach for Negotiations under Paragraph 31 (iii), Submission by India," TN/TE/W/51.

WTO [4 June 2005] "Initial List of Environmnetal Goods, Submission by the United States, Paragraph 31 (iii)," TN/TE/W/52, TN/MA/W/18/Add.7.

WTO [27 June 2005] "Communication from the European Communities, Paragraph 31 (iii), Addendum," TN/TE/W/47/Add.1.

WTO [6 July 2005] "Environmental Goods, Submission by Switzerland, Paragraph 31 (iii)," TN/TE/W/57.

WTO [8 July 2005] "Environmental Goods for Development, Submission by Brazil, Paragraph 31 (iii)," TN/TE/W/59.

WTO [14 September 2005] "Summary Report on the Fourteenth Meeting of the Committee on Trade and Environment in Special Session," TN/TE/R/12.

WTO [14 October 2005] "Integrated Proposal on Environmental Goods for Development, Submission by Argentina, Paragraph 31 (iii)," TN/TE/W/62.

WTO [17 November 2005] "Synthesis of Submissions on Environmental Goods , Informal Note by Secretariat," TN/TE/W/63.

WTO [9 February 2006] "Summary Report on the Fourteenth Meeting of the Committee on Trade and Environment in Special Session," TN/TE/R/14.

WTO [9 May 2006] "Market Access for Non-Agricultural Products, Market Access for Environmental Goods, Communication from Canada, European Communities, New Zealand, Norway, Singapore, Switzerland, and the United States," TN/TE/W65, TN/MA/W/70.

WTO [27 April 2007] "Committee on Trade and Environment Special Session, Continued Work under Paragraph 31 (iii) of the Doha Ministerial Declaration, Non-Paper by Canada , the European Communities, Japan, Korea, New Zealand, Norway, the Separate Customs Territory of Taiwan, Penghu, Kinmen and Matsu, Switzerland, and the United States of America," JOB(07)/54.

WTO [1 October 2007] "Committee on Trade and Environment Special Session, Environmental Goods for Development, Submission by Brazil, Paragraph 31 (iii)," JOB(07)/146.

WTO [29 April 2008] "Summary Report on the Twenty-First Meeting of the Committee on Trade and Environment in Special Session, 1-2 November 2007," TN/TE/R/21.

WTO [9 July 2008] "Communication from Cuba, Paragraph 31 (iii)," TN/TE/W/73.

WTO [9 October 2009] "Committee on Trade and Environment Special Session, Continued Work under Paragraph 31 (iii) of the Doha Ministerial Declaration, Non-Paper by Canada, the European Communities, Japan, Korea, New Zealand, Norway, the Separate Customs Territory of Taiwan, Penghu, Kinmen and Matsu, Switzerland, and the United States," JOB(09)/132.

WTO [6 November 2009] "Committee on Trade and Environment Special Session, Continued Work under Paragraph 31 (iii) of the Doha Ministerial Declaration, Submission by the Kingdom of Saudi Arabia," JOB(09)/169.

WTO [27 November 2009] "Japan's Proposal on Environmnetal Goods and Services, Submission from Japm, Paragraph 31 (iii)," TN/TE/W/75.

WTO [16 February 2010a] "Committee on Trade and Environment, Special Session, Continued Work under Paragraph 31 (iii) of the Doha Ministerial Declaration, Submission by the Philippines," JOB/TE/2.

WTO [16 February 2010b] "Japan's Proposal on Environmnetal Goods and Services, Submission from Japm, Paragraph 31 (iii), Addendum," TN/TE/W/75/Add.1.

WTO [22 March 2010] "Committee on Trade and Environment in Special Session, Report by the Chairman, Ambassador Manuel A. J. Teehankee, to the Trade Negotiations Committee for the purpose of the TNC stocktaking exercise," TN/TE/19.

WTO [14 June 2010] "Committee on Trade and Environment, Special Session, Continued Work under Paragraph 31 (iii) of the Doha Ministerial Declaration, Submission by Qatar," JOB/TE/4.

WTO [23 June 2010] "Committee on Trade and Environment, Special Session, Paragraph 31 (iii) of the Doha Ministerial Declaration, Environmental Goods, Submission by Singapore," JOB/TE/5.

WTO [30 June 2010] "Communication from Argentina and Brazil, Environmental Goods and Services–Paragraph 31 (iii)," TN/TE/W/76.

WTO [5 January 2011] "Committee on Trade and Environment, Special session, Compilation of submissions under paragraph 31 (iii) of the Doha Declaration pursuant to the CTESS work programme, Revision," JOB/TE/3/Rev.1.

WTO [15 April 2011] "WTO Negotiations on Environmental Goods and Services: Addressing the Development Dimension for a "Triple-Win" Outcome, Communication from China and India," TN/TE/W/79.

WTO [16 January 2011] "Proposal to complemente Product List for Environmental Goods and Services, Addendum," TN/TE/W/75/Add.2.

WTO [11 March 2011] "Committee on Trade and Environment, Special session, Combined approach for environmental goods, Submission by Mexico and Chile, Corrigendum," JOB/TE/16 and Corr.1.

WTO [1 April 2011] "Committee on Trade and Environment, Special session, Views of the small vulnerable economies on the negotiation of paragraph 31 (iii) of the Doha Ministerial Declaration." JOB/TE/18.

WTO [21 April 2011] "Committe on Trade and Environmental in Special Session, Report by the Chairman, Ambassador Manuel A. J. Teehankee, to the Trade Negotiations Committee," TN/TE/20.

WTO Secretariat [2004] "Tariffs and Trade in Environmental Goods," (http://www.wto.org/english/tratop_e/envir_e/wksp_goods_oct04_e/teh_wto_e.ppt).

〈日本語〉

三菱 UFJ リサーチ & コンサルティング [2010]「平成 21 年度貿易側面における環境物品の基本的考え方に関する基礎検討調査報告書」。

索　引

著者略歴

日野 道啓 （ひの・みちひろ）

博士（経済学）

1978 年　広島県生まれ
1999 年　中九州短期大学商経学科卒業
2001 年　九州大学経済学部経済学科卒業
2004 年　九州大学大学院経済学府国際経済経営専攻修士課程修了
2007 年　九州大学大学院経済学府経済システム専攻博士後期課程単位修得
　　　　　退学
　　　　　九州大学大学院経済学研究院助教，九州大学大学院経済学研究院
　　　　　専門研究員，九州大学 G-COE 炭素資源学研究拠点学術研究員，
　　　　　九州大学炭素資源学国際教育研究センター学術研究員，鹿児島大
　　　　　学法文学部経済情報学科准教授を経て，
現　　在　鹿児島大学法文教育学域法文学系法文学部法経社会学科経済コー
　　　　　ス准教授
専　　攻　国際経済政策，国際環境政策，国際経済学

環境物品交渉・貿易の経済分析
　　—国際貿易の活用による環境効果の検証—

2019 年 12 月 31 日　第 1 版第 1 刷発行　　　　　　　検印省略

著　者　日　野　道　啓

発行者　前　野　　　隆

発行所　株式会社　文　眞　堂
　　　　東京都新宿区早稲田鶴巻町 533
　　　　電　話　03（3202）8480
　　　　FAX　03（3203）2638
　　　　http://www.bunshin-do.co.jp/
　　　　〒162-0041 振替00120-2-96437

印刷・真興社／製本・高地製本所
© 2019
定価はカバー裏に表示してあります
ISBN978-4-8309-5059-9 C3033